Hallesche Schriften
zur Betriebswirtschaft
Band 29

Herausgegeben von
M. Becker,
Ch. Bierwirth,
R. Ebeling,
G. Kraft,
J. Laitenberger,
D. Möhlenbruch,
J. Müller,
R. Schmidt (†),
Ch. Weiser,
H.-U. Zabel,
Halle, Deutschland

Diese Schriftenreihe soll als Forum für wissenschaftliche Arbeiten der neugegründeten und 1993 wiedereröffneten Wirtschaftswissenschaftlichen Fakultät der Martin-Luther-Universität Halle-Wittenberg auf dem Gebiet der Betriebswirtschaftslehre dienen. Die zahlreichen betriebswirtschaftlichen Professuren wollen mit der Herausgabe dieser Halleschen Schriften zur Betriebswirtschaft das breite Spektrum ihrer wissenschaftlichen Arbeitsgebiete dokumentieren. Die Publikationen umfassen insbesondere betriebswirtschaftliche Dissertationen und sonstige ausgewählte wissenschaftliche Arbeiten der halleschen Fakultätsmitglieder.

Herausgegeben von
Professor Dr. M. Becker,
Professor Dr. Ch. Bierwirth,
Professor Dr. Dr. h.c. R. Ebeling,
Professor Dr. G. Kraft,
Professor Dr. J. Laitenberger,
Professor Dr. D. Möhlenbruch,
Jun.-Professorin Dr. J. Müller,
Professor Dr. R. Schmidt (†),
Professor Dr. Ch. Weiser,
Professor Dr. H.-U. Zabel,
Martin-Luther-Universität
Halle-Wittenberg

Dana Doege

Hedge Accounting nach IAS/IFRS

Bilanzielle Abbildung ökonomischer Sicherungsbeziehungen

Mit einem Geleitwort
von Prof. Dr. Dr. h.c. Ralf Michael Ebeling

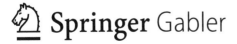 Springer Gabler

Dana Doege
Halle (Saale), Deutschland

Dissertation Martin-Luther-Universität Halle-Wittenberg, 2012
u.d.T.: „Bilanzielle Abbildung ökonomischer Sicherungsbeziehungen – Analyse der Regelungen zur Rechnungslegung nach IAS/IFRS"

ISBN 978-3-658-02558-8   ISBN 978-3-658-02559-5 (eBook)
DOI 10.1007/978-3-658-02559-5

Die Deutsche Nationalbibliothek verzeichnet diese Publikation in der Deutschen Natio-
nalbibliografie; detaillierte bibliografische Daten sind im Internet über http://dnb.d-nb.de
abrufbar.

Springer Gabler
© Springer Fachmedien Wiesbaden 2013

Springer Gabler ist eine Marke von Springer DE. Springer DE ist Teil der Fachverlagsgruppe
Springer Science+Business Media.
www.springer-gabler.de

Geleitwort

Im Rahmen des finanzwirtschaftlichen Risikomanagements eines Unternehmens kommt der Risikoabsicherung durch derivative Finanzinstrumente große Bedeutung zu. Damit die dadurch bewirkte ökonomische Risikokompensation im Jahresabschluss des Unternehmens adäquat abgebildet werden kann, erlaubt das Regelwerk für den nach International Financial Reporting Standards (IFRS) erstellten Abschluss die Anwendung von Regeln des sog. Hedge Accounting. Diese Regeln dürfen jedoch nur angewendet werden, wenn bestimmte Voraussetzungen erfüllt sind, was zur Folge haben kann, dass die bilanzielle Abbildung nicht der tatsächlich erreichten Risikokompensation entspricht.

Vor diesem Hintergrund setzt sich Dr. Doege in ihrer von der Juristischen und Wirtschaftswissenschaftlichen Fakultät der Martin-Luther-Universität Halle-Wittenberg als Dissertation angenommenen Arbeit kritisch mit den Anwendungsvoraussetzungen für das Hedge Accounting nach IFRS auseinander und unterbreitet Vorschläge für eine verbesserte Ausgestaltung dieser Regeln.

Ein Gegenstand ihrer Untersuchung sind die Regeln des International Accounting Standards (IAS) 39 für die Designation von Grund- und Sicherungsgeschäften, die derzeit sehr detailreich sind und als regelbasiert wahrgenommen werden. Diesbezüglich gelingt es der Verfasserin, mögliche generelle Designationskriterien zu entwickeln, die aufgrund ihrer Prinzipienorientierung leichter anwendbar und flexibler im Hinblick auf evtl. neue Sicherungsinstrumente und -strategien sind.

Voraussetzung für die Anwendung der Regeln des Hedge Accounting ist auch der Nachweis der Wirksamkeit der Sicherungsmaßnahmen durch prospektive und retrospektive Effektivitätstests. Da das Regelwerk hierzu keine Methoden vorschreibt, wurden solche in der Praxis entwickelt, mit der Folge, dass die Wahl der Methode entscheidenden Einfluss auf die Anwendbarkeit der Regeln hat und insoweit die Jahresabschlüsse verschiedener Unternehmen nicht vergleichbar sind. Diesbezüglich schlägt die Verfasserin mit Verweis auf den auch für andere Aspekte des IFRS-Abschlusses relevanten sog. Management Approach die Übernahme interner Steuerungsgrößen für die externe Berichterstattung vor.

Die Arbeit von Dr. Doege stellt einen wesentlichen Beitrag zur anwendungsbezogenen Grundlagenforschung auf dem Gebiet der bilanziellen Abbildung von Sicherungsbeziehungen dar. In der auch methodisch überzeugenden Arbeit werden grundlegend neue Erkenntnisse herausgearbeitet und neue Schlussfolgerungen gezogen. Ich bin davon überzeugt, dass diese

Forschungsergebnisse in der weiteren Diskussion, insbesondere auch in Bezug auf die weitere
Entwicklung des IFRS 9 große Beachtung finden werden.

Halle (Saale), im Mai 2013

Prof. Dr. Dr. h.c. Ralf Michael Ebeling

Vorwort

Die vorliegende Arbeit ist während meiner Zeit als wissenschaftlicher Mitarbeiter am Lehrstuhl für Externes Rechnungswesen und Wirtschaftsprüfung an der Martin-Luther-Universität entstanden. Sie wurde im Dezember 2012 von der Juristischen und Wirtschaftswissenschaftlichen Fakultät als Dissertation angenommen.

Meinem verehrten Doktorvater, Herrn Prof. Dr. Dr. h.c. Ralf Michael Ebeling, möchte ich danken, dass er mir die Gelegenheit zur Promotion gegeben und die Arbeit wissenschaftlich betreut hat. Seine Anregungen, Diskussionen und die Gewährung zeitlicher und inhaltlicher Freiräume haben das Dissertationsvorhaben maßgeblich gefördert. Herrn Prof. Dr. Gerhard Kraft danke ich für wertvolle Hinweise im Rahmen gemeinsamer Doktorandenseminare sowie die Erstellung des Zweitgutachtens.

Meinen Kollegen am Lehrstuhl, Frau Dipl.-Kffr. Christine Thoben und Frau Dipl-Kffr. Katja Sachse, danke ich für die freundschaftliche Zusammenarbeit. Ihre stete Bereitschaft, durch Zuhören und Diskutieren meine Gedankengänge ordnen zu helfen und mich vor allem in der Endphase bei vielen Aufgaben in Lehre und Administration zu unterstützen, haben einen Teil zum Gelingen beigetragen.

Ohne die vielfältige Unterstützung meiner Familie wäre die Erstellung der Arbeit nicht möglich gewesen. Meinem Schwiegervater danke ich für die sorgfältige Durchsicht der Arbeit, die für einen „Rechnungslegungs-Laien" mit Sicherheit nicht immer einfach zu lesen war. Mein Ehemann Niels hat durch die kritische Durchsicht der Arbeit und wertvolle Hinweise zum Gelingen beigetragen. Ihm und unserem Sohn danke ich von Herzen für ihre Liebe und Nachsicht. Meinen Eltern, die meine wissenschaftliche Ausbildung vorbehaltlos begleitet und mich mit ihrer Zuversicht und ihrem Vertrauen in schwierigen Phasen motiviert haben, widme ich diese Arbeit.

Dana Doege

Inhaltsverzeichnis

Tabellenverzeichnis

Abbildungsverzeichnis

Abkürzungs- und Symbolverzeichnis

a.A.	anderer Auffassung
ABl.	Amtsblatt
Abs.	Absatz
Abschn.	Abschnitt
ADS	Adler/Düring/Schmaltz
AfS	Available for Sale (Zur Veräußerung verfügbar)
AG	Aktiengesellschaft oder bei IFRS: Application Guidance (Anwendungsleitlinie)
AHI	Adjusted Hedge Intervall
AHK	Anschaffungs- oder Herstellkosten
AK	Anschaffungskosten
AKIEÜ	Arbeitskreis Externe und Interne Überwachung der Unternehmung der Schmalenbach-Gesellschaft für Betriebswirtschaft e.V., Köln
AktG	Aktiengesetz
Anm. d. Verf.	Anmerkung der Verfasserin
Aufl.	Auflage
BB	Der Betriebsberater (Zeitschrift)
BC	Basis for Conclusion (Grundlage für Schlussfolgerungen)
Beil.	Beilage
BFuP	Betriebswirtschaftliche Forschung und Praxis (Zeitschrift)
BilReG	Bilanzrechtsreformgesetz
BIS	Bank for International Settlement (Bank für Internationalen Zahlungsausgleich)
BMJ	Bundesministerium für Justiz
BP	Basis Point oder: British Petroleum
BPV	Basis Point Value
bspw.	beispielsweise
BT-DS	Bundestags-Drucksache
bzgl.	bezüglich
bzw.	beziehungsweise
CF	Cash Flow(s)

CL	Compliance Level
D	Duration
D_{mod}	Modifizierte Duration
DB	Der Betrieb (Zeitschrift)
d.h.	das heißt
DOR	Dollar Offset Ratio
DRS	Deutscher Rechnungslegungsstandard
DRSC	Deutsches Rechnungslegungs Standard Committee
DStR	Deutsches Steuerrecht (Zeitschrift)
EIA	U.S. Energy Information Administration
EFRAG	European Financial Reporting Advisery Group
EG	Europäische Gemeinschaft
EK	Eigenkapital
et al.	et alii (und andere)
EU	Europäische Union
EUR / €	Euro
EWR	Europäischer Wirtschaftsraum
f./ff.	folgend(e)
Fn.	Fußnote
FV	Fair Value (beizulegender Zeitwert)
FVtPL	Fair Value through Profit or Loss
GE	Geldeinheiten
gem.	gemäß
GG	Grundgeschäft
ggf.	gegebenenfalls
gl. A.	gleiche Auffassung
GmbH	Gesellschaft mit beschränkter Haftung
GP	Gesamtposition
GuV	Gewinn- und Verlustrechnung
HdJ	Handbuch des Jahresabschlusses
HfT	Held for Trading (zu Handelszwecken gehalten)
HGB	Handelsgesetzbuch
HI	Hedge Intervall

h.M.	herrschende Meinung
HR	Hedge Ratio
Hrsg.	Herausgeber
HtM	Held to Maturity (Endfälligkeitswert)
IAS	International Accounting Standards
IASB	International Accounting Standards Board
i.d.R.	in der Regel
IDW	Institut der Wirtschaftsprüfer
IDW PS	IDW Prüfungsstandard
IDW S	IDW Standard
IE	Illustrative Example (Erläuternde Beispiele)
IEA	International Energy Agency
i.e.S.	im engeren Sinne
IFRIC	International Financial Reporting Interpretations Committee
IFRS	International Financial Reporting Standards
IG	Guidance on Implementing (Anwendungsleitlinien)
inkl.	inklusive
IRZ	Zeitschrift für Internationale Rechnungslegung
i.S./d./v.	im Sinne/des/von
i.V.m.	in Verbindung mit
i.W.	im Wesentlichen
i.w.S.	im weiteren Sinne
JDA	Journal of Derivatives Accounting (Zeitschrift)
JoACF	Journal of Applied Corporate Finance (Zeitschrift)
JoD	Journal of Derivatives (Zeitschrift)
JoF	Journal of Finance (Zeitschrift)
Kap.	Kapitel
KGaA	Kommanditgesellschaft auf Aktien
KMU	Kleine und mittlere Unternehmen
KonTraG	Gesetz zur Kontrolle und Transparenz im Unternehmensbereich
KoR	Zeitschrift für Internationale und kapitalmarktorientierte Rechnungslegung

KWG	Kreditwesengesetz
LIBOR	London Interbank Offered Rate
LME	London Metal Exchange
L&R	Loans and Receivables (Kredite und Forderungen)
MaRisk	Mindestanforderungen an das Risikomanagement
Mrd.	Milliarden
m.w.N.	mit weiteren Nachweisen
NB	Nebenbedingung
Nr.	Nummer
OTC	Over the Counter
PiR	Praxis der internationalen Rechnungslegung (Zeitschrift)
PS	Prüfungsstandard
PWC	PriceWaterhouseCoopers (Wirtschaftsprüfungsgesellschaft)
RD	Relative Differenz
resp.	respektive
RHB	Roh-, Hilfs- und Betriebsstoffe
RK	Rahmenkonzept
RMB	Renminbi (chinesische Landeswährung)
RRR	Relative Risikoreduktion
RRR_{VR}	Variability reduction measure
RRR_{σ}	Volatilitätsreduktionsmaß
RRR_{σ^2}	Varianzreduktionmaß
RRR_{VaR}	Risikoreduktion mittels VaR
RS HFA	Rundschreiben des Hauptfachausschusses
Rz.	Randziffer
S.	Seite(n)/Satz
SÄ	Sicherheitsäquivalent
SB	Sicherungsbeziehung
SFAS	Statement of Financial Accounting Standards
SG	Sicherungsgeschäft
SIC	Standards Interpretation Committee
SL	Schleifer-Lipp Modulated Dollar Offset

SMM	Shanghai Metals Market
sog.	sogenannte/r/s
SolvV	Solvabilitätsverordnung
USD	US-Dollar
US-GAAP	US-Generally Accepted Accounting Principles
USPTO	United States Patent and Trademark Office
u.U.	unter Umständen
VaR	Value at Risk
Vgl.	vergleiche
VR	Variability Reduction
VRM	Volatility Reduction Measure
VVG	Versicherungsvertragsgesetz
WISU	Wirtschaft und Studium (Zeitschrift)
WPg	Die Wirtschaftsprüfung (Zeitschrift)
WpHG	Wertpapierhandelsgesetz
z.B.	zum Beispiel
zfbf	Zeitschrift für betriebswirtschaftliche Forschung
ZfGK	Zeitschrift für das gesamte Kreditwesen
a	Parameter für Risikoneigung
c	Toleranzwert oder bei Hedge Intervall: Abstandsvariable oder bei Terminpreisermittlung: Verfügbarkeitskosten
cov	Kovarianz
i	Zinssatz
$\underline{f}$	untere Intervallgrenze
$\overline{f}$	obere Intervallgrenze
F	Terminkurs
F_{emp}	empirischer F-Wert
F_{tab}	theoretischer F-Wert
$\overline{\Delta F}$	Mittelwert der Wertänderungen der Futureposition
$\underline{g}$	untere Intervallgrenze bei Adjusted Hedge Interval
$\overline{g}$	obere Intervallgrenze bei Adjusted Hedge Interval
H_0	Nullhypothese

J	Zahl der unabhängigen Variablen bei der Regression
K	Stichprobenumfang bei der Regression
max	Maximum
M_P	Marktpreis des Grundgeschäfts
$M_{\Delta P}$	Marktpreisveränderung der Gesamtposition
n	Anzahl der Stichprobe bei Varianz/Volatilität
NT_A	Störterm absolut
NT_N	Störterm relativ
p	Prozentsatz
P_{t+n}	Prognosewert zum Zeitpunkt t+n
r	relative Veränderung
R^2	Bestimmtheitsmaß bei der Regression
S	Spotpreis
$\overline{\Delta S}$	Mittelwert der Wertänderungen der Spotposition
$s_{\hat{\beta}_i}$	Standardfehler des Regressionskoeffizienten
sgn	Signum (Vorzeichen)
S_T	Störterm bei Schleifer-Lipp Modulated Dollar Offset
t	Zeitindex für eine einzelne Periode oder Zeitpunkt
T	Zeitindex für den Gesamtbetrachtungszeitraum
t_{emp}	empirischer t-Wert
t_{tab}	theoretischer t-Wert
u	Lagerhaltungskosten
x	Ausprägung der unabhängigen Variablen bei der Regression
$\overline{x}$	Mittelwert der Ausprägungen der unabhängigen Variablen bei der Regression
y	Ausprägung der abhängigen Variablen bei der Regression
$\overline{y}$	Mittelwert der Ausprägungen der abhängigen Variablen bei der Regression
$\hat{y}_t$	mittels Regressionsgerade geschätzter Wert von y
Y_{t-n}	historischer Wert zum Zeitpunkt t-n
Z	$(1-\alpha)$-Quantil der Standardnormalverteilung oder bei Historischer Simulation: Szenariowert
§	Paragraph

α	Ordinatenabstand der Regressionsgeraden oder bei Value at Risk und Regression: Signifikanzniveau oder bei Gürtler-Test: definierte Effektivitätsschwelle
$\hat{\alpha}$	Schätzer des Ordinatenabstands α
β	Abhängigkeitsparameter der unabhängigen Variablen bei der Regression
$\hat{\beta}$	Schätzer des Abhängigkeitsparameters β
δ/Δ	Delta i.S.v. Änderungen
ΔGG	Wert- oder Zahlungsstromänderungen des Grundgeschäfts
ΔSG	Wert- oder Zahlungsstromänderungen des Sicherungsgeschäfts
ϵ	Epsilon i.S.v. Elastizität oder bei Regression: Störterm
σ	Sigma i.S.v Standardabweichung
σ^2	Varianz
μ	Mittelwert oder Erwartungswert
ρ	Korrelationskoeffizient

1 Einleitung

1.1 Problemstellung und Zielsetzung

Risikomanagement rückt zunehmend in den Mittelpunkt unternehmerischen Handelns, sei es aufgrund betriebswirtschaftlicher Überlegungen[1] oder durch rechtliche Verpflichtungen[2]. Dabei umfasst das Risikomanagement verschiedene Teilbereiche: den finanzwirtschaftlichen und den leistungswirtschaftlichen Bereich, wobei ersterer alle Risiken, die sich auf finanzielle Zielgrößen auswirken und deren Konsequenzen durch Finanzinstrumente beeinflussbar sind[3], und letzterer betriebliche, strategische und rechtliche Risiken umfasst[4].

Der Zusammenbruch des Bretton-Woods-Systems fester Wechselkurse führte in den 1970er Jahren zu einer Phase stark fluktuierender Wechselkurse.[5] Die damit verbundenen gestiegenen Absicherungsbedürfnisse der Marktteilnehmer führten zu einem sprunghaften Anstieg des Derivategeschäfts, sowohl hinsichtlich der Transaktionsvolumina als auch der Produktvielfalt[6], der unverändert anhält. Die Statistik der Bank für Internationalen Zahlungsausgleich (BIS) weist für Dezember 2011 ein Nominalvolumen an Over the Counter (OTC)-Derivaten von 647.762 Mrd. USD (Marktwert 27.285 Mrd. USD) aus.[7] Im Vergleich dazu belief sich das Nominalvolumen der OTC-Derivate per Dezember 2001 weltweit auf 111.115 Mrd. USD (Marktwert 3.788 Mrd. USD).[8] In einer Studie zum finanzwirtschaftlichen Risikomanagement deutscher Industrie- und Handelsunternehmen gaben 88% der Befragten an, dass Derivate ausschließlich zur Risikoabsicherung genutzt werden.[9] Bezogen auf den Teilbereich des finanzwirtschaftlichen Risikomanagements kommt der Risikoabsicherung durch derivative Finanzinstrumente somit eine große Bedeutung zu.

---

[1] Z.B. zur Vermeidung von Wirtschaftskriminalität und Fraud oder als Reaktion auf Veränderungen des wirtschaftlichen und technologischen Umfeldes.

[2] Vgl. z.b. die aufgrund des Basel-III-Akkords in § 10 KWG verankerte angemessene Eigenmittelausstattung von Finanzdienstleistungsunternehmen oder die durch das KonTraG und BilReG im AktG und HGB verankerten Anforderungen und Berichtspflichten.

[3] Vgl. Oehler/Unser (2002), S. 15 m.w.N.

[4] Vgl. Weber et al. (1999), S. 1711. Die genannten Unterkategorien als eigene Risikokategorien betrachtend, vgl. DRS 5.17.

[5] Vgl. Schwarz (2006), S. 21 f.; Pausenberger/Glaum (1993), S. 764.

[6] Vgl. Schmidt (2006), S. 1.

[7] Vgl. BIS (2012).

[8] Vgl. BIS (2002), S. 5.

[9] Vgl. Glaum/Förschle (2000), S. 581.

Ein Jahresabschluss hat die Aufgabe, über die Vermögens-, Finanz- und Ertragslage der Berichtseinheit[10] Auskunft zu geben und den Adressaten durch geeignete Informationen in die Lage zu versetzen, Rückschlüsse über die künftige wirtschaftliche Entwicklung zu ziehen (RK.12). Um diesen Anforderungen gerecht zu werden, sehen die International Financial Reporting Standards (IFRS)[11] Rechnungslegungsregeln vor, nach denen die ökonomisch erreichte Risikokompensation adäquat abgebildet werden kann (sog. Hedge Accounting). Dabei werden die bei Einzelbetrachtung der risikobegründenden und risikosteuernden Transaktionen bestehenden Unterschiede in Ansatz, Bewertung und Ausweis in Einklang gebracht.

Die Anwendung dieser Regeln ist jedoch nur unter bestimmten Voraussetzungen möglich. So sind unter anderem nur bestimmte Geschäfte für das Hedge Accounting zulässig. Die hierfür im einschlägigen International Accounting Standard (IAS) 39 aufgeführten Regelungen sind sehr detailliert und neben dem Standard auch in den ergänzenden Anlagen, wie der Application Guidance (AG), Basis for Conclusion (BC), Guidance on Implementing (IG) und Illustrative Examples (IE), enthalten. Damit werden die vom International Accounting Standards Board (IASB) als prinzipienbasiert intendierten Regelungen durch den Anwender als eher regelbasiert wahrgenommen.[12] Zudem erschwert allein die Verteilung der Regelungen über den Standardtext sowie mehrere Anlagen deren Übersichtlichkeit und Anwendbarkeit.

Eine weitere Anwendungsvoraussetzung ist das Vorliegen einer wirksamen Sicherungsmaßnahme, deren Effektivität zu Beginn und während der gesamten Dauer der Sicherungsbeziehung verlässlich nachgewiesen werden muss - sog. prospektiver und retrospektiver Effektivitätstest.[13] In welcher Art und Weise der Nachweis erbracht wird, überlässt der Standardsetzer dem Bilanzierenden, so dass sich in den vergangenen Jahren eine Vielzahl verschiedener Methoden entwickelt haben. Jedoch wird die Angemessenheit der Messmethode durch Faktoren wie die Risikomanagementstrategie, die Art des zu sichernden Risikos und daraus folgend die Art des eingesetzten Sicherungsinstruments bestimmt.[14] Die Wahl der Messmethode kann somit einen entscheidenden Einfluss auf die Anwendbarkeit des Hedge Accounting im Jahresabschluss gem. IFRS haben.[15]

---

[10]Dies kann sowohl eine rechtliche Einheit als auch einen Zusammenschluss mehrerer Unternehmen in Form eines (Teil-)Konzerns umfassen.

[11]Im Rahmen der Arbeit wird die Bezeichnung IFRS für die Gesamtheit der Standards - IAS und IFRS - sowie Interpretationen - SIC und IFRIC - verwendet, sofern nicht auf konkrete Normen verwiesen wird.

[12]Vgl. IASB (2010), S. 3.

[13]Vgl. IAS 39.105.

[14]Vgl. IAS 39.AG 107; IAS 39.IG F4.4; Cortez/Schön (2009), S. 417; Wiese (2009), S. 8.

[15]Vgl. Cortez/Schön (2009), S. 417 m.w.N.

Ziel der Arbeit ist die Würdigung der bisherigen Bilanzierungsregeln für die Abbildung von Sicherungsbeziehungen. Dabei werden zwei konkrete Aspekte herausgegriffen: Zum ersten werden die Designationsvorschriften für Grund- und Sicherungsgeschäfte hinsichtlich ihrer Prinzipienbasierung beurteilt. Aus dem Regelungszweck des Hedge Accounting - der Beseitigung von Bilanzierungsinkongruenzen bei Einzelbewertung der ökonomisch risikokompensierenden Geschäfte - sowie den Einzelregelungen des IAS 39 inkl. der Ergänzungsregelungen lassen sich drei generelle Designationskriterien ableiten. Die mittels dieses induktiven Vorgehens gewonnenen Kriterien erlauben es, auch bislang nicht in IAS 39 explizit aufgeführte Sachverhalte hinsichtlich ihrer Anwendbarkeit für das Hedge Accounting zu beurteilen. Zudem erlaubt die Formulierung von prinzipiellen Designationskriterien eine übersichtlichere Strukturierung des Standards.

Zum zweiten wird analysiert, inwiefern die bestehenden Regelungen zur Beurteilung der Effektivität einer Sicherungsbeziehung geeignet sind, ein den tatsächlichen Verhältnissen entsprechendes Bild der Vermögens-, Finanz- und Ertragslage des Unternehmens zu vermitteln. Im Zusammenhang mit der Vermittlung eines sog. „true and fair view" kommt dem Management Approach, d.h. einer Offenlegung unter Rückgriff auf unternehmensinterne Informationen, Bedeutung bei, indem dem Bilanzleser Daten aus der Unternehmenssteuerung zur Verfügung gestellt werden.[16] Gleichzeitig eröffnet dieser Ansatz der Bilanzierungspraxis einen Ermessensspielraum, der den Forderungen an Rechnungslegungsregeln nach Eindeutigkeit, Verständlichkeit, Vollständigkeit und Wahlrechtsfreiheit und folglich nach aussagefähiger, zuverlässiger, vergleich- und analysierbarer Gewinnermittlung[17] widerspricht. Es wird daher untersucht, ob aus den intern verwendeten Effektivitätsmessmethoden unternehmensübergreifend vergleichbare Anhangangaben abgeleitet werden können. Das Ergebnis erlaubt damit die Verwendung des Management Approaches bei gleichzeitiger Wahrung der Aussagefähigkeit und Analysierbarkeit des Jahresabschlusses in Bezug auf die Bilanzierung von Sicherungsbeziehungen.

1.2 Abgrenzung des Untersuchungsgegenstandes

Der Fokus der Arbeit liegt auf der Untersuchung der Hedge-Accounting-Regeln in den IFRS. Andere Rechnungslegungssysteme, wie beispielsweise die US-GAAP mit dem SFAS 133 und § 254 HGB, werden nicht betrachtet. Dies ist begründet mit der konzeptionellen und inhalt-

---

[16]Vgl. RK.11; Weber (2012), S. 74; ADSint. (2011), Abschnitt 1, Rz. 40.; Hütten/Fink in Haufe (2011), § 36, Rz. 2; Weißenberger/Maier (2006), S. 2077.
[17]Vgl. Weißenberger/Maier (2006) S. 2082 f.; Rüdinger (2004), S. 1 m.w.N.

lichen Ähnlichkeit dieser drei Rechnungslegungskonzepte in Bezug auf das Hedge Accounting.[18]

Mit dem im Juli 2009 durch den IASB veröffentlichten IFRS für nicht öffentlich rechenschaftspflichtige Unternehmen (IFRS für KMU) wurden die Regeln zur bilanziellen Abbildung von Sicherungsbeziehungen im Vergleich zu den (full) IFRS in ihrer Komplexität, aber auch in ihren Möglichkeiten deutlich reduziert.[19] Insofern stellen die IFRS für KMU eine Teilmenge der (full) IFRS dar, so dass es keiner gesonderten Betrachtung dieser Regelungen für kleine und mittlere Unternehmen (KMU) bedarf.

Banken oder allgemein Finanzdienstleistungsinstitute unterliegen aufgrund der Eigenart ihrer Geschäftstätigkeit, insbesondere dem „Handel mit finanziellen Risiken" zusätzlichen branchenspezifischen Regelungen, wie bspw. durch das Kreditwesengesetz (KWG), die Solvabilitätsverordnung (SolvV) oder die Mindestanforderungen an das Risikomanagement (MaRisk). Beide, Geschäftsmodell und regulatorische Rahmenbedingungen, haben auch Ausstrahlungswirkung auf das Risikomanagement. So fordert bspw. der Basel-III-Akkord eine der risikogewichteten Aktiva angemessene Eigenmittelausstattung, wobei die Risikomessung mittels Value at Risk (VaR) zu erfolgen hat.[20] Zwar bestimmt diese Regelung nicht die Risikomessung für Zwecke des Hedge Accountings, die Mehrfachnutzung von Messergebnissen läge jedoch nahe. Neben dieser Einschränkung der Risikomessmethode kommt es zudem zu Inkonsistenzen in der internen Risikosteuerung der Banken und deren bilanziellen Abbildung, da bspw. die in Banken gebräuchliche Portfoliosteuerung nur für Zinsrisiken in der IFRS-Bilanz durch Hedge Accounting abgebildet werden darf (IAS 39.81A).[21] Vor diesem Hintergrund werden die Besonderheiten dieser Branche in der Untersuchung ausgegrenzt.

Zur grundsätzlichen Angemessenheit der Regelungen des IAS 39 zum Hedge Accounting bestehen in der Literatur auch Zweifel. Als mögliche Alternativen werden die Konzepte des Full Fair Value[22] und des Risk Accounting[23] diskutiert. Diese Diskussion ist jedoch nicht Gegenstand der Arbeit. Der IASB selbst arbeitet an der Überarbeitung des IAS 39 inklusive

---

[18]Vgl. Cortez/Schön (2009), S. 424 f. hinsichtlich eines Vergleichs der IFRS- mit den US-GAAP-Regelungen. Ähnlich verhält es sich auch mit den Regelungen des HGB, die zum Nachweis einer wirksamen Sicherungsbeziehung ein angemessenes Risikomanagementsystem fordern, ohne den Nachweis der Effektivität auf bestimmte Methoden einzugrenzen, vgl. Schmidt (2009), S. 886 m.w.N. Insofern ist von einer Ausstrahlungswirkung der IFRS-Regeln auf die HGB-Bilanzierung auszugehen.
[19]Vgl. Beiersdorf/Eierle/Haller (2009), S. 1555.
[20]Vgl. § 10 KWG i.V.m. SolvV.
[21]Vgl. Barz/Weigel (2011), S. 230; Plattner (2007), S. 78.
[22]Vgl. Kuhn (2007), S. 258 ff.; Breker et al. (2000), S. 729; Gebhardt (1996) S. 559 ff.
[23]Vgl. Große (2007), S. 170 ff.

der Hedge Accounting-Regelungen. Dieses Projekt „IFRS 9: Financial Instruments (replacement of IAS 39)" ist in drei Phasen unterteilt. Die erste Phase bezüglich Klassifikation und Bewertung von Finanzinstrumenten wurde bereits verabschiedet. Die beiden anderen Phasen hinsichtlich Wertminderung und Bilanzierung von Sicherungsbeziehungen sind noch im Beratungsstadium.[24] Ein Endorsement des IFRS 9 soll durch die Europäische Union (EU) erst nach vollständiger Veröffentlichung aller drei Phasen erfolgen, wobei der verpflichtende Erstanwendungszeitpunkt voraussichtlich der 1. Januar 2015 sein soll.[25] Insofern konzentriert sich die Arbeit auf die bisher bestehenden Regelungen. Es wird jedoch an geeigneten Stellen innerhalb und im Abschluss der Arbeit auf die bereits veröffentlichten resp. geplanten Neuregelungen eingegangen.

1.3 Forschungsstand der Literatur

Das Thema der Bilanzierung von Finanzinstrumenten und Hedge Accounting ist aufgrund seiner Vielschichtigkeit bereits schon vor der Übernahme der Internationalen Rechnungslegungsstandards in europäisches und deutsches Recht[26] Gegenstand der Diskussion gewesen[27], die auch aufgrund der Dynamik der Finanzmärkte bis heute anhält. Die Beiträge, die sich dem Hedge Accounting auf Basis der IFRS widmen, fokussieren zum einen auf die Auslegung der Rechnungslegungsvorschriften und zum anderen auf Vorschläge zur konzeptionellen Neuorientierung der Vorschriften.

Der für die Arbeit relevante Teilaspekt der Auslegung der Rechnungslegungsvorschriften bezieht sich auf die Anwendung von Methoden zur Beurteilung der Effektivität von Sicherungsbeziehungen und wird bereits in den Dissertationen von PLATTNER (2007), WIESE (2009) und CLARK (2011) thematisiert. Obwohl das Thema der Risikomessung nicht exklusiv ein betriebswirtschaftliches Problem darstellt, wird im Folgenden nur auf Literatur eingegangen, die einen entsprechenden Bezug zu Bilanzierungsfragen aufweist.

Die drei vorgenannten Dissertationen stellen die gängigen Effektivitätstests dar. WIESE (2009) erörtert darüber hinaus die konzeptionellen Vor- und Nachteile der jeweiligen Verfahren und stellt zudem auch die weiteren Anwendungsvorausetzungen sowie Abbildungsregelungen des IAS 39 dar. Anschließend verwendet er diese Erkenntnisse, um die Regelungen des IAS 39 zur bilanziellen Abbildung von Sicherungsbeziehungen unter dem Nutzen- und Ko-

---

[24]Vgl. IASB (2012).
[25]Vgl. EFRAG (2012).
[26]Vgl. Verordnung (EG) Nr. 1606/2002 sowie §§ 315a, 325 Abs. 2a HGB.
[27]Vgl. bereits Brackert et al. (1995); Gebhardt (1996) m.w.N.

stenaspekt zu würdigen. Dabei legt er die Grundsätze der IFRS-Rechnungslegung sowie die
Abschlussprüfung mit dem risikoorientierten Prüfungsansatz als Beurteilungskriterien zugrunde. Im Ergebnis identifiziert WIESE einen diskretionären Spielraum für Hidden Action
durch den Bilanzierenden hinsichtlich der Möglichkeiten zur De-Designation, einen Zielkon-
flikt des Bilanzierenden aufgrund der umfangreichen und kostenintensiven, jedoch für das
Risikomanagement notwendigen Dokumentation sowie die Notwendigkeit der Abstimmung
mit dem Abschlussprüfer zur Ausgestaltung der Effektivitätsmessung aufgrund fehlender
konkreter Vorschriften in den IFRS.

Die Dissertation von PLATTNER (2007) beschäftigt sich mit der Risikosteuerung von Banken und ihrer entsprechenen Abbildung im Jahresabschluss und stellt die Möglichkeiten der
Hedge Accounting-Regelungen des IAS 39 zur Steuerung der Ergebnisvolatilität in Banken
dar. Desweiteren werden Auswirkungen auf das Bilanzstrukturmanagement auch mit Blick
auf die speziellen regulatorischen Anforderungen erläutert. Im Ergebnis stellt PLATTNER
Verbesserungsbedarf der Bilanzierungsregelungen für Banken fest.

CLARK (2011) beurteilt die Effektivitätstests hinsichtlich ihrer Konformität mit den allgemeinen Anforderungen des Rahmenkonzepts an die Qualität von Jahresabschlüssen sowie
den konkreten Anforderungen des IAS 39 hinsichtlich Kompensationswirkung, Methoden-
stetigkeit und Konsistenz mit der Risikomanagementstrategie. Des Weiteren wird anhand
einer Auswertung von 78 Geschäftsberichten die Übereinstimmung der internen Risikosteuerung mit der bilanziellen Abbildung untersucht. Bedingt durch fehlende Angaben in den
Geschäftsberichten können nicht zu allen Untersuchungshypothesen ausreichend statistisch
valide Ergebnisse abgeleitet werden. Insgesamt weisen die Ergebnisse auf einen nur schwach
ausgeprägten Zusammenhang zwischen der internen Risikomanagementstrategie und der Anwendung des Hedge Accountings hin. Die unzureichende Informationslage zur Risikosteuerung lässt die Verfasserin eine Erweiterung der erforderlichen Anhangangaben fordern.

Daneben gibt es eine Vielzahl an Beiträgen, die jeweils ausgewählte Effektivitätstests theoretisch und/oder anhand von Fallstudien darstellen und beurteilen.[28] Ein Vergleich der Ergebnisse verschiedener Effektivitätstests im Rahmen einer Gesamtfallstudie wurde jedoch
bislang noch nicht durchgeführt.

Die wesentlichen Dissertationen zu konzeptionellen Bilanzierungsalternativen in der aktuellen Literatur umfassen VETH (2006), GROSSE (2007), KUHN (2007) und MENK (2009). VETH
stellt drei alternative Hedge Accounting-Modelle vor und testet ihre Entscheidungsnützlich-

---

[28]Vgl. z.B. Cortez/Schön (2010); Eiselt/Wrede (2009); Hailer/Rump (2005); Lantzius-
Beninga/Gerdes (2005); Scharpf (2004); Coughlan et al. (2003).

keit anhand einer empirischen Analyse. Im Ergebnis wird die empirische Überlegenheit des Full Fair Value-Modells festgestellt. GROßE diskutiert Modifikationen der bisherigen Hedge Accounting-Regelungen zur Lösung des Problems einer mangelnden realitätsnahen Abbildung ökonomischer Sicherungsbeziehungen und schlägt als Bilanzierungsalternative eine risikobezogene Fair Value-Bewertung vor, das sog. Risk Accounting. MENK vergleicht die Vorschläge des Full Fair Value und des Risk Accountings miteinander und kommt zu dem Schluss, dass für die Bilanzierung bei Banken dem Risk Accounting der Vorrang einzuräumen wäre. KUHN erarbeitet die Unterschiede und Gemeinsamkeiten der bisherigen Bilanzierungsregelungen des IAS 39 und einer Fair Value-Bilanzierung, wobei sich die Dissertation nicht ausschließlich mit der Fragestellung der Bilanzierung von Sicherungsbeziehungen beschäftigt. Abschließend wird auch in dieser Arbeit der Fair Value-Ansatz den bisherigen Regelungen vorgezogen. Die Vorschläge zur Anwendung eines Full Fair Value- oder Risk Accounting-Ansatzes vermögen jedoch nicht, alle Ansatz-, Bewertungs- und Ausweisunterschiede zu beseitigen, so dass es unverändert spezieller Hedge Accounting-Regelungen bedarf.

Die zum Thema Hedge Accounting veröffentlichten Schriften greifen jedoch nicht den in der Problemstellung der vorliegenden Arbeit herausgearbeiteten Aspekt der Prinzipienorientierung der Designationskriterien für Grund- und Sicherungsgeschäfte auf. Hinsichtlich der Darstellung der Effektivitätstests basiert die Arbeit in weiten Teilen auf den vorgenannten Schriften, der Vergleich der Messergebnisse dieser Tests im Rahmen einer Gesamtfallstudie sowie die Analyse der Testergebnisse für die Darstellung der tatsächlichen Unternehmenslage stellen jedoch einen neuen Beitrag zur Diskussion der Hedge Accounting-Regelungen dar.

1.4 Methodisches Vorgehen und Gang der Untersuchung

Aus der Zweiteilung der Zielsetzung ergibt sich die grobe Strukturierung der Arbeit. Bevor jedoch die beiden Fragestellungen aufgegriffen werden, werden im folgenden Grundlagenteil (Kapitel 2) der Risikobegriff in der betriebswirtschaftlichen Diskussion sowie der Risikomanagementprozess dargestellt. Anschließend wird die Risikosteuerung mittels derivativer Instrumente erläutert.

Daran anschließend wird mit Kapitel 3 die erste Fragestellung der Arbeit nach einer möglichen Prinzipienorientierung der Designationskriterien für Grund- und Sicherungsgeschäfte aufgegriffen. Um die Notwendigkeit spezieller Hedge Accounting-Regeln zu verdeutlichen, werden vorab kurz die Ansatz- und Bewertungskonzeptionen des IAS 39 dargestellt. Die generellen Designationskriterien für Grund- und Sicherungsgeschäfte wurden mittels induktiven Vorgehens aus der Analyse der Einzelregelungen gewonnen. Die Ergebnisse dieser Untersuchung werden derart dargestellt, dass das prinzipielle Designationskriterium erläutert wird und die dieses Prinzip unterstützenden Einzelregelungen aufgeführt werden. Das Kapital schließt mit einer Diskussion der Fair Value-Option als Bilanzierungsalternative zum Hedge Accounting ab. Damit wird die unveränderte Notwendigkeit spezieller Bilanzierungsregeln für Sicherungsbeziehungen nochmals verdeutlicht, um damit auf das folgende Kapitel zur Effektivitätsmessung als eine Anwendungsvoraussetzung für das Hedge Accounting überzuleiten.

Das Kapital 4 beginnt mit einer Darstellung aller gängigen Verfahren der Effektivitätsmessung. Dabei werden diese Verfahren hinsichtlich ihrer Methodik erläutert sowie die Möglichkeiten und Probleme ihrer Umsetzung im Rahmen des Hedge Accountings nach IAS 39 diskutiert. Daran anschließend werden diese Verfahren auch hinsichtlich ihrer Anwendbarkeit für verschiedene Arten von Sicherungsbeziehungen analysiert. Die Beurteilungskriterien umfassen dabei Umfang und Art der Grundposition, Möglichkeit der Vergleichbarkeit verschiedener Messergebnisse sowie daraus folgend die vergleichbare Darstellung der Messergebnisse. Aufgrund der Vorschriften zur Durchführung einer prospektiven Effektivitätseinschätzung werden zudem Methoden der Datenprognose als Ausgangsmaterial für die einzelnen Messmethoden vorgestellt. Im Anschluss werden diese theoretischen Ausführungen in Rahmen einer Gesamtfallstudie umgesetzt, um damit letztendlich die Diversität der Messergebnisse und die vorab erarbeitete Möglichkeit einer Transformation in vergleichbare Werte zu verdeutlichen.

Kapitel 5 fasst die Ergebnisse der beiden Untersuchungsfelder zusammen und gibt einen Ausblick auf die geplanten Änderungen des IASB durch den IFRS 9. Dabei wird auch erörtert, inwieweit die gewonnenen Erkenntnisse unverändert einen offenen Diskussionspunkt der Neuregelungen darstellen.

2 Risiko und Risikomanagement

2.1 Der Risikobegriff in der betriebswirtschaftlichen Literatur

In der betriebswirtschaftlichen Literatur findet sich eine Vielzahl an Definitionen, aber auch Synonymen für den Begriff des Risikos. Ausgangspunkt aller dieser Begriffsbestimmungen ist eine zukunftsgerichtete unternehmerische Entscheidungssituation, in der es dem Entscheider objektiv unmöglich ist, vollständige Kenntnis zukünftiger Ereignisse und deren Konsequenzen zu erlangen, er sich also aufgrund unvollkommener Information nicht in einer Situation der Sicherheit befindet.[29]

Einige Definitionen sehen in diesem Informationsdefizit auch bereits die eigentliche Risikosituation. Vertreter dieses ursachenbezogenen Definitionsstrangs[30] ist allen voran KNIGHT, der Risiko als messbare Unsicherheit in Abgrenzung zur Ungewissheit als dem nicht messbaren Zustand definiert[31], wobei sich die Messbarkeit auf die Zuweisung sowohl von objektiven, d.h. mittels mathematisch-statistischer Verfahren aus Vergangenheitsdaten ableitbaren, als auch subjektiven, also aufgrund von Erfahrungswerten und Wissen des Entscheiders geschätzten, Eintrittswahrscheinlichkeiten über mögliche Konsequenzen bezieht.[32] Diese stochastische Situation äußert sich zum einen in der Unsicherheit bezüglich künftiger Umweltzustände als auch in der Unsicherheit bezüglich der Ergebnisse, also des Ursache-Wirkungs-Zusammenhangs. In der deutschsprachigen Literatur greift beispielsweise GUTENBERG diese Differenzierung einer Entscheidungssituation nach dem Grad der vorliegenden Information

---

[29]Vgl. Bamberg et al. (2008), S. 19; Laux (2007), S. 22 f.; Philipp (1967), S. 6, 9; Knight (1921), S. 99 f.

[30]Zur Ursache- und Wirkungs-Perspektive der Risikodefinition vgl. Dobler (2004), S. 9 m.w.N.; Burger/Buchhart (2002), S. 1 m.w.N..

[31]Knight (1921), S. 15: „It will appear that a *measurable* uncertainty, or 'risk' proper, as we shall use the term, is so far different from an *unmeasurable* one that it is not in effect an uncertainty at all. We shall accordingly restrict the term 'uncertainty' to cases of the non-quantitive type." Die deutsche Übersetzung von uncertainty lässt sowohl Unsicherheit als auch Ungewissheit zu. Folglich wird unter Unsicherheit im Folgenden eine Situation der nicht vollkommenen Information über künftige Ereignisse verstanden und als Ungewissheit die von KNIGHT intendierte Gegenposition zu Risiko verstanden. In Übereinstimmung mit der Mehrheit der Literatur zur betriebswirtschaftlichen Entscheidungslehre, vgl. Bamberg et al. (2008), S. 19; Laux (2007), S. 22; Bitz (1981), S. 14.

[32]Vgl. Knight (1921), S. 108-114. KNIGHT differenziert drei Arten der Wahrscheinlichkeit: die sog. a priori-Wahrscheinlichkeit - eine bei vollkommen identischen Vorgängen aus Prinzipien, wie bspw. beim Münzwurf, ableitbare Wahrscheinlichkeit - , die statistische i.S.v. empirischer Wahrscheinlichkeit sowie geschätzte Wahrscheinlichkeiten. Die beiden erstgenannten Kategorien von Wahrscheinlichkeiten nach KNIGHT sind den objektiven Wahrscheinlichkeiten zuzurechnen, wobei die a priori-Wahrscheinlichkeit in der Unternehmensrealität eine untergeordnete Rolle spielen dürfte.

auf, versteht jedoch unter Risiko eine Situation, bei der objektive Eintrittswahrscheinlichkeiten bekannt sind, und unter Unsicherheit eine Situation, bei der mögliche Wirkungen ge-
schätzt werden, also subjektive Wahrscheinlichkeiten vorliegen.[33] Damit unterscheidet sich
GUTENBERG zum einen hinsichtlich der Definition von Unsicherheit und zum anderen in der
fehlenden Berücksichtigung der Nichtmessbarkeit von Eintrittswahrscheinlichkeiten von der
Systematik nach KNIGHT. Die von KNIGHT vorgebrachte Systematik hat sich jedoch in der
betriebswirtschaftlichen Entscheidungslehre durchgesetzt.[34]

Der wirkungsbezogene Definitionsstrang versteht unter dem Risikobegriff die Möglichkeit
der Abweichung von Sollwerten.[35] Dabei ist unter dem Sollwert das sich aus dem Entschei-
dungsfeld ergebende optimale Ergebnis bei der gewählten Handlungsalternative im Sinne
der Zielfunktion oder – formaler – ein Punkt oder Intervall aus der Verteilung möglicher
Realisationen[36] zu verstehen. Diese Abweichung vom Sollwert wird in Teilen der Literatur[37] ausschließlich als mit negativen Folgen verbunden gesehen. Dieser Fokus auf negative
Sollwertabweichungen erklärt sich vor allem vor dem Hintergrund der Auswirkungen auf
die Unternehmensexistenz. Ein weiterer Erklärungsansatz findet sich bei PHILIPP, der den
Ist-Wert mit der optimalen Entscheidung bei dem dem Ist-Wert zugrunde liegenden Umfeld-
zustand vergleicht.[38] Andere Autoren verweisen auf die mit der Möglichkeit der Abweichung
vom Sollwert gleichzeitig einhergehenden Chance, wobei diese Chance teilweise unter den Begriff des Risikos i.w.S. subsumiert wird[39], teilweise aber auch als sprachliches Pendant zum
Risiko dargestellt[40] wird. Diese zweiseitige Interpretation der Sollwert-Abweichung als Risiko
hat sich in der neueren Literatur durchgesetzt, da die getroffene Entscheidung und nicht eine
sich ex-post als optimal herausstellende Entscheidung als Referenzwert herangezogen werden
muss, um das sich aus der Entscheidungssituation ergebende Risiko und somit die Effizienz
der Entscheidung zu beurteilen. Zudem ist der Grad der positiven oder negativen Abweichung vom gewählten Sollwert auch von der Erwartungsnutzenfunktion des Entscheiders
abhängig, Risiko im Sinne einer Verlustgefahr also ein relativer, entscheidungsträgerabhän-

---

[33]Vgl. Gutenberg (1962), S. 77 f.
[34]Vgl. z.B. Bamberg et al. (2008), S. 22-25; Laux (2007), S. 23.
[35]Vgl. Dobler (2004), S. 9 m.w.N.
[36]Vgl. Dobler (2004), S. 9.
[37]Vgl. Philipp (1967), S. 34 ff. m.w.N.; Bussmann (1955), S. 19 m.w.N.; Jenni (1952), S. 16 ff.,
    die Risiko im Sinne von Schadensmöglichkeit, (Verlust)gefahr, Vereitelung der Zielerreichung oder
    Gefahr der Fehlentscheidung verwenden.
[38]Vgl. Philipp (1967), S. 23.
[39]Vgl. Jenni (1952), S. 18.
[40]Vgl. Borchert (2006), S. 8; Scheffler (1994), S. 4; Bussmann (1955), S. 12 m.w.N.

giger, Wert.[41] Im Folgenden wird der Begriff Risiko i.w.S. in den zwei Ausprägungen Risiko i.e.S. bei negativen (i.s.v. ungünstigen) Zielabweichungen und Chance bei positiven (i.s.v. günstigen) Zielabweichungen verwendet.

Eine umfassende Erklärung des Risikobegriffs ist jedoch nur durch Verknüpfung beider Definitionsstränge möglich.[42] Die wirkungsbezogene Definition von Risiko als die mögliche Abweichung der Ist- von Sollwerten würde für sich genommen auch auf Entscheidungssituationen unter Ungewissheit zutreffen. Insofern bedarf es der ursachenbezogenen Erläuterung der Risikosituation. Eine lediglich ursachenbezogene Begriffsbestimmung würde andererseits eine Quantifizierung des tatsächlich eingetretenen Risikos unmöglich machen. Vor diesem Hintergrund kann unter dem Risiko ein Zustand messbarer Unsicherheit künftiger Ereignisse und deren Konsequenzen mit dem Ergebnis, dass die ex-ante ermittelten Zielwerte über- oder unterschritten werden, verstanden werden.

2.2 Der Risikobegriff im Kontext des Risikomanagements

Die im vorhergehenden Abschnitt dargestellte Definitionsvielfalt spiegelt das terminologische Verständnis von Risiko als Zielgröße im Risikomanagementsystem wider.

Die Einrichtung eines unternehmensweiten und systematischen Risikomanagements erfolgte in vielen Unternehmen erst aufgrund der gesetzlichen Regelungen durch das KonTraG in 1998.[43] Mit dem KonTraG wurden die diesbezüglichen Anforderungen an die Unternehmensführung (§ 91 Abs. 2 AktG[44]), die Berichterstattung (§ 315 Abs. 1 HGB) und die Abschlussprüfung (§ 317 Abs. 4 HGB)[45] konkretisiert.

Aus dem Anlass für das KonTraG[46] und auch aus dem Gesetzeswortlaut selbst ergibt sich, dass unter Risiko hierbei nur ungünstige Abweichungen vom Sollwert verstanden werden.[47] In der Gesetzesbegründung zu § 91 Abs. 2 AktG heißt es: „Zu den den Fortbestand der Gesellschaft gefährdenden Entwicklungen gehören insbesondere risikobehaftete Geschäfte [...]".[48]

---

[41]Vgl. Dobler (2004), S. 10; Oehler/Unser (2002), S. 13.
[42]Vgl. Dobler (2004), S. 10.
[43]Vgl. Glaum (2000), S. 18.
[44]Zwar gilt das AktG nur für die Rechtsformen der AG und KGaA, aber über die Gesetzesbegründung zum KonTraG, BT-DS 13/9712, S. 15 wird deutlich, dass der Gesetzgeber von einer entsprechenden Ausstrahlungswirkung auf die Rechtsform der GmbH ausgeht.
[45]Die §§ 315, 317 gelten über § 315a Abs. 1 HGB auch für IFRS-Konzernabschlüsse.
[46]Anlass für das KonTraG waren die teilweise existenzvernichtenden Finanztransaktionen von Unternehmen, wie Frankfurter Metallgesellschaft AG oder Balsam AG. Vgl. Bitz (2000), S. V.
[47]Vgl Kajüter (2001), S. 206; Kromschröder/Lück (1998), S. 1573.
[48]BT-DS 13/9712, S. 15.

Durch das BilReG in 2004 wurde § 315 Abs. 1 HGB, konkretisiert durch DRS 5 und DRS 15[49], um eine Berichtspflicht über Risiken und Chancen erweitert. Aufgrund der sprachlichen Trennung zwischen Risiko und Chance wird nochmals deutlich, dass unter Risikomanagement der unternehmerische Umgang mit möglichen negativen Entwicklungen verstanden wird.[50] Das IDW definiert im Zusammenhang mit der in § 317 Abs. 4 HGB kodifizierten Prüfungspflicht des Risikomanagementsystems[51] Risiko ebenfalls einseitig als die „Möglichkeit ungünstiger künftiger Entwicklungen"[52].

Diese Einschränkung des Risikomanagements auf den Risikobegriff i.e.s. wird vor dem Hintergrund der Einbindung in die Unternehmensführung kritisiert. Das Eingehen von Risiken, um damit verbundene Chancen wahrzunehmen, stellt die Triebfeder unternehmerischen Handelns dar.[53] Im handels- und gesellschaftsrechtlichen Kontext erlärt sich dieser eng gefasste Risikobegriff mit der Gläubigerschutzfunktion der Vorschriften.[54] Risikomanagement als betriebswirtschaftliche Aufgabe wird hingegen notwendigerweise ergänzt durch ein Chancen- oder Ertragsmanagement. Aus diesem Grund wird in der Literatur auch teilweise vorgeschlagen, beide Begriffe als Gegenstücke zu benutzen, die zusammen wertorientierte Unternehmensführung darstellen.[55] Dieser Auffassung wird hier gefolgt, da insbesondere in Bezug auf Hedging als Instrument des Risikomanagements deutlich werden wird, dass dessen Sicherungsfunktion im Sinne eines Erreichens einer Situation der Sicherheit im Vordergrund steht.[56]

---

[49]§ 315 HGB gilt nur für Konzernabschlüsse. Eine analoge Regelung für Einzelabschlüsse findet sich in § 289 Abs. 1 Satz 4 HGB. Die Anwendung der DRS 5 und DRS 15 wird durch den DRSC für Einzelabschlüsse empfohlen.

[50]Vgl. DRS 5.9.

[51]Zwar ist der Gegenstand der Prüfungshandlung formal auf die Risikofrüherkennung beschränkt, allerdings kann eine unterlassene Risikohandhabung neue Risiken begründen. Vgl. Emmerich (1999), S. 1078 f., 1084 f.

[52]IDW PS 340, Rz. 3.

[53]Vgl. Winnefeld (2006), Kapitel K, Rz. 50; Dobler (2004), S. 15 m.w.N.; Weber et al. (1999), S. 1710.

[54]Vgl. Winnefeld (2006), Kapitel K, Rz. 50; Baetge/Schulze (1998), S. 940.

[55]Vgl. Kajüter et al. (2010), S. 463 m.w.N.; AKEIÜ (2010), S. 1245; Baetge/Jerschensky (1999), S. 171 f.

[56]Vgl. Burger/Buchhart (2002), S. 10 m.w.N.

2.3 Bestandteile und Instrumente des Risikomanagementprozesses

2.3.1 Überblick

Ausgehend von den vorherigen Überlegungen versteht sich Risikomanagement als der bewusste und gezielte Umgang[57] mit Risiko i.e.S. unter Berücksichtigung damit verbundener Ertragspotentiale. Dies erfordert einen kontinuierlichen Managementprozess, der (i) Risikofaktoren identifiziert, (ii) ausgehend von einer Risikostrategie daraus erwachsende Risiken misst und (iii) diese beurteilt, um (iv) Maßnahmen zu deren Steuerung zu ergreifen und (v) diese einer Wirkungskontrolle zu unterziehen. Prozessübergreifend sind diese Aktivitäten zu dokumentieren, zu kommunizieren und zu überwachen.[58]

2.3.2 Risikoidentifikation

Aufgabe der Risikoidentifikation ist es, alle Risikofaktoren, die zu Zielabweichungen führen können, zu erfassen.[59] Hinsichtlich der Systematisierung von Risikofaktoren werden in der Literatur eine Vielzahl von Ansätzen vorgestellt, die sich aber hinsichtlich der gewählten Kriterien, wie bspw. Herkunft, Unternehmensbereich, Unternehmensprozess oder Zeitbezug, voneinander unterscheiden und auch innerhalb der Ansätze nicht immer einen konsistenten Kriterienbezug aufweisen.[60] Diese Arbeit ist eingebettet in den Kontext der bilanziellen Abbildung von Risiken und Risikosteuerungsmaßnahmen, so dass als Klassifizierungskriterium der zu betrachtenden Risiken deren möglicher unmittelbarer Einfluss auf das Unternehmensergebnis fungiert. Damit bleiben bspw. organisatorische, personelle oder strategische Risiken unberücksichtigt.

2.3.3 Risikostrategie

Im Rahmen der Risikostrategie werden unter Berücksichtigung der Unternehmensziele, der Risikotragfähigkeit und der Risikobereitschaft des Unternehmens Schwellenwerte für die Risikoakzeptanz festgelegt.[61] Schwellenwert ist dabei in Anlehnung an die Risikodefinition[62]

---

[57]Vgl. Beinert (2003), S. 26; Rudolph/Johanning (2000), S. 17.

[58]Vgl. u.a. DRS 5.9.; Wolke (2007), S. 3 ff.; Reichling (2003), S. 116 f.; Burger/Buchhart (2002), S. 30 ff.; Scharpf/Luz (2000), S. 77 ff.; Kromschröder/Lück (1998), S. 1573; Scheffler (1994), S. 21 m.w.N.

[59]Vgl. Dobler(2004), S. 16 m.w.N.; Scharpf/Luz (2000), S. 78.

[60]Vgl. Dobler (2004), S. 17 m.w.N.; Burger/Buchhart (2002), S. 34; Kajüter (2001), S. 209.

[61]Vgl. Scharpf/Luz (2000), S. 77 f.

[62]Vgl. Abschnitt 2.1, S. 13.

als maximal akzeptable Abweichung der Ist- von Zielgrößen zu verstehen. Bei der Festlegung von Schwellenwerten und damit implizit der Ausgestaltung der Risikomessmethode spielen die Risikopräferenz der Entscheidungsträger[63] sowie die Art des betrachteten Risikofaktors eine entscheidende Rolle.

Bezogen auf den ersten Aspekt der Risikopräferenz unterscheidet man drei Grundpositionen: Risikofreude, Risikoneutralität und Risikoaversion, formal repräsentiert durch den Verlauf der Nutzenfunktion. Im Fall eines risikofreudigen Entscheidungsverhaltens wird ein unsicheres dem sicheren Ergebnis vorgezogen, wenn basierend auf dem Bernoulli-Prinzip der Erwartungswert des Nutzens aus dem unsicheren Ereignis den Nutzen aus dem sicheren Ergebnis i.s.d. Erwartungswertes übersteigt. Das μ-σ-Entscheidungsprinzip lässt einen risikofreudigen Entscheider dasjenige Ergebnis wählen, das bei gleichem Erwartungswert mehrerer Alternativereignisse die höchste Streuung der möglichen Ereignisausprägungen aufweist. Für risikoaverses Verhalten gilt in beiden Entscheidungsprinzipien das Gegenteil, bei Risikoneutralität des Entscheiders wird lediglich der Erwartungswert der Ergebnisse als Kriterium herangezogen.[64]

Neben dem Problem, dass bei diesen dargestellten Kriterien der klassischen Entscheidungstheorie die jeweiligen indviduellen Nutzenfunktionen bekannt sein müssen, wird zudem ein rationales Verhalten der Entscheidungsträger vorausgesetzt. Die neuere Forschung zur Entscheidung in riskanten Situationen berücksichtigt verhaltenswissenschaftliche Aspekte, wie beispielsweise kontext- und persönlichkeitsbezogene Einflussfaktoren.[65] Insbesondere bei Gruppenentscheidungen, denen bereits im Rahmen der klassischen Entscheidungstheorie das Problem der Bestimmung einer kollektiven Nutzenfunktion inhärent ist[66], tritt das interaktionsindizierte Phänomen einer erhöhten Risikobereitschaft gegenüber der Individualentscheidung der Gruppenmitglieder[67] hinzu.

Die bewusste Wahl der Risikomessmethode aufgrund der Risikopräferenz und damit auch der mögliche Rückschluss von der gewählten Messmethode auf die Risikopräferenz der Entscheidungsträger ist vor diesem Hintergrund fraglich. Vielmehr scheint die Auswahl anderen

---

[63]Vgl. Rudolph/Johanning (2000), S. 19 f.
[64]Vgl. Bamberg et al. (2008), S. 67 ff.
[65]Vgl. für einen detaillierten Überblick Unser (1998), S. 34-43 m.w.N.
[66]Vgl. Oehler/Unser (2002), S. 29.
[67]Vgl. Hein (2002), S. 47 f. m.w.N.

Kriterien, beispielsweise aufsichtsrechtlichen Restriktionen durch das KWG im Finanzdienstleistungssektor oder Methodenkomplexität, zu unterliegen.[68]

2.3.4 Risikomessung und -beurteilung

Im sich anschließenden Prozessschritt werden die Wirkungen der identifizierten Risikofaktoren gemessen. Die Risikomessung hat dabei in Abhängigkeit von der Risikoart quantitativen oder qualitativen Charakter. Sind Verteilungen der Ereigniswahrscheinlichkeiten objektiv oder subjektiv, also unternehmens- und/oder entscheidungsträger(un)abhängig, ermittelbar, können die Risiken direkt quantifiziert und i.d.R. in Geldeinheiten ausgedrückt werden. Risikoarten mit qualitativem Charakter können hingegen lediglich ordinal gemessen, also hinsichtlich ihrer Risikowirkungen beispielsweise über Scoring-Modelle oder Risikoklassen geordnet werden. Erst darauf aufbauend ist eine Quantifizierung der Risiken möglich.[69] Auf Unternehmensebene werden bei der Risikomessung auch noch Interdependenzen zwischen den einzelnen Risikofaktoren zu berücksichtigen sein.[70]

Auf dieser Grundlage kann nunmehr das Risiko durch Vergleich zum Zielsystem des Unternehmens, das sich in der Festlegung von Schwellenwerten niedergeschlagen hat, beurteilt und ein möglicher Handlungsbedarf analysiert werden.[71]

2.3.5 Risikosteuerung

Möglichkeiten zur Risikosteuerung werden in der Literatur überwiegend in vier Kategorien unterteilt, wobei die Abgrenzung aufgrund der Vermischung der Kriterien Maßnahmen und Instrumente nicht einheitlich erfolgt.[72] Ausgehend von der Risikoneigung (Risikoaversion, Risikoneutralität, Risikofreude) ergibt sich für das Unternehmen ein Kontinuum von möglichen Risikomaßnahmen, bestehend aus Vermeidung, Verminderung, Überwälzung und Akzeptanz.[73] Ordnet man diese Steuerungsmaßnahmen dem Ursachen-Wirkungsstrang der

---

[68]Vgl. Oehler/Unser (2002), S. 27, die den VaR als Risikomaß nur für risikoneutrale Entscheider für angemessen erachten.
[69]Vgl. Wolke (2007), S. 59; Burger/Buchhart (2002), S. 101 ff. m.w.N.; Kromschröder/Lück (1998), S. 1574.
[70]Vgl. Dobler (2004), S. 17.
[71]Vgl. Oehler/Unser(2002), S. 29; Scharpf/Luz (2000), S. 78 f.
[72]Vgl. Löw (2008), S. 88, die Diversifikation als fünfte Maßnahme nennt; Steiner/Meyer (1993), S. 724, die zu zwei Maßnahmen entsprechende Unterkategorien - darunter auch Diversifikation und Hedging - an Maßnahmen ableiten.
[73]Vgl. Dobler (2004), S. 19 m.w.N.; Scharpf/Luz (2000), S. 79.

Risikodefinition zu[74], weisen die ersten Steuerungsmaßnahmen einen Ursachenbezug - also die Reduzierung des Risikos selbst - , die beiden letztgenannten einen Wirkungsbezug - i.S. einer Begrenzung der Risikowirkung - auf.[75] Den einzelnen Maßnahmen können somit folgende Instrumente zugeordnet werden:[76]

- Risikovermeidung beinhaltet den Ausschluss bzw. die Glattstellung i.S.v. Auflösung riskanter Aktivitäten.[77]

- Risikoverminderung bedeutet die Verminderung der Zielabweichung durch Aufbau einer Gegenposition, die die Streuung der Wahrscheinlichkeitsverteilung der möglichen Ereignisse reduziert und im Idealfall vollständig beseitigt (Kompensation/Hedging).[78] Eine weitere Möglichkeit besteht in der Zusammensetzung eines Portfolios durch voneinander unabhängige Einzelpositionen (Diversifikation). Während sich beim Hedging somit Positionen gegenüberstehen, die in gegengerichteter Weise auf denselben Risikofaktor reagieren, wird bei der Diversifikation ein Portfolio von Positionen gebildet, die auf unterschiedliche Risikofaktoren reagieren.[79]

- Risikoüberwälzung erfolgt durch Übertragung der Risikowirkung auf Dritte gegen Entgelt. Typische Beispiele stellen Versicherungen oder Garantien dar. Die Überwälzung von Ausfallrisiken im Kreditgeschäft mittels Kreditderivaten kann ebenfalls unter diese Kategorie fallen.[80]

- Risikoakzeptanz bedeutet, keine Steuerungsmaßnahmen zu ergreifen, die Risikowirkungen also selbst zu tragen. Dies schließt nicht aus, dass Vorsorge in Form von Rücklagen betrieben wurde.

Anhand der obigen Darstellung von Risikosteuerungsmaßnahmen wird deutlich, dass weder eine klare begriffliche Abgrenzung von Hedging existiert, noch die singuläre Beziehung Hedging mittels derivativer Instrumente hergestellt werden kann. Insofern sollte der Begriff Hedging im Folgenden weiter als Risikosteuerung aufgefasst werden und Maßnahmen sowohl der Risikoverminderung als auch der Risikoüberwälzung beinhalten.

---

[74]Vgl. Abschnitt 2.1, S. 11 f.
[75]Vgl. Baetge/Jerschensky (1999), S. 172 f.
[76]Vgl. Burger/Buchhart (2002), S. 49 f.; Oehler/Unser (2002), S. 32 ff.; Baetge/Jerschensky (1999), S. 172 f.
[77]Vgl. Dobler (2004), S. 19 m.w.N.; Steiner/Meyer (1993), S. 724.
[78]Vgl. Große (2010), S. 191; Gebhardt (1996), S. 558.
[79]Vgl. Bitz (1993), S. 649 f.
[80]Vgl. hierzu die Abgrenzung in Abschnitt 2.4.2.

2.3.6 Wirkungskontrolle

Der abschließende Schritt im Risikomanagementprozess ist die Wirkungskontrolle der ergriffenen Risikosteuerungsmaßnahmen. Ein sich aus diesem Soll-Ist-Vergleich ergebendes Restrisiko löst das erneute Durchlaufen des Risikomanagementprozesses aus.[81]

2.4 Risikosteuerung mittels Derivativer Instrumente

2.4.1 Derivatebegriff und Merkmale

Derivate werden für Zwecke der Risikokompensation und des Risikotransfers eingesetzt, da ihr Einsatz ohne nennenswerten Kapitalbedarf möglich ist.[82] Für den Begriff Derivat existiert keine allgemeingültige Definition, da er aufgrund seiner sprachlichen Bedeutung i.S.v. Ableitung in diversen Wissenschaftsdisziplinen Verwendung findet. In den Wirtschaftswissenschaften wird der Begriff für Verträge verwendet, deren Wertentwicklung an die zufallsabhängige Wertentwicklung eines Referenzobjektes, dem sog. Basiswert, gekoppelt ist und bei denen Verpflichtungs- und Erfüllungsgeschäft zeitlich auseinanderfallen, es sich somit um Termingeschäfte handelt.[83]

Derivate lassen sich dabei aus den vier Perspektiven (i) Verpflichtung der Vertragsparteien, (ii) Standardisierung des Vertrags und Handelsplatz, (iii) zugrundeliegender Basiswert sowie (iv) Lieferfähigkeit des Basiswertes und damit einhergehend Erfüllung des Vertrags klassifizieren. Somit lassen sich alle Produktentwicklungen im Derivatebereich auf wenige Grundformen und Kombination dieser untereinander zurückführen.[84]

Die erste Unterscheidungsebene bezieht sich dabei auf den Grad der Erfüllungspflicht beider Vertragsparteien. Hierbei unterscheidet man zwischen unbedingten und bedingten Termingeschäften. Bei unbedingten Termingeschäften sind beide Vertragsparteien zur Erfüllung der vertraglichen Vereinbarungen verpflichtet, ohne dass die Erfüllung an den Eintritt weiterer Bedingungen geknüpft ist. Dagegen ist die Erfüllung bedingter Termingeschäfte an den Eintritt einer vertraglich festgelegten Bedingung geknüpft. Die Leistungspflicht einer Vertragspartei kann entweder in der Entscheidung der anderen Vertragspartei zur Vertragserfüllung (sog. Optionstyp) oder im Eintritt eines definierten Eventualfalls (sog. Versicherungstyp) be-

---

[81]Vgl. Clark (2011), S. 27 m.w.N.; Dobler (2004), S. 19 m.w.N.
[82]Vgl. Mauritz (1997), S. 10 m.w.N.
[83]Vgl. § 1 Abs. 11 S. 4 KWG; § 2 Abs. 2 WpHG; Trafkowski (2009), S. 32; Schwarz (2006), S. 10 m.w.N.; Schmidt (2005), S. 62 f.; Reiner (2002), S. 11 f.
[84]Vgl. Das (2006), S. 8; Rudolph/Schäfer (2005), S. 15; Reiner (2002), S. 25.

gründet sein.[85] Der unterschiedliche Grad der Erfüllungspflicht beeinflusst die Verteilung der Chancen und Risiken aus der Wertentwicklung des zugrundeliegenden Referenzobjektes. Im Fall der unbedingten Termingeschäfte ergibt sich ein symmetrisches Gewinn- und Verlust-profil, d.h. dem Gewinn der einen Vertragspartei steht ein betragsmäßig identischer Verlust der anderen Vertragspartei gegenüber. Bei bedingten Termingeschäften sind Gewinn- und Verlustmöglichkeiten asymmetrisch verteilt, da dem Inhaber des Rechts ein unbegrenzter Gewinn bei maximalem Verlust der eingesetzten Prämie ermöglicht wird, der Stillhalter da-gegen muss bei Ausübung des Rechts durch den Inhaber dieses Rechts leisten und erhält dafür eine Prämie.[86]

Ein zweites Unterscheidungskriterium stellt der Handelsplatz dar. Hierbei wird nach bör-sengehandelten und außerbörslichen, sog. OTC-Termingeschäften unterschieden. Während börslich gehandelte Produkte einen hohen Standardisierungsgrad aufweisen, der i.d.R. mit einem liquiden Markt verbunden ist, haben außerbörslich gehandelte Produkte den Vorteil der individuellen Ausgestaltung auf die Bedürfnisse der Vertragsparteien.[87]

Drittens können Termingeschäfte nach der Art des zugrundeliegenden Basiswertes systema-tisiert werden. Diese Basiswerte sind dem finanzwirtschaftlichen, güterwirtschaftlichen oder sonstigen Bereich zuzuordnen. Die letztgenannte Kategorie umfasst Basiswerte, die keine Marktpreisrisiken zum Gegenstand haben.[88] Zudem kann der Basiswert selbst auch abge-leitet sein von anderen Basiswerten, so bei Indizes, die auch ein Bündel an Basiswerten repräsentieren, oder zweistufigen Derivaten, die als Basiswert ein Derivat aufweisen.

Eng mit dem zugrundeliegenden Basiswert verbunden ist das vierte Kriterium der Lieferfä-higkeit des Basiswertes und demnach der Vertragserfüllung durch physische Lieferung (physi-cal settlement) oder Barausgleich (cash settlement). Bei lieferfähigen Basiswerten, wie bspw. Rohstoffe oder Wertpapiere, kann zwischen tatsächlicher Lieferung und Barausgleich gewählt werden, wohingegen bei nicht lieferfähigen Basiswerten, wie bspw. Indizes oder Derivate, le-diglich ein Barausgleich möglich ist.[89] Derivative Instrumente, die durch Barausgleich erfüllt werden oder erfüllt werden können, werden als derivative Finanzinstrumente oder Finanz-derivate bezeichnet. Somit können sich Finanzderivate grundsätzlich sowohl auf lieferfähige als auch nicht lieferfähige Basiswerte beziehen. Finanzderivate erlauben zudem die Trennung

---

[85]Vgl. Schmidt (2006), S. 2; Schwarz (2006), S. 17; Oehler/Unser (2002), S. 17; Bitz (1993), S. 644.
[86]Vgl. ausführlicher und mit Beispiel Rudolph/Schäfer (2005), S. 16 f.
[87]Vgl. Schmidt (2006), S. 2; Das (2006), S. 29; Oehler/Unser (2002), S. 18 f.; Rabenhorst (1999), S. 6 f. m.w.N.
[88]Vgl. Schwarz (2006), S. 11; Rudolph/Schäfer (2005), S. 14.
[89]Vgl. Rabenhorst (1999), S. 6.

von dinglichem Geschäft und Sicherungsgeschäft, so dass die gesicherten Risiken handelbar werden.[90] Termingeschäfte, die lediglich durch physische Lieferung erfüllt werden können, werden hier als sonstige derivative Instrumente bezeichnet, wobei sie vertragsrechtlich Kaufverträge über den Basiswert darstellen.[91]

Wie bereits eingangs erwähnt, stellen neuere Entwicklungen von Derivaten Kombinationen aus den dargestellten Derivategrundformen untereinander dar. Kombinationen von mehreren Basisderivaten können auf und zwischen den drei Ebenen Erfüllungsgrad, Handelsplatz und Basiswert erfolgen. Werden beispielsweise mehrere Forward-Geschäfte vertraglich miteinander verknüpft, erhält man einen Swap. Dabei können auch mehrere Basiswerte berücksichtigt werden, wie bei einem Zins-Währungs-Swap. Auf Ebene des Erfüllungsgrades stellt die Swaption ein unbedingtes Termingeschäft (Swap) bezogen auf das derivative Basisobjekt bedingtes Termingeschäft (Option) dar. Neben der reinen Zusammenfügung innerhalb der Derivate kann ein Derivat auch in ein Kassageschäft integriert werden, was als eingebettetes Derivat bezeichnet wird.[92] Mit Hilfe der nachfolgenden Abbildung 1 werden die Ausprägungen von Derivaten systematisiert. Die hierbei aufgezählten Basiswerte stellen lediglich mögliche Ausprägungen dar und vernachlässigen die zuvor erwähnten Besonderheiten der Indexderivate und zweistufigen Derivate.

Da Finanzderivate im Rahmen von Sicherungsgeschäften besondere Bilanzierungsprobleme aufwerfen, beziehen sich die folgenden Ausführungen ausschließlich auf Finanzderivate. Gleichwohl werden synonym die Begriffe Derivate und derivative Finanzinstrumente verwendet.

2.4.2 Abgrenzung zu Versicherungen und Finanzgarantien

Anhand des Unterscheidungskriteriums Erfüllungspflicht der Vertragsparteien, die auch von außerhalb der Kontrolle der Vertragspartner liegenden Zufallsereignissen abhängen kann, wird die Nähe von Derivaten zu Versicherungen und Finanzgarantien deutlich.[93] Versicherungen werden definiert als Verpflichtung des Versicherers, gegen Entgelt ein bestimmtes Risiko des Versicherungsnehmers oder eines Dritten durch eine Leistung abzusichern, die er bei Eintritt des vereinbarten Versicherungsfalles zu erbringen hat.[94] Für Garantien exi-

---

[90]Vgl. Trafkowski (2009), S. 79 ff.
[91]Vgl. zur rechtlichen Würdigung Reiner (2002), S. 13 ff.
[92]Vgl. IAS 39.10; IDW RS HFA 22, Rz. 2.
[93]Vgl. Trafkowski (2009), S. 88 f.; Reiner (2002), S. 27.
[94]Vgl. Legaldefinition des § 1 VVG.

Abbildung 1: Systematisierung derivativer Finanzinstrumente

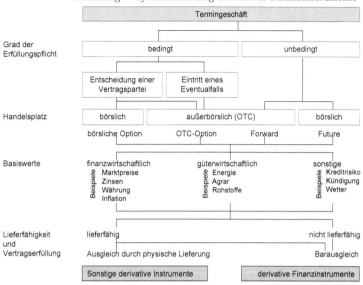

Quelle: Eigene Darstellung in Anlehnung an Rudolph/Schäfer (2005), S. 15.

stiert hingegen kein gesetzlich normierter Begriff. Hierbei verpflichtet sich der Garantiegeber gegenüber dem Garantienehmer, für einen künftiges Ergebnis einzustehen.[95]

Gemeinsam ist allen drei Vertragstypen, dass sie die Unsicherheit der Vertragsparteien hinsichtlich eines bestimmten künftigen Zustandes zum Gegenstand haben, sie also Risikoverträge[96] und Termingeschäfte darstellen. Sie unterscheiden sich jedoch im Umfang der gesicherten Risiken, in ihrem Preisbildungsmechanismus und in dem Risikoträger.

Derivate dienen grundsätzlich der Sicherung von Risiken i.w.S., wobei bei bedingten Termingeschäften die Sicherung auf Risiko i.e.S. begrenzt werden kann.[97] Versicherungen und Garantien hingegen dienen der Absicherung eines tatsächlich eingetretenen Schadens, was enger als die Sicherung von Risiko i.e.S. als dem potentiellen Verlust zu fassen ist. Die Preisbildung von Derivaten wird durch die Marktpreisentwicklung der ihnen zugrunde liegenden Basiswerte bestimmt, indem der Preis von Derivaten durch Reproduktion entsprechender

---

[95]Vgl. Perridon et al. (2009), S. 388.
[96]Vgl. Trafkowski (2009), S. 57, 89; Reiner (2002), S. 28 f.
[97]Vgl. zum Risiko- und Derivatebegriff Abschnitte 2.1 und 2.4.1.

Kassainstrumente ermittelt wird. Dieser Marktmechanismus erlaubt die Handelbarkeit von Derivaten.[98] Versicherungs- und Garantieentgelte orientieren sich im Gegensatz dazu an der Eintrittswahrscheinlichkeit eines Schadenfalls. Versicherungen basieren dabei auf dem Kollektivprinzip (Gefahrengemeinschaft), d.h. der Risikoausgleich und folglich auch die Kalkulation der Prämie erfolgt auf Portfoliobasis. Derivate und Garantien werden durch einen einzelnen Risikoträger erfüllt.[99]

Diese terminologische Abgrenzung ist für die Subsumtion von Kreditderivaten in Abhängigkeit von ihrer vertraglichen Ausgestaltung in den Vertragstypus Finanzderivate wichtig. Dabei ist die Abgrenzung zwischen Versicherung und Garantie nicht relevant, da sie ökonomisch in weiten Teilen Überschneidungen aufweisen.[100]

Die drei Grundformen von Kreditderivaten sind der Credit Default Swap, der Total Return Swap und die Credit Linked Note.[101] Bei Credit Default Swaps verpflichtet sich der Käufer (Sicherungsgeber) gegen Prämienzahlung zur Ausgleichszahlung an den Risikoverkäufer (Sicherungsnehmer) bei Eintritt eines vorab spezifizierten Kreditereignisses.[102] Von der Ausprägung des vereinbarten Kreditereignisses hängt die Einordnung als Derivat oder Garantie ab. Besteht das Kreditereignis in dem tatsächlichen Zahlungsausfall des Schuldners des Basiswertes (Referenzwertes), liegt der Vertragstypus einer Kreditversicherung bzw. Garantie vor. Ist das Kreditereignis lediglich als Änderung der Bonität des Schuldner des Basiswertes definiert, liegt kein tatsächlicher Schaden in Form eines Zahlungsausfalls vor, sondern lediglich ein potentieller Verlust, also Risiko vor. Somit stellt der Credit Default Swap in diesen Fällen ein Finanzderivat dar.

Total Return Swaps unterscheiden sich von den Credit Default Swaps dahingehend, dass der Risikoverkäufer nicht nur das Kreditrisiko auf den Risikokäufer überträgt, sondern sämtliche Erträge aus dem Referenzwert. Dies schließt somit auch das Marktpreisrisiko ein.[103] Da die Zahlungen unabhängig von Kreditausfällen erfolgen, ist der Total Return Swap den Kreditderivaten zuzurechnen.

---

[98]Vgl. Rudolph/Schäfer (2005), S. 175.

[99]Vgl. Trafkowski (2009), S. 89 ff.

[100]Vgl. Weistroffer (2010), S. 4; Rudolph/Schäfer (2005), S. 175. Aus rechtlicher Perspektive kommt TRAFKOWSKI zu der Einschätzung, dass Kreditderivate keine Versicherungsverträge im rechtlichen Sinne, sondern Garantieverträge darstellen; vgl. Trafkowski (2009), S. 108, 115.

[101]Vgl. Perridon et al. (2009), S. 346; Deutsche Bundesbank (2004), S. 30. Für beispielhafte Ausprägungen der Grundform Credit Default Swap vgl. Weistroffer (2010), S. 7.

[102]Vgl. Barz et al. (2008), S. 640; Rudolph/Schäfer (2005), S. 174; Deutsche Bundesbank (2004), S. 30.

[103]Vgl. Rudolph/Schäfer (2005), S. 176; Deutsche Bundesbank (2004), S. 30.

Die Credit Linked Note stellt eine Kombination aus meistenteils einem Credit Default Swap und eine Anleihe dar. Der Risikoverkäufer emittiert Schuldverschreibungen in Höhe des Referenzwertes. Die Höhe der Rückzahlung der Schuldverschreibung ist abhängig vom Eintritt des vereinbarten Kreditereignisses bezogen auf den Basiswert.[104] Insofern stellt die Credit Linked Note eine „refinanzierte Version des jeweiligen Kreditderivatekontraktes"[105] dar und ist damit von der Typisierung des Kreditderivates abhängig.

2.4.3 Hedgingstrategien

Finanzwirtschaftliche Hedgingstrategien können nach verschiedenen Kriterien systematisiert werden, die in Abbildung 2 überblicksartig zusammengefasst sind. Diese Hedgingstrategien werden zwar in Rechnungslegungsvorschriften aufgegriffen, jedoch ist die Ausprägung der Kriterien für Zwecke der Gewinnermittlung nicht zwingend identisch mit der nachfolgend beschriebenen finanzwirtschaftlichen Sichtweise.

Abbildung 2: Systematisierung von Hedgingstrategien

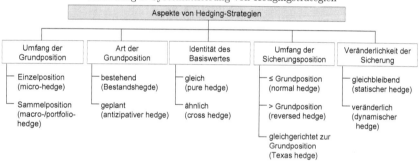

Quelle: Eigene Darstellung in Anlehnung an Scheffler (1994), S. 61; Schwarz (2006), S. 43.

Als weitere Aspekte werden in der Literatur die Bilanzwirkung der Hedgingstrategie[106] sowie die absicherbaren Risiken in Form von Wert- oder Zahlungsstromschwankungen[107] aufgeführt. Die Bilanzwirkung stellt keine ökonomische Sicherungsstrategie dar, sondern ist lediglich Ausfluss bestimmter Rechnungslegungsvorschriften. Die Unterscheidung in Sicherung von Wert- oder Zahlungsstromschwankungen wird ebenfalls nicht als eigenständiger

---

[104]Vgl. Rudolph/Schäfer (2005), S. 177; Deutsche Bundesbank (2004), S. 30 f.
[105]Rudolph/Schäfer (2005), S. 177.
[106]Vgl. Rauleder (1994), S. 116.
[107]Vgl. Borchert (2006), S. 41; Schmidt (2005), S. 87.

Aspekt einer Hedgingstrategie weiterverfolgt, da diese Unterteilung implizit bereits in dem Kriterium „Art der Grundposition" enthalten ist.

Bei der Festlegung des Umfangs der Grundposition wird zunächst danach unterschieden, ob es sich um eine Einzel- oder Sammelposition handelt. Wird eine einzelne Position gesichert, liegt ein micro-hedge vor.[108] Hierbei können risikobegründendes und risikosteuerndes Geschäft eindeutig zugeordnet werden. Bei der Sicherung einer Risikoposition, die sich aus mehreren Einzelpositionen zusammensetzt, besteht hinsichtlich ihrer Einordnung als macro- oder portfolio-hedge keine Einigkeit in der Literatur.[109] Übereinstimmend werden jedoch beide Strategien als Sicherung von Nettopositionen bezeichnet, so dass SCHWARZ beide Begriffe synonym versteht.[110] Eine Differenzierung in macro- und portfolio-hedge erfolgt anhand der Homogenität der in der Sammelposition enthaltenen Einzelpositionen. Enthält die Sammelposition gleichartige oder ähnliche Grundgeschäfte, die systematisch zusammenhängende Reaktionen auf den Risikofaktor aufweisen, liegt ein portfolio-hedge vor. Im Fall heterogener Grundgeschäfte in der Sammelposition spricht man von einem macro-hedge.[111] Aufgrund der Heterogenität ist die von SCHWARZ kritisierte Vermengung mit der Diversifikation als weiteres Instrument der Risikoverminderung nachvollziehbar, jedoch bezieht sich die Sicherung auf die Nettoposition nach Diversifikationseffekten, so dass eine, zumindest theoretisch, klare Trennung zwischen beiden Instrumenten erfolgen kann.

Hinsichtlich der Art der Grundposition wird zwischen einer bestehenden und geplanten risikobegründenden Grundposition unterschieden. Beim Bestandshedge werden ausschließlich bereits kontrahierte Geschäfte gesichert. Der Bestandshedge erfasst somit nicht nur Bilanzpositionen, sondern auch Verpflichtungsgeschäfte, bei denen noch kein Erfüllungsgeschäft getätigt wurde. Der antizipative Hedge hingegen bezieht sich auf erwartete Transaktionen, für die noch keine vertraglichen Vereinbarungen getroffen wurden.[112] Schwierig erscheint die Abgrenzung zwischen Bestands-Hedge und antizipativem Hedge bei dem geplanten Verkauf von Vermögenswerten, da hier zum einen die Bilanzposition und zum anderen die geplante Transaktion Gegenstand der Absicherung sein können.

---

[108]Vgl. Nguyen (2007), S. 41 m.w.N.; Borchert(2006), S. 37; Scheffler (1994), S. 57.

[109]Vgl. Wiese (2009), S. 67; zur Diskussion verschiedener Ansätze Schwarz (2006), S. 33-35.

[110]Vgl. Schwarz (2006), S. 36.

[111]Vgl. Wiese(2009), S. 67; Nguyen (2007), S. 41 f. m.w.N.; Borchert (2006), S. 38; Rudolph/Schäfer (2005), S. 30; Brötzmann (2004), S. 113 f; Brackert et al. (1995) S. 552; Scheffler (1994), S. 57.

[112]Vgl. Schwarz (2006), S. 42; Borchert (2006), S. 40; Rudolph/Schäfer (2005), S. 30; Scheffler (1994), S. 59.

In Abhängigkeit von der Übereinstimmung des Basiswertes von Grund- und Sicherungsgeschäft werden pure hedge und cross hedge unterschieden. Bei ersterem entsprechen sich
die Basiswerte, wohingegen beim cross hedge ein Sicherungsgeschäft verwendet wird, das
einen abweichenden Basiswert aufweist. Um jedoch eine Absicherung der Risikoposition zu
erreichen, müssen die Basiswerte in ihrer Wertentwicklung positiv korreliert sein.[113]

Entspricht der Umfang der Sicherungsgeschäfte dem zu sichernden Grundgeschäft, liegt ein
vollständiger Hedge vor. Ziel dieser Hedgingstrategie ist die vollständige Eliminierung des
Risikos. Wird die Risikosicherung bewusst limitiert, indem die Sicherungsposition kleiner als
die Grundposition ist, spricht man von einem partiellen Hedge.[114] Im Gegensatz zu diesen,
auch als normal hedge bezeichneten, Strategien können auch über das Grundgeschäft hinausgehende Sicherungsgeschäfte abgeschlossen werden. Übersteigt das Sicherungsgeschäft
quantitativ das Grundgeschäft, liegt ein reversed hedge vor. Wird hingegen ein in seiner
Wertentwicklung mit dem Grundgeschäft gleichgerichtetes Sicherungsgeschäft abgeschlossen, spricht man vom Texas-Hedge.[115] Im Falle des reversed hedge dient der das Grundgeschäft übersteigende Betrag des Sicherungsgeschäfts der Generierung zusätzlicher Gewinne,
im Falle des Texas-Hedge sollen vorteilhafte Wertentwicklungen des Grundgeschäfts durch
das gleichgerichtete Sicherungsgeschäft verstärkt werden. Obwohl dem reversed hedge und
Texas-Hedge damit ein spekulatives Element zugesprochen wird[116], können diese Strategien
im Sinne der Zielfunktion des Entscheidungsträgers ein optimales Ergebnis darstellen. Auf
Ebene eines einzelnen Geschäfts, wie beispielsweise der Absicherung von Rohstoffpreisen, besteht das Ziel wohl eher in der Sicherung einer festen Kalkulationsgrundlage, so dass reversed
hedge und Texas-Hedge in dem Fall zu einer Risikoerhöhung führen.

Abschließend kann eine Hedgingstrategie nach der Veränderlichkeit der Absicherungsposi-
tionen unterschieden werden. Beim statischen Hedge bleibt die ursprüngliche Sicherungsbeziehung im Zeitablauf unverändert. Eine Anpassung der Sicherungsposition muss jedoch bei
sich ändernden Grundpositionen beim Hedging von Sammelpositionen sowie bei Änderungen
des Risikos der Grundposition erfolgen (dynamischer Hedge), um eine wirksame Sicherung
sicherzustellen.[117]

---

[113]Vgl. Schwarz (2006), S. 40; Scheffler (1994), S. 58.
[114]Vgl. Rauleder (1994), S. 116 f.
[115]Vgl. Spremann (1991) S. 300.
[116]Vgl. Scheffler (1994), S. 60.
[117]Vgl. Wiese (2009), S. 69 m.w.N.; Schwarz (2006), S. 41; Scheffler (1994) S. 59.

3 Bilanzielle Abbildung von Sicherungsbeziehungen

3.1 Regelungszweck

3.1.1 Ansatzunterschiede

Um der Generalnorm des „true and fair view" (RK.46 i.V.m. IAS 1.15) und damit der Abbildung der ökonomisch erreichten Risikokompensation entsprechen zu können, müssen risikobegründende und risikosteuernde Transaktionen gemeinsam betrachtet[118], somit deren bei Einzelbetrachtung bestehenden Unterschiede hinsichtlich Ansatz, Bewertung und Ausweis in Einklang gebracht werden.

Risikosteuernde Transaktionen sind i.d.R. derivative Finanzinstrumente[119], da diese keiner physischen Erfüllung bedürfen. Diese Derivate stellen trotz ihrer Eigenschaft des schwebenden Geschäftes, also des zeitlichen Auseinanderfalls von Verpflichtungs- und Erfüllungsgeschäft, stets bilanzwirksame Geschäfte dar, deren Erfolge aus der Bewertung zum beizulegenden Zeitwert in jeder Bilanzierungsperiode erfolgswirksam erfasst werden (IAS 39.9 i.V.m. .46f. und .55, IFRS 9.B4.9).

Die risikobegründenden Transaktionen resultieren aus dem operativen Geschäft sowie Anlage- und Finanzierungstätigkeiten des Unternehmens. Somit umfassen diese Transaktionen bilanziell erfasste Sachverhalte, schwebende Geschäfte und künftige geplante Transaktionen[120] und unterscheiden sich hinsichtlich ihres Ansatzes, Ausweises und ihrer Bewertung sowohl untereinander als auch im Verhältnis zu den Sicherungsgeschäften. Schwebende Geschäfte stellen grundsätzlich feste Verpflichtungen dar, deren Erfüllung erst zu einem späteren Zeitpunkt erfolgt und somit i.d.R. auch erst zum Erfüllungszeitpunkt in Bilanz und Gewinn- und Verlustrechnung (GuV) erfasst werden. Eine Ausnahme stellen drohende Verluste aus schwebenden Geschäften dar, die über eine entsprechende Rückstellung bereits vor dem Erfüllungszeitpunkt Einfluss auf Bilanz und GuV haben.[121] In Abgrenzung zu schwebenden Geschäften fehlt es bei künftigen geplanten Transaktionen noch am Verpflichtungsgeschäft, so dass diese erst im Zeitpunkt ihres Abschlusses bzw. ihrer Erfüllung Wirkungen auf Bilanz und GuV entfalten können.

---

[118]Vgl. Gebhardt/Naumann (1999), S. 1462.
[119]Vgl. zur Definition und Abgrenzung von Finanzderivaten Abschnitt 2.4. Details zur Zulässigkeit von Derivaten und anderen Bilanzposten als Sicherungsgeschäfte vgl. Abschnitt 3.4.
[120]Vgl. Gebhardt (1996), S. 559, 561; ebenso IAS 39.78.
[121]Vgl. Hoffmann in Haufe (2011), § 21, Rz. 55 ff.

3.1.2 Bewertungs- und Ausweisunterschiede

3.1.2.1 Abgrenzung der Betrachtungsebenen

Neben diesen Ansatzunterschieden finden für die bilanzierten Sachverhalte unterschiedliche Bewertungs- und Ausweiskonzeptionen Anwendung. Bei der systematischen Darstellung ist in zwei Ebenen zu differenzieren. Die erste Abgrenzung der Bilanzpositionen vollzieht sich zwischen finanziellen und nicht-finanziellen Vermögenswerten und Schulden. Unter dem Begriff der Schulden werden gem. RK.49 (b) i.v.m. .64 alle gegenwärtigen Drittverpflichtungen subsumiert, unabhängig davon, mit welchem Grad der Unsicherheit hinsichtlich Höhe und/oder Zeitpunkt diese Verpflichtung behaftet ist. Somit lassen sich Schulden in die quasi-sicheren sonstigen Schulden oder synonym Verbindlichkeiten und die unsicheren Rückstellungen unterscheiden.[122] Zwar können grundsätzlich alle Schulden risikobegründende Sachverhalte darstellen, aufgrund der mit Rückstellungen verbundenen sachverhaltsspezifischen Unsicherheit existieren hierfür keine risikosteuernden derivativen Instrumente, auf die dieselben Unsicherheitsmomente einwirken. Mögliche Risikosicherungsinstrumente in Form von Versicherungen erfüllen nicht die Derivatedefinition.[123] Somit werden Rückstellungen im Folgenden nicht weiter berücksichtigt.

Finanzielle Bilanzpositionen (Finanzinstrumente) umfassen auf vertraglicher Grundlage zustande gekommene Ansprüche und Verpflichtungen, die mittelbar oder unmittelbar auf den Austausch von Zahlungsmitteln gerichtet sind (IAS 32.11). An dem Abstellen der Definition auf einen Vertrag - als ein aus mindestens zwei Willenserklärungen bestehendes Rechtsgeschäft (IAS 32.14) - wird in der Literatur[124] dahingehend Kritik geäußert, dass einige Zahlungsströme, wie Schadenersatzansprüche und -verpflichtungen, nicht davon erfasst werden. Hierzu stellt IAS 32.AG12 jedoch klar, dass Ansprüche und Verpflichtungen, die sich aus gesetzlichen oder anderen hoheitlichen Vorschriften ergeben, wegen der fehlenden rechtsgeschäftlichen Grundlage keine finanziellen Bilanzpositionen darstellen.[125] Vermögenswerte oder Schulden, die erst noch den Leistungsprozess des Unternehmens durchlaufen müssen,

---

[122]Vgl. zur terminologischen Abgrenzung z.B. Hoffmann in Haufe (2011), § 21, Rz. 1-17; Senger/Brune in MünchKommBilR (2010), IAS 37, Rz. 4-11; Hebestreit/Schrimpf-Dörges in Beck-IFRS-HB (2009), § 13, Rz. 4-15.

[123]Vgl. zur inhaltlichen Abgrenzung zwischen Derivaten und Versicherungen Abschnitt 2.4.2.

[124]Vgl. Lüdenbach in Haufe (2011), § 28, Rz. 7; Wiese (2009), S. 32 f.; Schwarz (2006), S. 8.

[125]Vgl. Barckow in BaetgeIFRS (2012), IAS 32, Rz. 10 f.; Mentz in MünchKommBilR (2010), IAS 32, Rz. 25.

bevor sie einen Anspruch auf Zahlungsmittel gewähren - z.b. Vorräte -[126] bzw. die der Generierung von Zahlungsströmen dienen - z.b. Sachanlagen - (IAS 32.AG10) oder deren künftiger
Nutzen in der Lieferung von Waren und Dienstleistungen besteht - z.b. Anzahlungen -[127],
stellen ebenfalls keine Finanzinstrumente dar.

Die zweite Differenzierung erfolgt danach, ob die Transaktionswährung der betreffenden Bilanzpositionen von der funktionalen Währung der Berichtseinheit abweicht. Die funktionale
Währung ist die die Umsatz- und Kostenseite sowie Zahlungsströme einer Berichtseinheit
determinierende Währung (IAS 21.9 f.).[128]

3.1.2.2 Finanzielle und nicht-finanzielle Bilanzpositionen

Originäre (i.s.v. nicht-derivative) finanzielle Vermögenswerte und Schulden werden nach derzeit noch geltendem IAS 39 in Abhängigkeit von deren beabsichtigten Verwendung in vier
Kategorien klassifiziert, die entweder eine Bewertung zu fortgeführten Anschaffungskosten
oder zum beizulegenden Zeitwert vorsehen (IAS 39.9 i.V.m. .46 f.). Der Ausweis der Bewertungserfolge richtet sich ebenfalls nach der Klassifizierung der Finanzinstrumente und erfolgt
entweder erfolgswirksam oder erfolgsneutral (IAS 39.55). Ohne im Detail auf die Klassifizierung einzelner Finanzinstrumente einzugehen[129], sei lediglich darauf hingewiesen, dass finanzielle Vermögenswerte in Form von Investitionen in Eigenkapitalinstrumente, für die kein auf
einem aktiven Markt notierter Preis existiert und deren beizulegender Zeitwert nicht verlässlich ermittelt werden kann, mit deren Anschaffungskosten bewertet werden (IAS 39.46(c)).
Die nachfolgende Abbildung 3 fasst die Bewertungs- und Ausweisregeln für die einzelnen
Kategorien von Finanzinstrumenten nochmals zusammen. Dabei wird ersichtlich, dass sich
bei der Bilanzierung von Handelswerten sowie bei Nutzung der Fair Value-Option[130] keine
Bilanzierungsinkongruenz (accounting mismatch) bei ökonomischen Sicherungsbeziehungen
ergibt.

---

[126]Vgl. Mentz in MünchKommBilR (2010), IAS 32, Rz. 23, 25; von Oertzen in Beck-IFRS-HB (2009),
§ 3, Rz. 26.
[127]Vgl. Lüdenbach in Haufe (2011), § 28, Rz. 7; Mentz in MünchKommBilR (2010), IAS 32, Rz. 26.
[128]Vgl. Lüdenbach in Haufe (2011), § 27 Rz. 26 f.
[129]Vgl. hierzu bspw. die ausführlichen Erläuterungen bei Wiese (2009), S. 43-62; Kuhn/Scharpf
(2006), Rz. 390-505.
[130]Vgl. zur Erläuterung der Fair Value-Option Abschnitt 3.6.

Abbildung 3: Bewertungs- und Ausweisdivergenzen bei Finanzinstrumenten nach IAS 39

Finanzielle Vermögenswerte			

Finanzielle Verbindlichkeiten			

Zur Veräußerung verfügbar (available for sale)	Zu Handelszwecken gehalten (held for trading) oder Fair Value-Option	Kredite und Forderungen (loans and receivables)	Bis zur Endfälligkeit gehalten (held to maturity)

Beizulegender Zeitwert erfolgsneutral (Fair Value – other comprehensive income)	Beizulegender Zeitwert erfolgswirksam (Fair Value – profit or loss)	Fortgeführte Anschaffungskosten mittels Effektivzinsmethode (amortised cost)	

Finanzderivate

Quelle: Eigene Darstellung.

Der im November 2009 veröffentlichte und im Oktober 2010 ergänzte, vorerst nur die Klassifizierung und Bewertung von Finanzinstrumenten erfassende IFRS 9[131] sieht eine Änderung der Klassifizierungskriterien für finanzielle Vermögenswerte vor, indem nunmehr eine Einordnung nach dem Geschäftsmodell und den Eigenschaften der vertraglichen Zahlungsströme erfolgt.[132] Die Klassifizierungsvorschriften für finanzielle Verbindlichkeiten wurden weitgehend unverändert aus dem IAS 39 übernommen.[133]

Unabhängig von der Änderung der Klassifizierungskriterien werden die Bewertungsmaßstäbe der fortgeführten Anschaffungskosten und des beizulegenden Zeitwertes für finanzielle Vermögenswerte (IFRS 9.4.1.1) und Verbindlichkeiten (IFRS 9.4.2.1) beibehalten. Ebenso unverändert ist die erfolgswirksame bzw. erfolgsneutrale Erfassung von Bewertungserfolgen vorgesehen, obgleich die erfolgsneutrale Verbuchung außerhalb von designierten Sicherungsbeziehungen ein auf Eigenkapitalinstrumente (IFRS 9.5.7.1 (b)) und auf die Änderung des eigenen Kreditrisikos (IFRS 9.5.7.1 (c)) beschränktes Wahlrecht darstellt.[134] Die bisherige Ausnahme der Bewertung von Investitionen in Eigenkapitalinstrumente, für die kein auf einem aktiven Markt notierter Preis existiert und deren beizulegender Zeitwert nicht verlässlich ermittelt werden kann, mit deren Anschaffungskosten (IAS 39.46 (c)) wurde eliminiert,

---

[131]Eine Anwendung ist für Berichtsperioden verpflichtend, die ab dem 1. Januar 2015 beginnen. Eine freiwillige frühere Anwendung ist gestattet. Ein Endorsement ist noch nicht terminiert, Vgl. EFRAG (2012).

[132]Vgl. Gehrer et al. (2011), S. 87 f.; Märkl/Schaber (2010) S. 65.

[133]Vgl. Gehrer et al. (2011), S. 90; Christian (2011), S. 7.

[134]Vgl. Gehrer et al. (2011), S. 90; Kuhn (2010), S. 105; Märkl/Schaber (2010) S. 67.

so dass künftig alle Eigenkapitalinstrumente zum beizulegenden Zeitwert zu bewerten sind.
Allerdings dürfen die Anschaffungskosten als angemessene Schätzung des beizulegenden Zeitwertes herangezogen werden, wenn entweder keine ausreichenden aktuellen Informationen zu
dessen Ermittlung verfügbar sind oder eine große Bandbreite möglicher beizulegender Zeitwerte vorliegt (IFRS 9.B5.4.14).[135]

Die folgende Abbildung 4 illustriert die geänderten Bewertungs- und Ausweisregelungen. Insgesamt reduzieren sich die Bilanzierungsinkongruenzen bezüglich finanzieller Vermögenswerte, bleiben aber in jedem Fall bei Schuldinstrumenten, die mit dem Ziel der Vereinnahmung
der vereinbarten Zahlungsströme gehalten werden, und bei Eigenkapitalinstrumenten beim
wahlweisen erfolgsneutralen Ausweis von Bewertungserfolgen bestehen.

Neben den betrachteten Finanzinstrumenten können auch bei nicht-finanziellen Vermögenswerten und Schulden eine zum Sicherungsinstrument abweichende Bilanzierung auftreten.
Güterwirtschaftliche Risiken treten im Rahmen des betrieblichen Leistungserstellungspro-
zesses auf und spiegeln sich vor allem in den Bilanzpositionen Vorräte und Sachanlagen
wider.[136] Erhaltene Anzahlungen als nicht-finanzielle Schulden sind Ausdruck eines Ver-
pflichtungsüberschusses zur Lieferung von Waren oder Leistungen, so dass sich auch hier
letztlich das vorgenannte güterwirtschaftliche Risiko findet. Eine Absicherung von bilanzierten langfristig genutzten Sachanlagen gegen Güterpreisrisiken scheint eher die Ausnahme
darzustellen[137], so dass diese grundsätzlich risikobegründende Bilanzposition im Weiteren
nicht betrachtet wird.

Vorräte werden zum niederen Wert aus Anschaffungs- oder Herstellungskosten und Nettoveräußerungspreis bewertet. Der Nettoveräußerungspreis wird aus dem voraussichtlichen
Verkaufserlös des betrachteten Vorrates bzw. der Waren, in die dieser Vorratsbestand eingeht, abzüglich der noch für Fertigstellung und Vertrieb anfallenden Vollkosten ermittelt
(IAS 2.6).[138] Ein danach notwendiger Abwertungsbedarf der Vorräte wird erfolgswirksam
erfasst (IAS 2.34).

Aus dieser Bewertungssystematik folgt, dass gesunkene Marktpreise des betrachteten Vorratsvermögens erst dann erfolgswirksam werden, wenn die realisierbare Gewinnspanne diesen
Abwertungsbedarf nicht mehr kompensieren kann. Im Umkehrschluss wird der aus gestiegenen Marktpreisen des Vorratsvermögens erzielbare Gewinn erst bei Umsatzrealisation erfasst.

---

[135]Vgl. Kuhn (2010), S. 105; Märkl/Schaber (2010) S. 72.
[136]Vgl. Brötzmann (2004), S. 4.
[137]Vgl. Brötzmann (2004), S. 74.
[138]Vgl. Hoffmann in Haufe (2011), § 17, Rz. 26; Riese in Beck-IFRS-HB (2009), § 8, Rz. 91 ff.;
     Kümpel (2005), S. 1156 f.

Abbildung 4: Bewertungs- und Ausweisdivergenzen bei Finanzinstrumenten nach IFRS 9

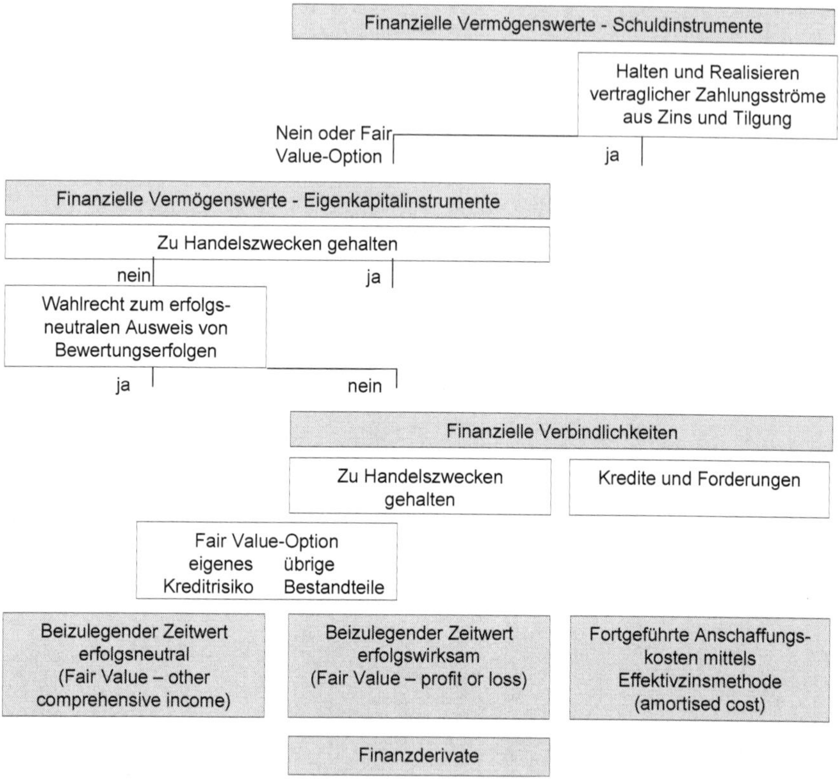

Finanzielle Vermögenswerte - Schuldinstrumente

Nein oder Fair Value-Option | Halten und Realisieren vertraglicher Zahlungsströme aus Zins und Tilgung · ja

Finanzielle Vermögenswerte - Eigenkapitalinstrumente

Zu Handelszwecken gehalten

nein | ja

Wahlrecht zum erfolgs-neutralen Ausweis von Bewertungserfolgen

ja | nein

Finanzielle Verbindlichkeiten

Zu Handelszwecken gehalten · Kredite und Forderungen

Fair Value-Option
eigenes   übrige
Kreditrisiko   Bestandteile

| Beizulegender Zeitwert erfolgsneutral (Fair Value – other comprehensive income) | Beizulegender Zeitwert erfolgswirksam (Fair Value – profit or loss) | Fortgeführte Anschaffungs-kosten mittels Effektivzinsmethode (amortised cost) |

Finanzderivate

Quelle: Eigene Darstellung in Anlehnung an Kuhn (2010) S. 105.

Sofern durch ein Finanzderivat auf den Vorratsbestand de facto der realisierbare Gewinnauf-schlag gesichert wurde, kommt es bei getrennter Bilanzierung der ökonomischen Bewertungs-einheit zu einem zeitlich verzerrten Gewinnausweis. Im Fall der Preissenkung wird aufgrund der sofort erfolgswirksam zu erfassenden Fair Value-Erhöhung des Termingeschäfts der Ge-winn aus dem operativen Geschäft vor der Umsatzrealisation ausgewiesen. Kommt es zur Preissteigerung des Vorratsvermögens, wird bis zum Verkaufszeitpunkt ein Verlust aus dem Termingeschäft erfasst und im Zeitpunkt der Umsatzrealisation ein entsprechend erhöhter Gewinn ausgewiesen. Dies wird an folgendem Beispiel 1 verdeutlicht.

Beispiel 1

In t_0 werden Rohstoffe, z.B. Metalle, zum Preis von 100 GE gekauft. Der Verkauf der Produkte, in die die Rohstoffe eingehen, erfolgt in t_2 mit kalkulierten sonstigen Produktions- und Vertriebskosten von 120 GE sowie einem Gewinnaufschlag von 20 GE. Der erzielbare Preis des Produktes hängt direkt vom Rohstoffpreis ab. Zur Sicherung des Rohstoffbestandes vor Preissenkungen wird ein Terminverkaufsgeschäft mit Ausübungspreis 100 GE und Laufzeit bis t_2 abgeschlossen. Die Leistung aus dem Termingeschäft erfolgt durch Zahlungsausgleich. Von der Zeitwertkomponente des Termingeschäfts wird der Einfachheit halber abstrahiert.

Folgende Szenarien der Rohstoff- und Produktpreisentwicklung in t_1 werden betrachtet. Es wird angenommen, dass die Preise in t_2 denen der Vorperiode entsprechen.

Szenario	I	Die Preise bleiben gegenüber dem Zeitpunkt t_0 konstant.
Szenario	II	Der sinkende Rohstoffpreis spiegelt sich vollständig im gesunkenen Produktpreis wider. Somit bleibt die ursprünglich kalkulierte Gewinnmarge konstant.
Szenario	III	Der sinkende Rohstoffpreis führt zu einem überproportional gesunkenen Produktpreis. Somit sinkt die ursprünglich kalkulierte Gewinnmarge.
Szenario	VI	Der steigende Rohstoffpreis kann vollständig auf den Produktpreis aufgeschlagen werden. Somit bleibt die ursprünglich kalkulierte Gewinnmarge konstant.

Szenario	I	II	III	IV
Rohstoffpreis	100	80	60	120
+ Produktion und Vertrieb	120	120	120	120
+ Gewinnaufschlag	20	20	15	20
= Verkaufspreis	240	220	195	260

Ermittlung des Abwertungsbedarfs des Rohstoffbestandes in t_1:

	I	II	III	IV
geschätzter Verkaufspreis	240	220	195	260
./. Produktion und Vertrieb	120	120	120	120
= Netto-Veräußerungspreis	120	100	75	140
Vorratsbewertung	100	100	75	100

Buchungssystematik und Gewinnermittlung ohne Hedge Accounting:

		I	II	III	IV
t_0	Roh-, Hilfs- und Betriebsstoffe an Bank	100	100	100	100
t_1	Wertminderungsaufwand an Roh-, Hilfs- und Betriebsstoffe	0	0	25	0
	Derivat an Finanzertrag	0	20	40	0
	Finanzaufwand an Derivat	0	0	0	20
	Jahresüberschuss	0	20	15	-20
t_2	Materialaufwand an Roh-, Hilfs- und Betriebsstoffe	100	100	75	100
	sonstiger Aufwand an Bank	120	120	120	120
	Bank an Umsatzerlöse	240	220	195	260
	Jahresüberschuss	20	0	0	40
	Bank an Derivat	0	20	40	0
	Derivat an Bank	0	0	0	20

Quelle: Eigene Darstellung.

3.1.2.3 Währungsumrechnungsdifferenzen

Die zweite Betrachtungsebene möglicher abweichender Bewertungs- und Ausweisunterschiede betrifft die Umrechnung von der Transaktionswährung der risikobegründenden und risikosteuernden Sachverhalte in die funktionale Währung. Die erfolgswirksame Bilanzierung der risikosteuernden derivativen Finanzinstrumente zum beizulegenden Zeitwert gem. IAS 39.46, .47 (a) bzw. IFRS 9.4.1.4, .4.2.1 (a) erstreckt sich auch auf Währungsumrechnungsdifferenzen (IAS 21.3 (a)). Die Währungsumrechnung der risikobegründenden nicht-derivativen Transaktionen erfolgt auf Einzelabschlussebene mittels der nachfolgend erläuterten Zeitbezugsmethode.[139]

Bezüglich der Währungsumrechnung bilanzierter Vermögenswerte und Schulden differenziert IAS 21 zwischen monetären und nicht-monetären Bilanzpositionen, deren Abgrenzung jedoch nicht durch deren Liquidierbarkeit, sondern durch damit verbundene feste oder bestimmbare Zahlungsströme bestimmt wird. Diese Unterscheidung muss auch bei finanziellen Vermögenswerten und Schulden gemacht werden, da zwar Finanzinstrumente durch den Austausch von Zahlungsströmen definiert sind[140], die Bestimmbarkeit der Zahlungsströme dabei jedoch nicht von Relevanz ist, was an den Finanzinstrumenten mit Eigenkapitalcharakter deutlich wird.

Diese Differenzierung in monetär und nicht-monetär ist für den zugrunde zu legenden Fremdwährungskurs sowie die Erfassung der Umrechnungsdifferenzen maßgeblich. Monetäre Posten werden grundsätzlich erfolgswirksam zum Bilanzstichtagskurs umgerechnet. Bei nicht-monetären Positionen wird unterschieden, ob sie zu historischen Anschaffungs- oder Herstellkosten - hierbei wird der Kurs zum Zeitpunkt des Geschäftsvorfalls zugrunde gelegt - oder zum beizulegenden Zeitwert - bei dem der Umrechnungskurs des Bewertungsstichtages herangezogen wird - bewertet werden (IAS 21.23). Der erfolgswirksame oder erfolgsneutrale Ausweis der Umrechnungsdifferenzen richtet sich hierbei nach dem zugrundeliegenden Geschäftsvorfall (IAS 21.30).

Aus dieser Differenzierung der Fremdwährungsumrechnung resultieren sowohl für die finanziellen Vermögenswerte, die als zur Veräußerung verfügbar klassifiziert werden, als auch für nicht-finanzielle Vermögenswerte weitere Bewertungs- und Ausweisabweichungen. Bei zur Veräußerung verfügbaren Finanzinstrumenten ist zu differenzieren, welcher Anteil der Währungsdifferenzen jeweils auf die fortgeführten Anschaffungskosten und auf die Änderungen

---

[139]Der Begriff der Zeitbezugsmethode leitet sich aus den in IAS 21.20 ff. beschriebenen Ermittlung und Verbuchung der Umrechnungsdifferenzen ab.
[140]Vgl. Abschnitt 3.1.2.1.

des beizulegenden Zeitwertes entfallen. Aus den fortgeführten Anschaffungskosten resultierende Umrechnungseffekte werden erfolgswirksam, auf Fair Value-Änderungen entfallende
Umrechnungseffekte werden erfolgsneutral in dem separaten Eigenkapitalkonto erfasst, in
dem auch die Fair Value-Änderungen selbst verbucht werden (IAS 39.AG83 i.V.m. IAS
39.IG.E.3.2.).

Abbildung 5 illustriert auf Basis der Klassifizierung nach IAS 39 diese Überschneidungen
der beiden für die Bewertung relevanten Definitionen der (nicht-)finanziellen und (nicht-)
monetären Posten sowie die daraus resultierende Bilanzierung der Umrechnungsdifferenzen.

Abbildung 5: Währungsumrechnung für risikobegründende bilanzwirksame Transaktionen

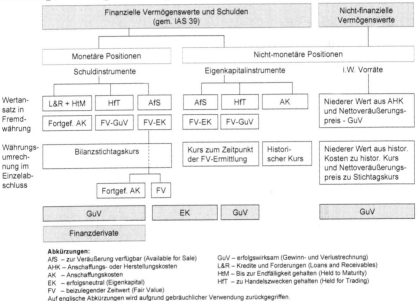

Quelle: Eigene Darstellung.

Durch IFRS 9 entfallen erstens die erfolgsneutrale Bewertung zum beizulegenden Zeitwert
für Finanzinstrumente mit Schuldcharakter (in der Abbildung 5 durch die Kategorie AfS repräsentiert) sowie zweitens die Ausnahme der Bewertung von Eigenkapitalinstrumenten zu
Anschaffungskosten, falls deren beizulegender Zeitwert nicht verlässlich feststellbar ist. Die
Anschaffungskosten dürfen jedoch unter bestimmten Umständen als angemessene Schätzung

des beizulegenden Zeitwertes herangezogen werden (IFRS 9.B5.4.14)[141] und würden dann unverändert mit dem historischen Wechselkurs (IAS 21.23(c) - Wechselkurs zum Bewertungsstichtag) umgerechnet.

Gemäß dem Wortlaut des IFRS 9.B5.7.2 sind die Regeln des IAS 21 weiterhin für die Währungsumrechnung monetärer Posten anzuwenden. Somit bliebe die Währungsumrechnung von Eigenkapitalinstrumenten als nicht-monetäre Posten i.S.d. IAS 21.8 und .16 ungeklärt. Da die Anwendungsbereiche des IAS 21 sowie des IFRS 9 gegenüber IAS 39 (IFRS 9.2.1) unverändert sind, werden sämtliche finanzielle Posten[142] weiterhin nach den Vorschriften des IAS 21 umgerechnet. Damit folgt die Erfassung von Währungsumrechnungsdifferenzen künftig der Erfassung der Bewertungserfolge in der Fremdwährung; folglich ergeben sich aus der Währungsumrechnung von Finanzinstrumenten keine zusätzlichen Bilanzierungsinkongruenzen mehr.

Die Währungsumrechnung bei nicht-finanziellen Vermögenswerten, im hier relevanten Fall der Vorräte, kann aufgrund des „doppelten Niederstwerttestes" zu einer Erfassung einer Wertminderung in der Fremdwährung führen, die bei Umrechnung in die funktionale Währung durch Kursveränderungen kompensiert bzw. verstärkt wird.[143] Wird nur eines der beiden Risiken ökonomisch gesichert - entweder das Preisrisiko des Vorratsbestandes oder das Währungsrisiko - kommt es insbesondere bei der Kompensation der preisbedingten durch währungsbedingte Wertveränderungen zu einer inkongruenten Abbildung der ökonomischen Sicherungsbeziehung.

Die vorstehend erläuterten Bilanzierungsinkongruenzen ökonomischer Sicherungsbeziehungen bezogen sich auf die Währungsumrechnung im Einzelabschluss. Auf Konzernebene ist die Zeitbezugsmethode nur dann für die Umrechnung der einzubeziehenden ausländischen Konzerneinheiten anzuwenden, wenn die funktionalen Währungen der Konzernunternehmen mit der funktionalen Währung des berichtenden Mutterunternehmers übereinstimmen. Nicht zuletzt wegen des damit verbundenen Dokumentationsaufwandes der einzelnen Geschäftsvorfälle ist die Zeitbezugsmethode im Konzernabschluss von geringer praktischer Relevanz. Meistenteils wird die ausländische Konzerneinheit als wirtschaftlich selbständige Einheit deklariert.[144] Somit erfolgt die Währungsumrechnung von Abschlüssen von Konzerneinheiten mit vom Mutterunternehmen abweichender funktionaler Währung mittels der sogenannten

---

[141]Vgl. Kuhn (2010), S. 105; Märkl/Schaber (2010), S. 72.
[142]So auch Kuhn (2010), S. 110; Märkl/Schaber (2010), S. 72.
[143]Vgl. inklusive eines Beispiels Deloitte (2012), Part A, S. 1382 f.
[144]Vgl. Lüdenbach in Haufe (2011), § 27, Rz. 28 f.; Senger/Brune in MünchKommBilR (2010), IAS 21, Rz. 22.

modifizierten Stichtagskursmethode (IAS 21.39). Die dabei anfallenden erfolgsneutral zu ver-
buchenden Umrechnungsdifferenzen resultieren einerseits aus der Änderung des Stichtags-
kurses der Eröffnungs- und der Schlussbilanz sowie andererseits aus der Umrechnung der
Bestandteile der Gesamtergebnisrechnung mit den unterjährigen Transaktionskursen (IAS
21.41).

Aus der Anwendung der Zeitbezugsmethode auf Einzelabschlussebene und der modifizierten
Stichtagskursmethode auf Konzernabschlussebene ergibt sich das Problem, dass währungsbedingte Änderungen der Auslandsbeteiligungen im Konzernabschluss erfolgsneutral in der
Währungsumrechnungsrücklage verbucht werden, wohingegen Währungsumrechnungsdifferenzen auf konzerninterne Forderungen und Verbindlichkeiten in einer von der funktionalen
Währung des Mutterunternehmens abweichenden Währung erfolgswirksam erfasst werden
und auch nicht im Rahmen der Konsolidierung zu neutralisieren sind (IAS 21.45).[145] Daraus folgt, dass langfristig zur Verfügung gestellte konzerninterne Darlehen ungleich dem
zur Verfügung gestellten Eigenkapital behandelt werden. Somit verlangt IAS 21.32, dass
Währungsumrechnungsdifferenzen, die auf konzerninterne Forderungen und Verbindlichkeiten mit Einlagecharakter, also deren Abwicklung in absehbarer Zukunft weder geplant noch
wahrscheinlich ist (IAS 21.15)[146], entfallen, analog der Währungsumrechnung der Netto-
vermögensänderung erfolgsneutral zu erfassen sind. Diese Angleichung der Bilanzierung von
Sachverhalten mit gleichem wirtschaftlichen Gehalt führt allerdings zur Bilanzierungsinkongruenz mit etwaigen Instrumenten der Währungssicherung.

3.1.3 Zusammenfassung

Die in der Literatur diskutierten Lösungen der Bilanzierungsinkongruenzen durch ein Full
Fair Value Accounting von Finanzinstrumenten[147] hätten vom IASB im Zuge der Neufassung
des IFRS 9 umgesetzt werden können. Ein entsprechender Vorschlag wurde jedoch durch das
Board aus den folgenden Gründen verworfen:[148]

- Der Fair Value stellt für nicht auf Fair Value-Basis gesteuerte oder nicht zum Handel
  gehaltene Finanzinstrumente keinen geeigneten Wertmaßstab dar.[149]

---

[145]Vgl. Lüdenbach in Haufe (2011), § 27, Rz. 58.
[146]Vgl. Senger/Brune in Beck-IFRS-HB (2009), § 33, Rz. 23.
[147]Vgl. Breker et al. (2000), S. 729; Gebhardt (1996), S. 579 ff.
[148]Vgl. auch Leibfried/Jaskolski (2009) S. 471.
[149]Den Informationswert des Fair Values für Endfälligkeitswerte bereits in Frage stellend: Schildbach
(1999), S. 178.

- Eine verlässliche Fair Value-Ermittlung von Finanzinstrumenten, die nicht aktiv gehandelt werden, ist nicht möglich.[150]

Die ebenfalls vorgeschlagene Alternative des Risk Accounting von Finanzinstrumenten[151] zur Vermeidung von Bilanzierungsinkongruenzen stellt einen modifizierten Fair Value-Bewertungsansatz dar, da nur bezüglich der gesicherten Risikokomponenten eine erfolgswirksame Fair Value-Bewertung erfolgt.

Beide Vorschläge, sowohl der Full Fair Value-Ansatz als auch das Risk Accounting, vermögen jedoch nicht, die sich aus der fehlenden Ansatzfähigkeit abgesicherter schwebender Geschäfte und geplanter Transaktionen bei gleichzeitigem Ansatzgebot des risikosichernden Geschäfts ergebende Ergebnisvolatilität zu reduzieren. Insbesondere die Absicherung von Risiken aus diesen noch nicht ansatzfähigen Sachverhalten ist in der Praxis der Unternehmen ohne Finanzdienstleistungssektor vorrangig.[152] Darüber hinaus lassen diese beiden, lediglich auf die Bewertung von Finanzinstrumenten fokussierenden, Ansätze währungsbedingte Bilanzierungsinkongruenzen bei nicht-monetären Posten, wie bspw. Vorräten, außer Acht.

Damit wird ersichtlich, dass aufgrund abweichender Ansatz-, Bewertungs- und Ausweisvorschriften (accounting mismatch) für risikobegründende und risikokompensierende Geschäfte eine Abbildung des mit dem Hedging ökonomisch erreichten Risikoausgleichs in der Regel nicht möglich ist und es somit gesonderter Bilanzierungsregeln (sog. Hedge Accounting) bedarf. Diese Hedge Accounting-Regeln abstrahieren von der strengen Einzelbewertung der beiden Geschäfte und betrachten diese als Bewertungseinheit.

3.2 Gegenstand von Sicherungsbeziehungen

Aus finanzwirtschaftlicher Sicht können basierend auf dem Gegenstand der Absicherung zwei Arten von Sicherungsbeziehungen unterschieden werden: die Absicherung von Wertschwankungen sowie von Schwankungen künftiger Zahlungsströme.[153] Diese Differenzierung wird grundsätzlich auch vom IFRS-Regelwerk aufgegriffen. Dabei wird die Absicherung von

---

[150]Auf die Subjektivität der Fair Value-Ermittlung bei fehlenden oder illiquiden Märkten bereits hinweisend Hommel/Hermann (2003), S. 2506 m.w.N. und im Zuge der Finanzkrise 2008 nochmals aufgreifend Schildbach (2008), S. 2382. Damit verbunden ist die fehlende Realisierbarkeit der ausgewiesenen Wertänderung beim Fair Value-Wertansatz, vgl. hierzu Mauritz (1997), S. 114.

[151]Vgl. Große (2007), S. 170 ff.

[152]Vgl. Glaum/Klöcker (2009), S. 331 f. zu einer empirischen Untersuchung in 2007/2008 über das Sicherungsverhalten deutscher und schweizer Unternehmen.

[153]Vgl. Borchert (2006), S. 41; Gebhardt/Naumann (1999), S. 1467.

Wertschwankungen als Fair Value-Hedge (IAS 39.86 (a)), die der Schwankungen künftiger Zahlungsströme als Cash flow-Hedge (IAS 39.86 (b)) bezeichnet.

Die Abgrenzung zwischen den Auswirkungen eines Risikofaktors entweder auf den Marktwert oder den Zahlungsstrom des risikobegründenden Sachverhaltes ist nicht immer klar möglich. Lediglich bei Zinsrisiken kann durch Abschluss von Sicherungsgeschäften eine Transformation von Zeitwert- in Zahlungsstromrisiken und umgekehrt erfolgen.[154] Bei Rohstoff- oder Währungsrisiken hingegen können gleichzeitig Marktwert- und Zahlungsstromrisiken vorliegen. Eine Forderung in Fremdwährung unterliegt bezüglich des Gegenwertes in Euro einem Marktrisiko, kommt es zum Zahlungsfluss, ist der Zahlungsempfänger einem Zahlungsstromrisiko ausgesetzt.[155] Ähnlich verhält es sich bei Rohstoffbeständen, die bis zum Verkauf ein Marktwertrisiko und hinsichtlich des damit erzielbaren Verkauferlöses ein Zahlungsstromrisiko verkörpern.[156]

Diese mögliche unterschiedliche Risikowahrnehmung ein und desselben Risikofaktors greift auch der IAS 39.86 auf und gestattet grundsätzlich die Abbildung einer Sicherungsbeziehung wahlweise bezüglich des Marktwert- oder des Zahlungsstromrisikos. Einschränkungen ergeben sich jedoch hinsichtlich der Absicherung geplanter Transaktionen, da diese nur einem Zahlungsstromrisiko unterliegen. Zudem verkörpern feste Verpflichtungen grundsätzlich ein Marktwertrisiko und sind nur hinsichtlich der Währungskomponente auch einem Zahlungsstromrisiko ausgesetzt (IAS 39.87). Die folgende Tabelle 1 fasst die Regelungen unter Verweis auf die jeweiligen Paragraphen des IAS 39 zusammen.

Tabelle 1: Abbildungsmöglichkeiten der Sicherung von Währungsrisiken

Sachverhalte	Cash flow-Hedge		Fair Value-Hedge
	Währung	übrige	
Bilanzpositionen		✓ (IAS 39.86(b))	✓ (IAS 39.86(a))
feste Verpflichtungen	✓ (IAS 39.87)	✗ (IAS 39.BC154)	✓ (IAS 39.86(a))
geplante Transaktionen		✓ (IAS 39.86(b))	✗ (IAS 39.86(a))

Legende: ✓ zulässig
          ✗ nicht zulässig

Quelle: Eigene Darstellung.

---

[154]Vgl. Glaum/Klöcker (2009), S. 332; für ein erläuterndes Beispiel vgl. Gebhardt (1996), S. 563.
[155]Vgl. Borchert (2006), S. 14 f.; Gebhardt (1996), S. 563.
[156]Vgl. Gebhardt (1996), S. 563.

Die Festlegung des Unternehmens, welche Risikoart als sicherungsrelevant betrachtet wird, hat Auswirkungen auf die bilanzielle Abbildung der Sicherungsbeziehung. Die Hedge Accounting-Regelungen (IAS 39.71 ff.) führen zur Vermeidung von Ergebnisvolatilitäten, indem beim Cash flow-Hedge die wirksamen Teile der Wertänderungen des risikokompensierenden Geschäfts statt ergebniswirksam nunmehr ergebnisneutral verbucht werden. Beim Fair Value-Hedge hingegen werden die risikoinduzierten Wertänderungen des risikobegründenden Geschäfts - unabhängig von der Ansatzfähigkeit des Grundgeschäfts außerhalb der Regelung des Hedge Accountings (IAS 39.93) - ergebniswirksam erfasst und durch die bereits ergebniswirksam erfassten Wertänderungen des Sicherungsgeschäfts ausgeglichen. In beiden Fällen führen somit nur die unwirksamen Teile der Sicherungsbeziehung zu einer Ergebnisbeeinflussung. Allerdings beeinträchtigt die unterschiedliche Verbuchung der effektiven Teile der Sicherungsbeziehung die Vergleichbarkeit der Vermögens-, Finanz- und Ertragslage von Unternehmen.[157]

Neben den dargestellten beiden Arten von Sicherungsbeziehungen ergänzt IAS 39.86 (c) als dritten Typ die Absicherung der Wechselkursschwankungen einer Nettoinvestition in einen ausländischen Geschäftsbetrieb.[158] In Übereinstimmung mit den vorgenannten Ausführungen wäre die Abbildung der Währungsrisiken, die aus einer solchen Nettoinvestition resultieren, alternativ als Cash flow- oder Fair Value-Hedge grundsätzlich denkbar, wobei angesichts der Langfristigkeit der gesicherten Investition, die nochmals im Zuge der Hinzurechnung langfristig eingegangener Forderungen oder Verbindlichkeiten (IAS 21.15) betont wird, die Absicherung von Wertschwankungen überwiegen dürfte.[159] Allerdings sind für diese Form der Absicherung zwingend die Regeln des Cash flow-Hedges anzuwenden (IAS 39.102)[160], da die Währungsdifferenzen aus dem Grundgeschäft bereits gem. IAS 21.32 erfolgsneutral im Eigenkapital zu erfassen sind und somit buchhalterisch eine Fair Value-Hedge-konforme Bilanzierung ausscheidet. Aufgrund der expliziten Nennung einer dritten Sicherungsform im IFRS-Regelwerk bei gleichzeitiger Subsumtion unter die Abbildungsmethodik des Cash flow-Hedges wird in der Literatur eine Unterteilung in Hedge Accounting-Methoden und - Typen vorgenommen.[161] Diese Differenzierung scheint mit Blick auf die Einordnung jedes

---

[157]Vgl. Glaum/Klöcker (2009), S. 331: Zu einer empirischen Untersuchung zur abweichenden Entscheidungsnützlichkeit von Full Fair Value-, Fair Value-Hedge- und Cash flow-Hedge-Accounting vgl. Veth (2006), S. 310.

[158]Vgl. zur näheren Erläuterung Abschnitt 3.1.2.3.

[159]A.A., da ökonomisch einen Cash flow-Hedge annehmend, vgl. Wiese (2009), S. 97; Theile in Heuser/Theile (2009), Rz. 2231; Schmidt et al. (2007), S. 94.

[160]Daher auch von einem technischen Cash flow-Hedge sprechend vgl. Löw (2006), S. 23.

[161]Vgl. Deloitte (2012), Part C, S. 509 ff.; Große (2010), S. 193.

risikobegründenden Geschäfts hinsichtlich ihrer Auswirkung auf den Zahlungsstrom oder den Marktwert redundant. Somit wird in der Literatur auch davon gesprochen, dass es sich bilanziell und ökonomisch nicht um eine eigenständige Sicherungsform handelt.[162]

Die adäquate bilanzielle Abbildung der ökonomischen Sicherungsbeziehung ist an mehrere Voraussetzungen geknüpft. Diese Voraussetzungen betreffen die Designation bestimmter Grund- und Sicherungsgeschäfte, die Dokumentation der Sicherungsbeziehung sowie die Messung und laufende Überwachung der Wirksamkeit der Sicherungsbeziehung - sog. Hedge-Effektivität - (IAS 39.88). In den folgenden Abschnitten werden die Anforderungen an Grund- und Sicherungsgeschäfte inklusive der sicherbaren Risikoarten und möglicher Beziehungen von Grund- und Sicherungsgeschäften dargestellt.

3.3 Anforderungen an die Designation von Grundgeschäften

3.3.1 Prinzipienbasierung der Regelungen

Der Wortlaut des IAS 39 selbst enthält trotz der vom IASB intendierten Prinzipienorientierung der Rechnungslegungsnormen[163] keine erkennbaren Prinzipien. Dieses Problem ist nicht zuletzt auch der Tatsache geschuldet, dass eine Vielzahl von Einzelregelungen im Standard selbst und vor allem in dessen ergänzenden Anlagen zu finden sind. Aus diesem Grund werden, wie durch das IASB bereits erkannt[164], die Hedge-Accounting-Regeln eher als regelbasiert wahrgenommen. Zudem stellt sich grundsätzlich die Frage nach der Bindungswirkung dieser Zusatzregeln. IAS 8.9 stellt klar, dass Ergänzungen der Standards, die als integraler Bestandteil derselben gekennzeichnet sind, verpflichtend anzuwenden sind. Dies ist im Fall des IAS 39 lediglich für die Anleitungen zur Anwendung (Application Guidance (AG)) der Fall, welche auch im Rahmen des Endorsement-Verfahrens[165] übernommen wurden. Die übrigen Zusatzregeln in der Grundlage für Schlussfolgerungen (Basis for Conclusion (BC)), in den Anwendungsleitlinien (Guidance on Implementing (IG)) und in den erläuternden Beispielen (Illustrative Example (IE)) haben dem Wortlaut nach nur ergänzenden Charakter, denen aber über IAS 8.10 ff. zur Auslegung von Regelungslücken faktische Bindungswirkung zukommt.[166]

---

[162]Vgl. Lüdenbach in Haufe (2011), § 28, Rz. 252; Schmidt et al. (2007), S. 94; Löw (2006), S. 23.

[163]Vgl. Lüdenbach/Hoffmann in Haufe (2011), § 1, Rz. 43; IASB (2010b), S. 3; Schildbach (2003), S. 263 f.

[164]Vgl. IASB (2010b), S. 3.

[165]Vgl. bspw. Verordnung (EG) Nr. 839/2009.

[166]Vgl. Hoffmann/Lüdenbach in Haufe (2011), § 1, Rz. 4; IDW RS HFA 9, Rz. 2.

Aus dem Regelungszweck des Hedge Accounting - der Beseitigung von Bilanzierungsinkongruenzen bei Einzelbewertung der ökonomisch risikokompensierenden Geschäfte - sowie den
Einzelregelungen des IAS 39 inkl. der Ergänzungsregeln lassen sich drei generelle Designationskriterien für risikobegründende Sachverhalte ableiten. Um die durch reine Prinzipienorientierung möglichen bilanzpolitischen Ermessensspielräume zu begrenzen, sind ergänzende
Detailregeln notwendig.[167] Die bislang in IAS 39 enthaltenen zahlreichen ergänzenden Regelungen haben eher Beispielcharakter denn allgemeinen Erläuterungscharakter der Prinzipien.

3.3.2 Auswirkung auf Periodenergebnis

Im Abschnitt 3.1.1 wurden bereits die Quellen ökonomischen Risikos dargelegt, die entsprechende Wirkungen auf das Unternehmensergebnis entfalten können. Diese Auflistung
möglicher risikobegründender Sachverhalte greift auch der IAS 39.78 auf und nennt als die
vier Gruppen möglicher Sachverhalte:

1. bilanzierte finanzielle oder nicht-finanzielle Vermögenswerte oder Verbindlichkeiten,

2. bilanzunwirksame feste Verpflichtungen, sogenannte schwebende Geschäfte,

3. erwartete und mit hoher Wahrscheinlichkeit eintretende künftige Transaktionen, und

4. Nettoinvestitionen in einen ausländischen Geschäftsbetrieb,

wobei die Subsumtion von Nettoinvestitionen in ausländische Geschäftsbetriebe als Spezialfall des Währungsrisikos bei bestimmten Vermögenswerten und Schulden bereits in Abschnitt
3.1.2.3 thematisiert wurde.

Dabei sind nur solche konkreten Sachverhalte designierbar, die eine Auswirkung auf das
Ergebnis der laufenden und/oder künftigen Berichtsperioden haben oder zumindest haben
könnten (IAS 39.86, .88 (c) i.V.m. IAS 39.AG100). Dabei stellt IAS 39.80 nochmals klar,
dass damit das Ergebnis der Berichtseinheit gemeint ist, somit konzerninterne Transaktionen
ohne Auswirkung auf das Konzernergebnis nicht designierbar sind. Das Kriterium der Ergebniswirkung wird auch bereits durch den IASB als das den Hedge-Accounting-Regelungen
zugrunde liegende Prinzip genannt.[168]

Aufgrund dieser Anforderung dürfen nicht ansatzfähige Vermögenswerte, wie beispielsweise selbst geschaffene immaterielle Vermögenswerte oder beispielsweise der Mehrwert eines
Portfolios von Finanzinstrumenten aufgrund von Diversifikationseffekten gegenüber den sum-

---

[167]Vgl. Schildbach (2003), S. 263.
[168]Vgl. IASB (2010b), Appendix 1.19 (a).

mierten Einzelwerten der Finanzinstrumente[169], die einem Aktivierungsverbot gem. IAS 38 unterliegen, nicht als Grundgeschäft designiert werden (IAS 39.IG.F.2.3).[170] Ebenso beeinflussen eigene Eigenkapitalinstrumente und darauf gerichtete erwartete Transaktionen inkl. geplanter, d.h. noch nicht beschlossener, Dividendenausschüttungen das Periodenergebnis nicht und dürfen somit ebenfalls nicht designiert werden (IAS 39.86 (b), IAS 39.IG.F.2.7). Allerdings stellen beschlossene Dividenden eine Verbindlichkeit dar und sind somit hinsichtlich ihres Fremdwährungsrisikos designierbar (IAS 39.IG.F.2.7).

Eine mögliche unvermeidbare Auswirkung auf das Periodenergebnis setzt voraus, dass zu sichernde künftige Zahlungsströme auch mit hoher Wahrscheinlichkeit eintreten. Am Beispiel einer Investition in ein Finanzinstrument, das mit einem vorzeitigen Rückzahlungsrecht ausgestattet ist, macht IAS 39.IG.F.2.12 deutlich, dass die Zahlungsströme aus dem Finanzinstrument nach dem frühestmöglichen Rückzahlungstermin nur dann als Grundgeschäft bestimmt werden dürfen, wenn das Recht auf vorzeitige Rückzahlung mit hoher Wahrscheinlichkeit nicht ausgeübt wird[171] oder die risikosichernde Transaktion ein vergleichbares Rückzahlungsrecht aufweist[172]. Zur Einschätzung der Eintrittswahrscheinlichkeit listet IAS 39.IG.F.3.7 diverse Indikatoren auf und weist darauf hin, dass in der Vergangenheit gesicherte künftige Transaktionen, die nicht eingetreten sind, einen Hinweis auf die fehlende Prognosefähigkeit des Unternehmens geben. Die Schwierigkeit zur Prognostizierbarkeit künftiger Geschäfte erhöht sich, wenn das zu sichernde Risiko wiederum von einem unsicheren Ereignis abhängt, so z.B. im Fall eines Vertragsangebotes in Fremdwährung. Solange die Angebotsofferte nicht akzeptiert wurde, ist der Eintritt des Fremdwährungsrisikos und somit dessen Designierbarkeit fraglich.[173]

Transaktionen, die zwischen zu einer Berichtseinheit gehörenden Parteien geschlossen wurden - sog. interne Geschäfte -, qualifizieren grundsätzlich ebenfalls nicht zur Designation (IAS 39.80), da diese auf Ebene der Berichtseinheit zu eliminieren sind. Ausnahmen stellen lediglich konzerninterne Transaktionen dar, bei denen sich Währungsgewinne und -verluste aufgrund unterschiedlicher funktionaler Währungen der Konzernunternehmen im Rahmen der Konsolidierung nicht vollständig ausgleichen (IAS 39.AG99A), oder mit hoher Wahrscheinlichkeit eintretende konzerninterne Transaktionen, die auf eine von der funktionalen Währung des abwickelnden Unternehmens abweichenden Währung lauten und das Perioden-

---

[169]Vgl. Ernst&Young (2012), S. 3315.
[170]Vgl. Deloitte (2012), Part C, S. 537.
[171]Vgl. Schmidt et al. (2007), S. 78.
[172]Vgl. Kuhn/Scharpf (2006), Rz. 2179.
[173]Vgl. KPMG (2009), Rz. 3.7.230.40.

ergebnis beeinflussen (IAS 39.BC222(s)).[174] Dabei ist es unerheblich, zwischen welchen Konzernunternehmen die risikobegründenden Transaktionen stattfinden. Diese können auch von dem Konzernunternehmen abweichen, das letztlich das risikosteuernde Geschäft mit einer externen Partei abschließt (IAS 39.IG.F.2.14 i.V.m. IAS 39.73).

3.3.3 Ökonomisch unerwünschtes Risiko

Das Kriterium der potentiellen Ergebniswirkung kann jedoch nicht die alleinige Voraussetzung für die Designation risikobegründender Sachverhalte darstellen. Dies wird beispielsweise deutlich, wenn man das Risiko der technologischen Überalterung von Sachanlagen bedenkt, das aufgrund IAS 36.12 Anlass für eine erfolgswirksam zu erfassende Wertminderung gäbe. Insofern ist als weiteres Kriterium die Belastung durch ein Risiko zu nennen, dessen man sich nur durch Vermeidung des ursächlichen und gewünschten Sachverhaltes entledigen könnte. Für das Beispiel der Sachanlage hieße das, dass diese nicht erworben würde, damit aber auch künftige dadurch generierbare Umsätze nicht realisiert werden könnten.

Vor diesem Hintergrund scheiden derivative Finanzinstrumente als Grundgeschäft aus. Zwar wird deren Ausschluss mit dem Argument der ergebniswirksamen Zeitwertbilanzierung begründet (IAS 39.IG.F.2.1)[175], aus ökonomischer Sicht werden Derivate außerhalb ihrer Sicherungsfunktion zu Zwecken der Arbitrage oder Spekulation, also der bewussten Inkaufnahme und Ausnutzung von Risiken, erworben, so dass dem Gedanken von Sicherungsbeziehungen - Reduktion eines unerwünschten Risikos des Grundgeschäftes - nicht entsprochen wird. Eine Ausnahme besteht jedoch für Optionen, die selbständig oder als eingebettetes Derivat eines zusammengesetztes Instruments erworben wurden.[176] Diese Optionen sind nur unter der Maßgabe als Grundgeschäft bestimmbar, wenn diese durch eine entgegengerichtete geschriebene Option gesichert werden (IAS 39.IG.F.2.1, .AG94).[177] Die Glattstellung eines nicht mehr erwünschten Derivates erfolgt nicht durch Abtretung oder Verkauf, sondern i.d.R. durch Aufbau einer gegenläufigen derivativen Position. Insofern handelt es sich in diesem Fall um ein nicht mehr erwünschtes Risiko aus dem erworbenen Derivat, dessen man sich nur durch ein gegengerichtetes Derivat entledigen kann.

Aus ähnlichen Gründen dürfen Finanzinstrumente, bei denen die Absicht und die Fähigkeit des Unternehmens besteht, diese bis zur Endfälligkeit zu halten (IAS 39.9), nicht hinsichtlich

---

[174]Vgl. inkl. eines erläuternden Beispiels Schmidt et al. (2007), S. 80 f.
[175]Vgl. Schmidt et al. (2007), S. 77; Kuhn/Scharpf (2006), Rz. 2175.
[176]Vgl. Wiese (2009), S. 75; Große (2007), S. 35; Kuhn/Scharpf (2006), Rz. 2175.
[177]Vgl. Barz et al. (2008), S. 509, 511.

des ihnen grundsätzlich innewohnenden zinsinduzierten Wertänderungsrisikos oder des Risikos einer vorzeitigen Rückzahlung (IAS 39.79 i.V.m. IAS 39.IG.F.2.9) als Grundgeschäfte bestimmt werden.[178] Aufgrund der Halteabsicht des Unternehmens und der damit verbundenen bestimmbaren Rückzahlung des Finanzinstruments stellen zinsinduzierte Wertänderungen kein unerwünschtes Risiko dar. Gleiches gilt für das Risiko einer vorzeitigen Rückzahlung des Finanzinstruments. Dieses vereinbarte Recht des Schuldners war dem Käufer bewusst und insofern im Kaufpreis berücksichtigt, so dass es sich ebenfalls nicht um ein unerwünschtes Risiko handeln kann. Allerdings besteht ein designierbares Währungs- und Ausfallrisiko (IAS 39.79 i.V.m. IAS 39.IG.F.2.9).

Davon abzugrenzen sind hinsichtlich aller Risikofaktoren designierbare Finanzinstrumente, die in die Kategorie Kredite und Forderungen fallen, auch wenn sie bis zur jeweiligen Fälligkeit gehalten werden (IAS 39.IG.F.2.13).[179] Ebenfalls nicht in das oben erläuterte Designationsverbot fallen Zahlungsströme, die mit einer Investition in Endfälligkeitswerte verbunden sind. Dies umfasst sowohl den geplanten Kauf eines solchen Finanzinstruments (IAS 39.IG.F.2.10) als auch die aus diesem Finanzinstrument zu erhaltende Zinszahlungen (IAS 39.IG.F.2.11), da hierbei das aktuelle Zinsniveau für künftige Zahlungsströme gesichert werden soll.[180]

Das Vorliegen eines unvermeidbaren Risikos verneint IAS 39.IG.F.2.19 im Fall einer in mehreren Währungen gehandelten Aktie, von denen eine Handelswährung der funktionalen Währung des Unternehmens entspricht.

Schlussendlich greift auch für at equity bewertete und für konsolidierte Unternehmensanteile das Designationsverbot, da die dem Mutterunternehmen zurechenbaren Ergebnisanteile zwar einen Einfluss auf das Periodenergebnis haben, diese aber durch den Geschäftsverlauf und nicht durch Fair Value-Schwankungen des Investments begründet sind (IAS 39.AG99).[181] Da jedoch die Investition gerade wegen der Wahrnehmung unternehmerischer Chancen, also Geschäftsrisiken i.w.S., eingegangen wurde, handelt es sich nicht um ein unerwünschtes ökonomisches Risiko.

---

[178]Vgl. Schmidt et al. (2007), S. 76 f.
[179]Vgl. Schmidt et al. (2007), S. 77; Kuhn/Scharpf (2006), Rz. 2174.
[180]Vgl. Schmidt et al. (2007), S. 77.
[181]Vgl. Wiese (2009), S. 75; Schmidt et al. (2007), S. 76, Kuhn/Scharpf (2006), Rz. 2220.

3.3.4 Messbarkeit des Risikos

Das dritte Kriterium ist die Bewertbarkeit der durch den Risikofaktor verursachten Wert- bzw. Zahlungsstromänderungen. Die Notwendigkeit einer entsprechenden Quantifizierung ergibt sich aus der bilanziellen Abbildung in Geldeinheiten und darauf aufbauend aus der Anforderung zur Effektivitätsmessung von Sicherungsbeziehungen (IAS 39.88 (d)). Aufgrund dieser Notwendigkeit einer konkreten Zuordnung von Wert- oder Zahlungsstromänderungen zu einem Grundgeschäft ist die Designation von Nettopositionen aus einer designierten Gruppe von Bilanzpositionen, schwebenden Geschäften oder geplanten Transaktionen nicht gestattet (IAS 39.84 i.V.m. IAS 39.AG101, IG.F.2.21 und .IG.F.6.1).

Finanzielle Positionen und damit verbundene Zahlungsströme können sowohl in Gänze als auch hinsichtlich des Einflusses einzelner Risikokomponenten i.d.R. verlässlich bewertet und somit unter dieser Voraussetzung auch als Grundgeschäft bestimmt werden (IAS 39.81 i.V.m. IAS 39.IG.F.2.17 und .IG.F.6.2 (k)). Die Designation von Teilen eines Finanzinstruments ist jedoch maximal bis zu der Höhe zulässig, die sich bei Designation des gesamten Finanzinstrumentes ergeben würde. Somit ist keine darüber hinausgehende künstliche Aufspaltung durch Nutzung eines negativen Differenzgeschäftes möglich (IAS 39.AG99C und D i.V.m. IAS 39.BC.135A inkl. zwei erläuternder Beispiele).

Die Schwierigkeit zur Separierung einer Transaktion ergibt sich bei nicht-finanziellen Posten, die somit entweder nur hinsichtlich Währungsrisiken oder ingesamt aller Risiken designiert werden dürfen (IAS 39.82 i.V.m. IAS 39.AG100 und .BC137-139).[182] Nicht selbständig messbare und somit grundsätzlich nicht designierbare Risiken umfassen das allgemeine Geschäftsrisiko, bspw. in Form der Überalterung physischer Vermögenswerte oder der Gefahr einer staatlichen Enteignung (IAS 39.AG110). Dieses allgemeine Geschäftsrisiko darf auch im Rahmen einer festen Verpflichtung zum Kauf von Unternehmen nicht berücksichtigt werden - hierbei ist lediglich das Währungsrisiko designierbar (IAS 39.AG98). Des Weiteren betrifft dies auch das Inflationsrisiko (IAS 39.AG99F (b)), welches allerdings dann separat designiert werden darf, wenn die Inflation einen vertraglich festgelegten Anteil am Cash Flow darstellt und somit identifizierbar und separat bewertbar ist (IAS 39.AG99F (c)), sowie das Risiko des Nicht-Eintretens einer geplanten Transaktion (IAS 39.IG.F.2.8).[183]

---

[182]Vgl. Schmidt et al. (2007), S. 79. Für ein Beispiel siehe Schmidt (2008), S. 64.
[183]Vgl. Kuhn/Scharpf (2006), Rz. 2162.

3.3.5 Zusammenfassung

Aus den detaillierten Einzelregelungen zur Designationsfähigkeit von Sachverhalten als Grundgeschäfte im Rahmen des Hedge Accounting wurden drei allgemeine Anforderungen abgeleitet. Diese umfassen die potentielle Ergebniswirkung, die ökonomisch unerwünschte Risikoposition sowie die zuverlässige Bewertbarkeit des Risikos. Tabelle 2 fasst die Einzelregelungen und die Einhaltung der drei Kriterien nochmals zusammen.

Tabelle 2: Übersicht der Einzelregelungen zur Designation von Grundgeschäften

| Sachverhalte | IAS 39 | Anwendung der Kriterien | | |
		Ergebnis-wirkung	Unerwünsch-tes Risiko	Messbarkeit des Risikos
nicht ansatzfähige immaterielle Vermögenswerte	.78 .IG.F.2.3	✗	✓	✗
Derivate Designation von gekauften Optionen bei Glattstellung durch geschriebene Optionen	.78 .IG.F.2.1 .AG94	✓ ✓	✗ ✓	✓ ✓
geplante Transaktionen mit hoher Wahrscheinlichkeit	.78 .IG.F.2.12 .IG.F.3.7	✓	✓	✓
Nicht-Eintreten einer geplanten Transaktion	.IG.F.2.8	✗	✓	✗
Zins- und Kündigungsrisiko bei Endfälligkeitswerten	.79 .IG.F.2.9	✓	✗	✓
in mehreren Währungen, auch funktionaler Währung, gehandelte Aktie	.IG.F.2.19	✗	✗	✓
interne Geschäfte konzerninterne Transaktion mit unterschiedlicher funktionaler Währung	.80 .AG99A .BC222(s)	✗ ✓	✓ ✓	✓ ✓
at-equity bewertete und konsolidierte Beteiligungen	.AG99	✓	✗	✗
eigene EK-Instrumente und darauf gerichtete Transaktion	.86 .IG.F.2.7	✗	✓	✓

Tabelle 2 (Fortsetzung)

Sachverhalte	IAS 39	Anwendung der Kriterien		
		Ergebnis-wirkung	Unerwünsch-tes Risiko	Messbarkeit des Risikos
feste Verpflichtung zum Unternehmenskauf				
bzgl. Währungsrisiko	.AG98	✓	✓	✓
bzgl. übriger Risiken	.AG110	✓	✓	✗
(allg. Geschäftsrisiko)				
Trennbarkeit nicht-finanzieller	.82			
Positionen	.AG100			
bzgl. Währungsrisiko	.BC137-139	✓	✓	✓
bzgl. übriger Risiken	.AG110	✓	✓	✗
(allg. Geschäftsrisiko)				
Trennbarkeit finanzieller				
Positionen				
bzgl. allg. Inflationsrisiko	.AG99F(b)	✓	✓	✗
bzgl. vertragl. Inflationsrisiko	.AG99F(c)	✓	✓	✓
Aufteilung in negative	.AG99C, D	✓	✓	✗
Differenzgeschäfte	.BC135A			
Nettopositionen aus Gruppe von	.84	✓	✓	✗
Grundgeschäften	.AG101			
	.IG.F.2.21			
	.IG.F.6.1			

Legende: ✓ erfüllt
          ✗ nicht erfüllt

Quelle: Eigene Darstellung.

Aufgrund der kasuistischen Regelungen zur Designationsfähigkeit von Grundgeschäften ergibt sich die Frage, ob die Designationsfähigkeit ungeregelter Sachverhalte immer durch Rückschlüsse auf die erläuterten Einzelsachverhalte bestimmt werden können.[184] Naheliegend wäre die Übertragung der fehlenden Designationsfähigkeit von Aktien, die in mehreren Währungen, darunter auch der funktionalen Währung des Unternehmens, gehandelt werden (IAS 39.IG.F.2.9) auf Rohstoffe oder Waren, bei denen das Unternehmen ebenfalls die Wahl zwischen mehreren Transaktionswährungen hat.[185] Durch die Wahl der der funktio-

---

[184]Vgl. Abschnitt 3.3.1.
[185]Vgl. Ernst&Young (2012), S. 3311.

nalen Währung entsprechenden Transaktionswährung kann das Währungsrisko vollständig umgangen werden, ohne auf das gewünschte Geschäft verzichten zu müssen.[186]

3.4 Kriterien für die Zulässigkeit von Sicherungsinstrumenten

3.4.1 Vorüberlegung

Um Risiken aus Grundgeschäften ökonomisch kompensieren zu können, müssen die entsprechenden Sicherungsgeschäfte spiegelbildliche Wert- oder Zahlungsstromänderungen aufweisen. Für eine adäquate bilanzielle Abbildung bedeutet das, dass die drei an die Designation von Grundgeschäften gestellten Anforderungen entsprechend auch auf die bilanzielle Verwendbarkeit von Transaktionen als Sicherungsgeschäfte zu übertragen sind.

Als Sicherungsinstrument dürfen grundsätzlich alle Derivate aus dem Anwendungsbereich des IAS 39 sowie hinsichtlich der Währungsrisikoabsicherung auch nicht-derivative finanzielle Vermögenswerte und Schulden designiert werden (IAS 39.72).[187] IAS 39.9 enthält in Verbindung mit den Regelungen zum Anwendungsbereich des IAS 39 eine abschließende Aufzählung von Merkmalen eines Derivates. Somit sind Derivate gekennzeichnet als

- Termingeschäfte (IAS 39.9(c)), d.h. Verpflichtungs- und Erfüllungsgeschäft fallen zeitlich auseinander[188],

- deren Wert von der zufallsabhängigen Wertentwicklung eines Referenzobjektes - dem Basiswert - abhängt, wobei bei nicht-finanziellen Basisgrößen dieser nicht partei-spezifisch sein darf (IAS 39.9(a)), und

- die in Finanzinstrumenten zu erfüllen sind (IAS 39.9) oder erfüllt werden können (IAS 39.5) und eine geringe oder keine Anfangsauszahlung (IAS 39.9(b)) aufweisen.

Diese Derivatedefinition entspricht damit mit Ausnahme der Einschränkung partei-spezifischer Basiswerte der in Abschnitt 2.4.1 vorgenommenen generellen Herleitung von Finanzderivaten. Aufgrund der Einschränkung von designierbaren Derivaten auf solche mit nicht partei-spezifischem Basiswert wird implizit der Teil der Risikoverträge ausgeschlossen, der

---

[186]An der London Metal Exchange lauten Rohstoffkontrakte beispielsweise auf USD, wohingegen einige dieser Rohstoffkontrakte, die am Shanghai Metals Market gehandelt werden, auf RMB lauten. Vgl. LME (2012) und SMM (2012).

[187]Vgl. Kuhn/Scharpf (2006), Rz. 2040 und 2060 m.w.N..

[188]Vgl. Schwarz (2006), S. 10 m.w.N.; Schmidt (2005), S. 64.

Versicherungscharakter trägt.[189] Darüber hinaus sind Versicherungsverträge auch vom Anwendungsbereich des IAS 39 ausgeschlossen (IAS 39.2 (e)).

Neben den eigentlichen Derivaten dürfen auch nicht-derivative Einzeltransaktionen zusammengefasst als Sicherungsgeschäft designiert werden, wenn die Vereinbarungen in Summe
Auswirkungen eines Derivats aufweisen (IAS 39.IG.B.6).[190] Insofern wird von der rechtlichen
Ausgestaltung abstrahiert und auf die wirtschaftliche Substanz der Geschäfte abgestellt. Dies
basiert auf dem Sekundärgrundsatz der wirtschaftlichen Betrachtungsweise (substance over
form, RK.35), der letztlich dazu beitragen soll, dass den Bilanzadressaten für ökonomische
Entscheidungen verlässliche Informationen vermittelt werden.[191]

3.4.2 Auswirkung auf Periodenergebnis

Derivate begründen einen Anspruch auf Erhalt bzw. eine Verpflichtung auf Zahlung eines
Erfüllungsbetrags in Abhängigkeit von der Wertentwicklung des Basiswertes und können
somit auch Auswirkungen auf das Periodenergebnis haben. Da sie vom Grundsatz nicht
ansatzfähige schwebende Geschäfte darstellen, würde die Ergebniswirkung am Erfüllungstrag
eintreten. Aufgrund ihrer Ansatzpflicht als finanzielle Vermögenswerte oder Schulden (IAS
39.9) sowie deren Fair Value-Bewertung (IAS 39.46, .47(a)) tritt die Ergebniswirkung bereits
während der Laufzeit des Derivates ein.

Auf Ebene eines Konzernabschlusses sind grundsätzlich alle internen Beziehungen zu eliminieren (IAS 27.20). Dies gilt auch für Derivate, die zwischen zwei Konzernunternehmen
oder Unternehmensbereichen abgeschlossen wurden (IAS 39.IG.F.1.4) und daher auf Konzernebene oder allgemeiner auf Ebene der Berichteinheit keine Auswirkungen mehr auf das
Periodenergebnis haben können. Insofern verbietet IAS 39.73 die Designation interner Geschäfte. Daraus folgt aber auch, dass zwischen zwei Konzernunternehmen abgeschlossene
Derivate auf Einzelabschlussebene als Sicherungsinstrument designiert werden dürfen (IAS
39.IG.F.1.4).

Für die darüber hinaus zulässigen originären Finanzinstrumente ergibt sich aus dem Wortlaut Vermögenswerte und Schulden, dass es sich dabei um aktivierungspflichtige Geschäfte
handeln muss. Somit sind feste Verpflichtungen und geplante Transaktionen nicht designati-

[189]Vgl. KPMG (2009), Rz. 3.6.180.80; IFRIC (2006b), S. 7, mit denen klargestellt wurde, dass
der Ausschluss partei-spezifischer nicht-finanzieller Basiswerte auf Versicherungsverträge zutrifft,
nicht aber auf diese begrenzt ist.
[190]Vgl. auch Kuhn/Scharpf (2006), Rz. 380.
[191]Vgl. Pellens et al. (2011), S. 125; Lüdenbach/Hoffmann in Haufe (2011), § 1, Rz. 78.

onsfähig (IAS 39.IG.F.1.2).[192] Da die Designationsmöglichkeit von orginären Finanzinstrumenten auf Währungsrisiken beschränkt ist, führt deren Fremdwährungsumrechnung in die
funktionale Währung zu Auswirkungen auf den Periodenerfolg.[193] Eine Ausnahme besteht
bei der Währungsumrechnung von originären Finanzinstrumenten mit Eigenkapitalcharakter, die nach IAS 39 der Kategorie „zur Veräußerung verfügbar" zuzurechnen sind, da hier
die Währungsumrechnung erfolgsneutral verbucht wird. Hier kommt es erst mit Abgang des
finanziellen Vermögenswertes zu einer Ergebniswirkung (IAS 39.55(b)). Allerdings scheint
die praktische Anwendbarkeit dieser Eigenkapitalinstrumente fraglich, da die Währungsumrechnung auf Basis des beizulegenden Zeitwertes der Instrumente erfolgt und somit diese
Fair Value-Änderungen zu signifikanten Ineffektivitäten führen kann.[194]

Eigene Eigenkapitalinstrumente sowie entsprechend zu klassifizierende Derivate dürfen ebenfalls nicht als Sicherungsgeschäft designiert werden (IAS 39.AG97), da diese nicht der Definition eines finanziellen Vermögenswertes oder einer finanziellen Schuld entsprechen (IAS
39.9, .72 i.V.m. IAS 32.11) und somit auch keine Auswirkungen auf das Periodenergebnis haben. Zudem sind als eigene Eigenkapitalinstrumente zu klassifizierende originäre und
derivative Finanzinstrumente aus dem Anwendungsbereich des IAS 39 ausgenommen (IAS
39.2 (d)).[195] Desweiteren greift auch bei designierbaren originären Finanzinstrumenten der
Grundsatz, dass es sich nicht um interne Geschäfte handeln darf (IAS 39.73)[196], da in diesen
Fällen ebenfalls keine Ergebniswirkung auf Berichtseinheitsebene eintritt.

3.4.3 Ökonomisch unerwünschtes Risiko

Um eine tatsächliche Risikokompensation herbeiführen zu können, muss sich das Sicherungsgeschäft auf das beim Grundgeschäft als unerwünscht identifizierte Risiko beziehen und darf
auf Ebene dieser Sicherungsbeziehung keine zusätzliche Risikoposition schaffen. Bereits hinsichtlich der Anforderungen an Grundgeschäfte wurde festgestellt, dass diese sich nicht lediglich auf das allgemeine Geschäftsrisiko beziehen dürfen (IAS 39.AG110), sondern auf einen
bestimmten und identifizierbaren Risikofaktor.[197] Damit wird auch nochmals deutlich, dass

---

[192]Vgl. IDW RS HFA 9, Rz. 311; KPMG (2009), Rz. 3.7.340.10.
[193]Vgl. Abbildung 5 auf Seite 37.
[194]Vgl. Deloitte (2012), Part C, S. 559 f.; Die praktische Relevanz von originären Finanzinstrumenten auf Kredite und Forderungen, Endfälligkeitswerte, finanzielle Verbindlichkeiten und flüssige
Mittel einschränkend, vgl. KPMG (2009), Rz. 3.7.340.10.
[195]Vgl. Deloitte (2012), Part C, S. 558.
[196]Vgl. Kuhn/Scharpf (2006), Rz. 2132.
[197]Vgl. Kuhn/Scharpf (2006), Rz. 2050.

die Hedge Accounting-Regeln auf einzelne Transaktionen abstellen und das Gesamtrisiko auf Unternehmensebene dabei unbeachtlich ist (IAS 39.IG.F.2.6).

Vor diesem Hintergrund ist die Designation geschriebener Optionen nicht zulässig (IAS 39.72 i.v.m. IAS 39.IG.F.1.3.)[198], da Optionen eine asymmetrische Gewinn- und Verlustverteilung zwischen den Vertragsparteien vorsehen, bei der der Stillhalter einer deutlich höherem Verlust- als Gewinnmöglichkeit ausgesetzt ist (IAS 39.AG94).[199] Bei Derivaten mit knockin- bzw. knock-out-Bedingung, also der Aktivierung bzw. Beendigung des Derivates durch ein bestimmtes Ereignis, bspw. auch die Willenserklärung einer Vertragspartei, kann ebenfalls eine geschriebene Option vorliegen. Hierzu ist zu prüfen, ob das Derivat gegenüber einem vergleichbaren Derivat ohne knock-in-/knock-out-Bedingung zum Erhalt einer Prämie führt.[200] Dient die geschriebene Option jedoch der Glattstellung einer erworbenen Option, stehen sich Gewinn- und Verlustverteilung spiegelbildlich gegenüber, so dass das Unternehmen damit kein zusätzliches Risiko eingeht. In diesem Fall ist die Designation geschriebener Optionen ausnahmsweise gestattet (IAS 39.AG94).[201] Eine Kombination von Derivaten, die auch geschriebene Optionen enthält, darf nur dann als Sicherungsgeschäft designiert werden, wenn in der Nettobetrachtung der kombinierten Derivate keine geschriebene Option vorliegt (IAS 39.IG.F.1.3).

Werden in einer Berichtseinheit gegenläufige, also sich in ihrer Wirkung kompensierende Derivate mit dem gleichen externen Kontrahenten abgeschlossen, dürfen diese Derivate nicht als Sicherungsinstrument designiert werden, es sei denn, es liegen überzeugende unternehmerische Gründe (z.B. aufgrund eines zentralisierten Treasury Managements) für diese Strukturierung vor (IAS 39.IG.F.1.14). Damit sollen Umgehungsmöglichkeiten des grundsätzlichen Designationsverbotes[202] von nicht-derivativen Sicherungsgeschäften ausgeschlossen werden[203] sowie die künstliche Zeitwertbilanzierung bei zu Anschaffungskosten zu bilanzierenden Finanzinstrumenten vermieden werden[204].

---

[198]Vgl. auch Kuhn/Scharpf (2006), Rz. 2047.
[199]Der Gewinn des Stillhalters ist auf die Optionsprämie begrenzt, der Verlust dagegen abhängig von der Differenz des Optionspreises und des Kassapreises zum Ausübungszeitpunkt der Option. Vgl. Abschnitt 2.4.1.
[200]Vgl. Ernst&Young (2012), S. 3300; KPMG (2009), Rz. 3.7.295.10 - .20.
[201]Vgl. zur Begründung Abschnitt 3.3.3.
[202]Ausnahmen sind in dem Abschnitt 3.4.1 dargestellt.
[203]Es wäre sonst denkbar, dass ein Unternehmen eine Anleihe LIBOR-1% und einen Kredit mit LIBOR+2% im Ergebnis als Sicherungsbeziehung definieren kann, indem ein Payer-Swap und ein gegenläufiger Receiver-Swap abgeschlossen werden.
[204]Vgl. Kuhn/Scharpf (2006), Rz. 2112.

3.4.4 Messbarkeit des Risikos

Um die Wirksamkeit der Hedge-Beziehung ermitteln zu können (IAS 39.88 (d)), ist die verlässliche Bewertbarkeit der Wert- oder Zahlungsstromänderungen des Sicherungsgeschäfts notwendige Bedingung für deren Designation im Rahmen des Hedge Accounting.[205] Die Einschränkung von Derivaten im Anwendungsbereich des IAS 39 auf Derivate, die in Finanzinstrumenten zu erfüllen sind oder zumindest erfüllt werden können, sichert die Bewertbarkeit dieser Geschäfte, da der Bewertung von Derivaten Arbitrageüberlegungen - also die Reproduktion des Derivates mittels Kassageschäften - zugrunde liegen.[206] Vor diesem Hintergrund dürfen Investitionen in Eigenkapitalinstrumente, deren Fair Value nicht verlässlich ermittelt werden kann und die somit zu fortgeführten Anschaffungskosten bewertet werden (IAS 39.46 (c), .47 (a))), sowie Derivate, die sich auf solche Eigenkapitalinstrumente beziehen oder durch solche bedient werden, nicht designiert werden (IAS 39.AG96).[207]

Die Limitierung originärer Finanzinstrumente auf die Absicherung von Währungsrisiken wird durch den IASB nicht aufgrund mangelnder Bewertbarkeit abgelehnt, sondern weil bei unbegrenzter Designationsmöglichkeit nur der zur Sicherung - bspw. des Zinsrisikos - benötigte Teil des Finanzinstrumentes zum Zeitwert zu bewerten wäre. Damit würde jedoch ein weiterer Wertmaßstab geschaffen werden, der zwischen Fair Value und fortgeführten Anschaffungskosten läge (IAS 39.BC145).[208]

3.4.5 Zusammenfassung

Analog zur zusammenfassenden Darstellung der Designationsfähigkeit von Grundgeschäften werden in Tabelle 3 die Anforderungen an Sicherungsgeschäfte unter Berücksichtigung der definierten drei Kriterien dargestellt.

Trotz der Fülle der Einzelregelungen und Beispiele ist die Formulierung allgemeiner Anforderungen notwendig. Dies zeigt sich am Beispiel eines Zinsswaps, der variable Zinssätze mit unterschiedlicher Zinsbasis tauscht (sog. Basisswap).[209] Dabei wird lediglich die Zinsbasis geändert, es bleibt jedoch bei einem variablen Zinssatz und folglich beim Zinsänderungsrisiko. Dieses Beispiel wird nicht im IAS 39 und seinen Anhängen aufgeführt, darf aber vor dem

---

[205]Vgl. Kuhn/Scharpf (2006), Rz. 2042 m.w.N.

[206]Vgl. Hull (2009), S. 102; Reiner (2002), S. 21.

[207]Vgl. Kuhn/Scharpf (2006), Rz. 2042 und 2067; Deloitte (2012), Part C, S. 558.

[208]Vgl. Kuhn/Scharpf (2006), Rz. 821; IDW RS HFA 9, Rz. 309.

[209]Vgl. Ernst&Young (2012), S. 3300 f.; KPMG (2009), Rz. 3.7.370.10 - .30; Kuhn/Scharpf (2006), Rz. 2051.

Tabelle 3: Übersicht der Einzelregelungen zur Designation von Sicherungsgeschäften

Sachverhalte	IAS 39	Anwendung der Kriterien		
		Ergebnis-wirkung	Unerwünschtes Risiko	Messbarkeit des Risikos
interne Geschäfte	.73 .IG.F.1.4	✗	✓	✓
feste Verpflichtungen, geplante Transaktionen	.IG.F.1.2	✗	✓	✓
eigene EK-Instrumente und entsprechende Derivate	.AG97	✗	✓	✓
geschriebene Optionen	.72 .IG.F.1.3	✓	✗	✓
gegenläufige Derivate	.IG.F.1.14	✓	✗	✓
Derivate auf EK-Instrumente mit nicht verlässlich ermittelbarem Fair Value	.AG96	✓	✓	✗

Legende: ✓ erfüllt
         ✗ nicht erfüllt

Quelle: Eigene Darstellung.

Hintergrund einer fehlenden Risikoreduktion nicht als Sicherungsgeschäft designiert werden. Wird ein solcher Basisswap jedoch in Verbindung mit einer Verbindlichkeit und einer Forderung eingesetzt, deren Zinsbasen dem Swap entsprechen, wird das Zinsänderungsrisiko der Verbindlichkeit und der Forderung eliminiert. Somit sollte ein Basisswap in diesen Fällen als Sicherungsgeschäft designierbar sein.[210]

Ein weiteres Beispiel, das selbst bzw. über analoge Sachverhalte nicht in IAS 39 geregelt wird, ist der Abschluss eines knock-out Derivates zur Absicherung einer geplanten künftigen Transaktion. Dabei wird das Derivat bei Nichteintritt der Transaktion deaktiviert. Folglich wird hier neben einem Risiko beim Eintreten der geplanten Transaktion, z.B. ein Währungsrisiko, das Risiko des Nicht-Eintritts dieser Transaktion abgesichert. Aufgrund der knock-out Option wird die Wahrscheinlichkeit des Eintretens der geplanten Transaktion in Frage gestellt. Damit entfiele auch die mögliche unvermeidbare Auswirkung auf das Periodenergebnis, so dass das Grundgeschäft nicht designierbar wäre. Zudem stellt sich die Frage, was bei Nicht-Eintritt der Transaktion das ökonomisch unerwünschte Risiko darstellt, das mit der knock-out Option abgesichert werden soll. Argumentierte man, dass die geplante Transak-

---

[210]Vgl. KPMG (2009), Rz. 3.7.370.40.

tion wahrscheinlich[211] ist, man aber mit der knock-out Option ein verbleibendes Restrisiko des Nicht-Eintritts absichern möchte, wäre die zuverlässige Messbarkeit der Effektivität fraglich.[212]

3.5 Zeitliche und sachliche Zulässigkeit von Sicherungsbeziehungen

3.5.1 Zeitpunkt und Zeitraum der Designation

Bilanzierung ist die Abbildung eines ökonomischen Sachverhalts und setzt somit immer eine unternehmerische Entscheidung voraus. Insofern ist es zwingend, dass der Abbildung von Sicherungsbeziehungen immer eine bewusste Risikosteuerung zugrunde liegen muss, also eine rückwirkende Designation von Sicherungsinstrumenten nicht möglich ist (IAS 39.IG.F.3.8). Gleichwohl ist die Designation eines bereits im Bestand befindlichen designierfähigen Sicherungsinstruments prospektiv möglich (IAS 39.IG.F.3.9).

Eine weitere Einschränkung in zeitlicher Hinsicht betrifft das Verbot der zeitanteiligen Designation von Sicherungsinstrumenten (IAS 39.75 i.V.m. IG.F.1.11, .2.17, .3.9, .6.2(i)). Das bedeutet, dass ein Sicherungsinstrument nicht für einen Teil seiner (Rest-)Laufzeit als Teil einer Sicherungsbeziehung bestimmt werden darf, auch wenn das zu sichernde Geschäft eine kürzere (Rest-)Laufzeit aufweist. Würde eine zeitanteiligen Designation des Sicherungsinstruments zugelassen werden, hieße das zum einen, dass das Sicherungsinstrument gleichzeitig Teile eines Grundgeschäfts beinhalten würde, die dann nach den entsprechenden Regeln des IAS 39 zu bewerten wären. Zum anderen wären bei einer zeitanteiligen Designation derivativer Sicherungsinstrumente Teile des Derivats gleichzeitig auch für Handelszwecke, also spekulative Zwecke, eingegangen worden, was dem Hedging-Zweck der Risikokompensation entgegen stünde.

Die Bewertungsproblematik sei an folgendem Beispiel illustriert. Angenommen, ein Unternehmen sichert das Fremdwährungsrisiko aus einer fünfjährigen festverzinslichen USD-Anleihe durch Designation einer zehnjährigen festverzinslichen USD-Verbindlichkeit ab. Die Verbindlichkeit wird außerhalb des Hedge Accounting zu fortgeführten Anschaffungskosten bewertet. Für Zwecke des Hedge Accounting wäre die Verbindlichkeit zum beizulegenden Zeitwert, der auf die fünf Jahre Sicherungszeitraum entfällt, und für die verbleibenden fünf Jahre außerhalb des Sicherungszeitraums zu fortgeführten Anschaffungskosten zu bewerten.

[211]In der Literatur wird eine Eintrittswahrscheinlichkeit von i.d.R. 90% gefordert. Vgl. KPMG (2009), Rz. 3.7.230.20; Wiese (2009), S. 101 m.w.N.
[212]Vgl. Deloitte (2012), Part C, S. 631 f.

Dies würde einen zusätzlichen Wertmaßstab schaffen, der durch den IASB nicht gewollt ist.[213]

Im Fall der Währungsabsicherung von Finanzinstrumenten durch Finanzinstrumente dürfte das Verbot der zeitanteiligen Designation von Sicherungsgeschäften kaum zum Problem führen. Im beschriebenen Beispiel könnte die Anleihe als Sicherungsgeschäft der Verbindlichkeit bestimmt werden, da eine zeitanteilige Designation von Grundgeschäften gestattet ist (IAS 39.IG.1.11, .2.17).

Bei der Absicherung einer nicht-finanziellen Position, eines schwebenden Geschäfts oder geplanten Transaktion wird die grundsätzliche Zulässigkeit der zeitanteiligen Designation von Grundgeschäften durch das Verbot der anteiligen Designation von nicht-finanziellen Posten eingeschränkt. Dabei bezieht sich der Zeitraum auf den Beginn der Designation der Sicherungsbeziehung bis zum Abgang der Bilanzposition oder Erfüllung der Transaktion. Zwar werden schwebende Geschäfte und geplante Transaktionen nicht explizit vom Wortlaut des IAS 39.82 erfasst, jedoch wäre eine zeitanteilige Designation dieser Transaktionen ökonomisch nicht nachvollziehbar und auch nicht mit der Forderung nach Ergebniswirkung des designierten Grundgeschäfts vereinbar.[214]

3.5.2 Umfang der designierbaren Grund- und Sicherungsgeschäfte

Nach IAS 39.88 (a) ist für die bilanzielle Abbildung einer Sicherungsbeziehung das Grundgeschäft, das Sicherungsgeschäft sowie das abgesicherte Risiko festzulegen und zu dokumentieren. Dabei beinhaltet die Angabe des abgesicherten Risikos die Form der gesicherten Risikoart sowie des gesicherten Umfangs.[215]

Grundsätzlich dürfen alle in IAS 39.78 aufgeführten möglichen Grundgeschäfte prozentual designiert werden (IAS 39.AG107A).[216] Bezüglich einer risikokomponentenorientierten Designation ist danach zu unterscheiden, ob es sich um finanzielle oder nicht-finanzielle Grundgeschäfte handelt.

Nicht-finanzielle Grundgeschäfte dürfen nur hinsichtlich des Währungsrisikos oder in Gänze designiert werden (IAS 39.82). Aufgrund der Argumentation des IASB, dass das Währungsrisiko separat gemessen werden kann, scheint es trotz fehlender ausdrücklicher Regelung

---

[213]Die Begründung des IAS 39.BC145 zur Einsetzbarkeit von Finanzinstrumenten ausschließlich für die Sicherung von Währungsrisiken ist hierauf übertragbar.
[214]Vgl. Abschnitt 3.3.2; zu einem erläuternden Beispiel vgl. Deloitte (2012), Part C, S. 597.
[215]Vgl. Große (2010), S. 193.
[216]Vgl. KPMG (2009), Rz. 3.7.190.20.

im IAS 39 zulässig, nicht-finanzielle Grundgeschäfte ohne das Währungsrisiko abzusichern, sofern die Währungskomponente zuverlässig messbar ist.[217]

Finanzielle Grundgeschäfte können neben der im vorherigen Abschnitt erläuterten zeitanteiligen Designation auch hinsichtlich eines bestimmten Risikofaktors (IAS 39.81) und/oder eines prozentualen Anteils (IAS 39.AG107.A) designiert werden.[218] Alle drei Aspekte einer anteiligen Designation können miteinander kombiniert werden, so dass die beiden Extrema in der vollständigen Designation eines Bilanzpostens als Grundgeschäft und in der Designation eines prozentualen Anteils eines Bilanzpostens bezüglich eines Risikofaktors, der auf die Zahlungsströme oder Zeitwerte eines bestimmten Zeitraums der Gesamtlaufzeit einwirkt, bestehen. Bei der Bestimmung des Risikofaktors kann somit ebenfalls nur ein Teil, beispielsweise beim Zinsrisikos in Höhe des risikolosen Zinssatzes, bestimmt werden (IAS 39.AG99C). Voraussetzung für eine anteilige Designation des Grundgeschäfts ist jedoch die Identifizierbarkeit und verlässliche Messbarkeit des Risikos.[219]

Fraglich ist, ob sich durch den expliziten Wortlaut des IAS 39.81 und .82 die Regelungen zur anteiligen Designation tatsächlich nur auf Vermögenswerte und Schulden oder auch auf schwebende Geschäfte und geplante Transaktionen beziehen. Hierzu stellt IAS 39.AG104 klar, dass schwebende Geschäfte hinsichtlich ihres Währungsrisikos separiert werden können. Zwar könnte argumentiert werden, dass bei schwebenden Geschäften, die den Charakter originärer Finanzinstrumente[220] tragen, eine zuverlässige Separierbarkeit weiterer Risikofaktoren möglich wäre. Ein Terminkauf einer Anleihe zu einem festgelegten Ausgabekurs unterliegt beispielsweise einem Zinsänderungsrisiko, also einer Veränderung des beizulegenden Zeitwertes aufgrund geänderter Marktzinsverhältnisse bis zum Zeitpunkt der Auslieferung. Wäre der Käufer nicht bereit, dieses Risiko zu tragen, könnte er die Anleihe zu dem Tag erwerben, an dem die tatsächliche Emission stattfindet. Wird die Anleihe nicht aktiv gehandelt, trägt sie deutliche Züge eines Endfälligkeitswertes, bei dem kein Zinsänderungsrisiko auftritt. Ökonomisch liegt hierbei folglich kein unerwünschtes Risiko vor.

Im Unterschied zu schwebenden Geschäften fehlt es geplanten Transaktionen an der Festlegung eines Transaktionspreises. Ein ähnliches Unsicherheitsmoment beinhalten auch Bilanzpositionen, bei denen Risiken aus künftigen Veränderungen wertbestimmender Faktoren abgesichert werden. Insoweit scheint in Abhängigkeit davon, ob die geplante Transaktion die

---

[217]Vgl. Ernst&Young (2012), S. 3311.
[218]Vgl. Schmidt et al. (2007), S. 78; Kuhn/Scharpf (2006), Rz. 2180 ff.
[219]Vgl. Deloitte (2012), Part C, S. 547 f., 591; KPMG (2009), Rz. 3.7.180.10 f.; Glaum/Klöcker (2009), S. 330.
[220]Zum Verbot der Designation von Derivaten als Grundgeschäft vgl. Abschnitt 3.3.3.

Züge einer finanziellen oder nicht-finanziellen Position aufweist, eine Subsumtion unter die entsprechenden Regelungen, finanzielle und nicht-finanzielle Positionen betreffend, erfolgen zu können.[221]

Sicherungsgeschäfte hingegen müssen grundsätzlich in Gänze designiert werden.[222] Hiervon gibt es zwei Ausnahmen, da hiervon das Kriterium der verlässlichen Zuordnung und Bewertbarkeit nicht verletzt wird. Zum einen dürfen derivative und auch nicht-derivative Sicherungsinstrumente auch prozentual designiert werden (IAS 39.75 und .77). Zum anderen gestattet IAS 39.74 die Aufspaltung von Optionen in ihren inneren Wert und Zeitwert sowie von Termingeschäften in ihren Kassakurs und Zinskomponente.

3.5.3 Struktur zulässiger Sicherungsbeziehungen

Dem Wortlaut des IAS 39.78 folgend, können Grundgeschäfte aus einer einzelnen Bilanzposition oder Transaktion bestehen, eine Gruppe von Bilanzpositionen oder Transaktionen mit gleichartigem Risikoprofil umfassen oder im Fall der Absicherung von Zinsänderungsrisiken ein Portfolio aus finanziellen Vermögenswerten und Schulden, die demselben Risiko unterliegen, darstellen.[223] Aufgrund der im vorherigen Abschnitt dargestellten ausdrücklichen Differenzierung zwischen der designierten Bilanzposition oder Transaktion und dem darin enthaltenen Risiko erfolgt die Einordnung in Mikro-, Makro- und Portfoliohedge zum einen abweichend zur finanzwirtschaftlichen Definition[224] und zum anderen auch uneinheitlich in der Kommentarliteratur zu IAS 39.

Bei einem Mikrohedge werden einzelne Geschäfte designiert, die aufgrund der Möglichkeit einer anteiligen Designation auch nur einzelne Zahlungsströme oder Risikokomponenten umfassen können.[225] Teile der Literatur sprechen beim Mikrohedge auch formal von einer „1:1"-Beziehung.[226] Dies kann sich jedoch nur auf die eindeutige Zuordnung von Grund- und Sicherungsgeschäft und nicht auf die absolute Zahl der designierten Geschäfte beim Mikro-Hedge beziehen, da ein Grundgeschäft mehrere sicherbare Risiken enthalten kann, die durch mehrere Sicherungsinstrumente, die sich untereinander auch teilweise ausgleichen können (IAS

---

[221]Vgl. für ein ausführliches Beispiel der Absicherung einer geplanten Anleiheemission bezüglich der Veränderung des Marktzinses KPMG (2009), Rz. 3.7.250.10 - .60.

[222]Zur Begründung vgl. Abschnitt 3.5.1.

[223]Vgl. Kuhn/Scharpf (2006), Rz. 2160.

[224]Vgl. Abschnitt 2.4.3.

[225]Vgl. Becker/Kropp in HdJ (2012), IIIa/4, Rz. 254 sowie die Erläuterungen in den vorherigen Abschnitten der Arbeit.

[226]Vgl. Bellavite-Hövermann/Barckow in BaetgeIFRS (2012), IAS 39, Rz. 78; Große (2010), S. 193.

39.77), gesichert werden dürfen. Insofern führt die Differenzierung zwischen gesichertem Instrument und darin enthaltenem gesicherten Risiko zu missverständlichen Interpretationen von Mikrohedges.[227]

Die Zusammenfassung von Positionen mit gleichartigem Risikoprofil wird alternativ als Gruppenhedge[228], Makrohedge[229] oder Portfoliohedge[230] bezeichnet. Die Bezeichnung Gruppenhedge leitet sich aus dem Wortlaut des IAS 39.78 ab und stellt keine Hedgingstrategie dar. Insofern stellt sich die Frage, ob diese Sicherungsstrategie dem Makro- oder Portfolio-Hedge zuzuordnen ist. Beim Makro-Hedging wird eine Nettoposition aus in ihren Wertentwicklungen heterogenen Einzelpositionen gesichert. Da IAS 39.78 explizit eine zur Gruppe annähernd proportionale Wertentwicklung der einzelnen Gruppenpositionen hinsichtlich des gesicherten Risikofaktors fordert, scheidet eine Subsumtion unter den finanzwirtschaftlichen Makro-Hedge aus. Ein Portfolio-Hedge zeichnet sich ebenfalls durch die Sicherung einer Nettoposition gleichartiger Einzelpositionen aus. Zwar erfüllt die Designation einer Gruppe von Grundgeschäften die Anforderung der Homogenität, jedoch verbietet IAS 39.84 explizit die Sicherung von Nettopositionen, d.h. die Gruppe besteht entweder aus ähnlichen Vermögenswerten, ähnlichen Schulden oder ähnlichen Transaktionen (IAS 39.83). Aus diesem Grund ist der Gruppenhedge auch nicht dem Portfoliohedge zuzuordnen, obwohl IAS 39.F.6.2 (l) von einem Portfolio an Grundgeschäften spricht. Im Schrifttum wird der Gruppenhedge aufgrund der Möglichkeit der proportionalen Designation von Grund- und Sicherungsgeschäften gar als eine Spezialform des Mikrohedges erachtet.[231]

Die dritte Möglichkeit ist die Sicherung eines Portfolios von originären Finanzinstrumenten hinsichtlich ihres Zinsrisikos, die teilweise dem Makro-Hedging[232], teilweise dem Portfolio-Hedging[233] zugerechnet wird. Eine Einordnung in die Makro-Sicherungsstrategie ist zu verneinen. Zwar wird ein der Nettoposition entsprechender Betrag in Form einer prozentualen Designation aller Geschäfte auf der Überhangseite designiert (IAS 39.AG114 (c) i.V.m.

[227]Vgl. Große (2010), S. 193.
[228]Vgl. Große (2010), S. 193; Varain in MünchKommBilR (2010), IAS 39, Rz. 443 f.
[229]Vgl. Große (2010), S. 193; Plattner (2007), S. 36.
[230]Vgl. Bellavite-Hövermann/Barckow in BaetgeIFRS (2012), IAS 39, Rz. 160; Becker/Kropp in HdJ (2012), IIIa/4, Rz. 255; Burkhardt/Klingels/Schmidt in ThieleIFRS (2012), IAS 39, Rz. 330; Kuhn/Scharpf (2006), Rz. 2230 ff.
[231]Vgl. Menk (2009), S. 92; Große (2007), S. 89.
[232]Vgl. Lüdenbach in Haufe (2012), § 28, Rz. 244; Kümpel/Pollmann (2010), S. 231; Menk (2009), S. 91; Arnoldi/Leopold (2005), S. 23; Fröhlich (2004), S. 1381; IAS 39.BC11A.
[233]Vgl. Große (2010), S. 193; Bieker/Negara (2008), S. 702; Arnoldi/Leopold (2005), S. 23; IDW, RS HFA 9, Rz. 360; IAS 39.BC11A. Die Begriffe Portfolio- und Makro-Hedge diesbezüglich synonym verwendend vgl. Ernst&Young (2012), S. 3392; PWC (2011), Rz. 10.196.

AG118)[234], jedoch liegt aufgrund der Einschränkung des IAS 39.78 auf Zinsrisiken originärer Finanzinstrumente eine homogene Gruppe von Grundgeschäften vor.

Auf Basis der gemachten Ausführungen werden die von IAS 39.78 vorgesehenen Strukturen als Mikro-, Gruppen- und Portfolio-Hedge betrachtet.

3.6 Fair Value-Option als Bilanzierungsalternative für Sicherungszusammenhänge

Die Hedge Accounting-Regeln stellen ein Wahlrecht dar, dessen Inanspruchnahme jedoch an zahlreiche Bedingungen[235] geknüpft ist. Die Hedge Accounting-Regeln können aufgrund ihrer Komplexität und des damit verbundenen Dokumentations- und Analyseaufwands oder ihrer Restriktionen (IAS 39.BC74A, 75A, 75B) dazu führen, dass die ökonomische Sicherungsbeziehung bilanziell nicht als solche abgebildet wird. Dies ist insbesondere dann der Fall, wenn das ökonomische Sicherungsgeschäft gemäß den Hedge Accounting-Regeln nicht als solches designierbar ist, wie beispielsweise originäre Finanzinstrumente (IAS 39.72), oder sonstige Anforderungen, wie die Effektivität der Sicherungsbeziehung (IAS 39.88 i.V.m. AG105), nicht erfüllt sind.[236] In diesen Fällen sind die in einer ökonomischen Sicherungsbeziehung stehenden Geschäfte nach den für sie jeweils einzeln anwendbaren Ansatz-, Bewertungs- und Ausweisvorschriften zu erfassen, so dass es zu den eingangs[237] dargestellten Bilanzierungsinkongruenzen (accounting mismatches) kommen kann.

Eine, wenn auch eingeschränkte, Alternative zur Vermeidung der abschlussverzerrenden Bilanzierungsinkongruenzen bei ökonomischen Sicherungsbeziehungen stellt die Fair Value-Option für die Bewertung von finanziellen Vermögenswerten und Schulden (IAS 39.9 (b)) dar. Damit wird auch bereits die erste Einschränkung der Fair Value-Option deutlich - sie ist nur für Finanzinstrumente anwendbar. Die übrigen möglichen Grundgeschäfte, im einzelnen nicht-finanzielle Vermögenswerte oder Schulden, schwebende Geschäfte, künftige wahrscheinliche Transaktionen und Nettoinvestitionen in einen ausländischen Geschäftsbetrieb, werden, auch aufgrund ihrer teilweise fehlenden Ansatzfähigkeit, davon nicht erfasst. Ein weiterer Grund für die Einschränkung der Fair Value-Option auf Finanzinstrumente liegt darin, dass

---

[234]Vgl. Barz et al. (2008), S. 535; Große (2007), S. 90; Arnoldi/Leopold (2005), S. 24.
[235]Vgl. die vorhergehenden Ausführungen zur Zulässigkeit bestimmter Geschäfte. Darüber hinaus sind umfangreiche Dokumentationsanforderungen sowie Anforderungen an die Messung und Überwachung der Wirksamkeit der Sicherungsbeziehung zu erfüllen.
[236]Vgl. Becker/Wiechens (2008), S. 626; Schmidt et al. (2007), S. 32 ff.; Kuhn/Scharpf (2006), Rz. 412 ff.
[237]Vgl. Abschnitt 3.1.

es sich dabei um einen Spezialfall der Klassifizierung in die Kategorie der erfolgswirksam zum beizulegenden Zeitwert zu bewertenden Finanzinstrumente handelt.[238]

Die Anwendung der Fair Value-Option verfolgt ähnlich den Hedge Accounting-Regelungen das Ziel, die Relevanz der Abschlussinformationen zu erhöhen (IAS 39.9 (b)).[239] Dies ist jedoch lediglich in zwei Fällen anwendbar: (i) zur Vermeidung von Ansatz- und Bewertungsinkongruenzen und (ii) wenn die Portfoliosteuerung auf Fair Value-Basis erfolgt.

Im Fall des Kriteriums (i) ist offenkundig, dass damit das gleiche Problem wie beim Hedge Accounting adressiert wird. Wie bereits in Abschnitt 3.1.2.2 erläutert wurde, existieren für Finanzinstrumente vier Kategorien für Zwecke der Folgebewertung (IAS 39.9 i.V.m. IAS 39.46 f.), die zum einen zu einer Bewertungsinkongruenz - aufgrund der Wertmaßstäbe beizulegender Zeitwert und fortgeführte Anschaffungskosten - und zum anderen zu einer Ergebniserfassungsinkongruenz - aufgrund des ergebnisneutralen bzw. -wirksamen Ausweises von Bewertungserfolgen - führen.[240] Eine Beseitigung solcher Bilanzierungsinkongruenzen zur Erhöhung der Informationsrelevanz setzt voraus, dass die inkongruent bilanzierten Finanzinstrumente in einem ökonomischen Zusammenhang stehen (IAS 39.BC75). Die diesen Zusammenhang konkretisierenden Beispiele (IAS 39.BC75, AG4E) nennen explizit auch die gleiche Risikoexposition von Vermögenswerten und Schulden, die zu einer gegenläufigen Wertentwicklung führt und im Rahmen des Hedge Accounting nicht abgebildet werden darf. Dies geht jedoch über eine reine Risikoreduzierung wie beim Hedge Accounting hinaus.[241] Folgendes Beispiel soll den Fall illustrieren, in dem es zwar zu einer Risikoreduktion aufgrund in ihrer Wertentwicklung gegenläufiger Geschäfte, jedoch nicht zu einer Beseitigung der Bilanzierungsinkongruenz kommt, so dass die Fair Value-Option nicht anwendbar ist.

---

[238]Dies wird auch durch den gesonderten Ausweis als Unterkategorie der FVtPL-Finanzinstrumente deutlich. IFRS 7.8 (a), vgl. Eckes/Weigel (2006), S. 416 m.w.N.
[239]Die zweite Zielsetzung der Komplexitätsreduktion bei der Bewertung von Finanzinstrumenten mit eingebetteten Derivaten (IAS 39.11A) ist thematisch nicht relevant. Daraus wird jedoch deutlich, dass die Fair Value-Option nicht lediglich einen Ersatz für das Hedge Accounting darstellt, sondern einen weitergehenden Regelungszweck verfolgt.
[240]Vgl. Eckes/Weigel (2006), S. 417; Kuhn/Scharpf (2006), Rz. 412 m.w.M.
[241]Vgl. Eckes/Weigel (2006), S. 417; Kuhn/Scharpf (2006), Rz. 413.

Beispiel 2

Ein Unternehmen kauft eine Aktie zum Preis von 100 EUR. Diese Aktie erfüllt nicht die Klassifizierungskriterien der Kategorie „Held for trading" so dass Wertschwankungen der Aktie erfolgsneutral zu erfassen sind. Zur Absicherung gegen einen Wertverlust kauft das Unternehmen zeitgleich eine Verkaufsoption mit einem Ausübungspreis von 100 EUR zum Preis von 20 EUR. Die Option stellt einen derivativen finanziellen Vermögenswert dar und ist als „Held for trading" zu klassifzieren, so dass die Wertänderungen sofort erfolgswirksam zu erfassen sind.

Es liegt somit eine ökonomische Beziehung zur Sicherung des einseitigen Risikos aus dem Wertverlust der Aktie vor, die Regeln des Hedge Accounting werden nicht angewendet.

Aus den unterschiedlichen Erfolgserfassungskonzeptionen resultiert eine Bilanzierungsinkongruenz, die durch Nutzung der Fair Value-Option für die Bewertung der Aktie beseitigt werden soll. Dies setzt jedoch voraus, dass ein accounting mismatch auch tatsächlich beseitigt oder erheblich verringert werden kann.

Im Fall einer Aktienkurssteigerung auf über 120 EUR steht dem Kursgewinn kein kongruenter Wertverlust aus dem Optionspreisverfall mehr gegenüber, da der Wert einer gekauften Option nicht negativ werden kann. Somit kann durch die Fair Value-Option ein accounting mismatch nicht beseitigt oder signifikant reduziert werden, die Anwendungsvoraussetzungen sind somit nicht erfüllt.

Quelle: In Anlehnung an Deloitte (2012), Part C, S. 54 f.

Das Kriterium (ii) Portfoliosteuerung ist anwendbar, sofern eine Gruppe von Finanzinstrumenten auf Basis der Fair Value-Entwicklung gesteuert und beurteilt wird, dies in Übereinstimmung mit der Risikomanagement- oder Anlagestrategie steht und die interne Berichterstattung an Personen in Schlüsselpositionen auf Fair Value-Basis erfolgt (IAS 39.9 (b) (ii)).[242] Die Anforderungen machen dabei deutlich, dass auch Finanzinstrumente, die als Portfolio zu Zwecken der Risikominimierung gesteuert werden, von der Fair Value-Option erfasst werden. „Insofern kann die [..] Fair Value-Option im Rahmen der praktischen Anwendung für einen *Portfolio Fair Value Hedge* (Hervorhebung im Original) gegen Zinsänderungsrisiken ausgeübt werden [...]"[243].

Neben der bereits erwähnten Anwendbarkeit der Fair Value-Option auf Finanzinstrumente stellt diese Option auch aus weiteren Gründen eine nur eingeschränkte Alternative zum Hedge Accounting dar. Eine Klassifikation der sich gegenseitig kompensierenden Geschäfte in die Kategorie der erfolgswirksam zum beizulegenden Zeitwert zu bewertenden Finanzinstrumente muss bereits bei Zugang der betreffenden Finanzinstrumente unwiderruflich erfolgen

---

[242]Vgl. Eckes/Weigel (2006), S. 418.
[243]Kuhn (2005), S. 1345.

(IAS 39.BC73), somit ist eine Änderung der Kategorisierung nicht möglich.[244] Dieses Verbot der Reklassifizierung gilt auch dann, wenn das Finanzinstrument, das Anlass der Ansatz- oder Bewertungsinkongruenz gab, ausgebucht wird.[245] Das Bewertungswahlrecht des Hedge Accounting kann im Gegensatz dazu jederzeit eingestellt werden (IAS 39.91 (c), .101 (d)).

Des Weiteren muss eine Bewertung der betreffenden Finanzinstrumente zum beizulegenden Zeitwert in Gänze erfolgen. Eine teilweise Designation oder Steuerung, z.b. einer bestimmten Risikokomponente oder eines prozentualen Anteils, wie beim Hedge Accounting (IAS 39.78, .81 f., AG107A)[246] ist bei der Fair Value-Option nicht zulässig (IAS 39.AG4G).[247] Dabei kann es zu Fair Value-Änderungen kommen, die nicht auf die Risikokomponente zurückzuführen ist, die durch ein Gegengeschäft abgesichert ist. Damit führt die Fair Value-Option u.U. zu größeren Unterschieden zwischen den gegenläufigen Bewertungserfolgen des risikobegründenden und risikosteuernden Geschäfts als bei Anwendung der Hedge Accounting-Regeln.[248]

Eine freiwillige Bewertung zum beizulegenden Zeitwert setzt dessen verlässliche Ermittlung voraus. Somit darf die Fair Value-Option nicht für Eigenkapitalinstrumente angewendet werden, für die kein verlässlicher Zeitwert ermittelt werden kann (IAS 39.9).[249]

Ungeachtet der mit der Fair Value-Option verbundenen Restriktionen erfordert deren Anwendung im Vergleich zum Hedge Accounting einen geringeren Dokumentationsumfang sowie keinen Effektivitätsnachweis.[250] Es ist auch zulässig, Finanzinstrumente zum Fair Value bewertet zu designieren, wenn das die Bilanzierungsinkongruenz verursachende Geschäft zeitlich verzögert kontrahiert wird (IAS 39.AG4F).[251] Zudem können durch die Anwendung der Fair Value-Option natürliche Hedges, die von der Designierbarkeit im Rahmen des Hedge Accounting ausgeschlossen sind, erfasst werden, so z.B. originäre Finanzinstrumente, die zur Steuerung von Zinsrisiken finanzieller Verbindlichkeiten dienen.

Mit der Veröffentlichung des IFRS 9 wurde auch die Fair Value-Option neu geregelt. Dabei wurde der Anwendungsbereich der Fair Value-Option für finanzielle Vermögenswerte auf die Vermeidung von Bilanzierungsinkongruenzen eingeschränkt (IFRS 9.4.1.5), da mit der Neuregelung zur Kategorisierung von Finanzinstrumenten, diejenigen, die auf Fair Value-

---

[244]Vgl. Eckes/Weigel (2006), S. 417.

[245]Vgl. Deloitte (2012), Part C, S. 51.

[246]Vgl. für detaillierte Ausführungen Abschnitte 3.5.2 und 3.5.3.

[247]Vgl. Becker/Wiechens (2008), S. 626; Kuhn (2005), S. 1345.

[248]Vgl. KPMG (2009), Rz. 3.6.500.40; Becker/Wiechens (2008), S. 626.

[249]Vgl. Eckes/Weigel (2006), S. 417; Löw/Blaschke (2005), S. 1731.

[250]Vgl. Becker/Wiechens (2008), S. 627.

[251]Vgl. KPMG (2009), Rz. 3.6.500.20; Eckes/Weigel (2006), S. 418; Kuhn (2005), S. 1344.

Basis gesteuert werden, auch entsprechend zu bewerten sind (IFRS 9.BC4.78 (a)). Hybride Finanzinstrumente sind nunmehr nicht mehr auf das Vorliegen eines trennungspflichtigen eingebetteten Derivats zu prüfen, so dass auch dieser Anwendungsbereich des IAS 39 entfallen konnte (IFRS 9.BC4.78 (b)). Bezüglich der Anwendungsvoraussetzungen für die optionale Fair Value-Bewertung von finanziellen Verbindlichkeiten enthält der IFRS 9 keine gegenüber dem IAS 39 geänderten Vorschriften, da sich die Klassifizierungs- und Bewertungsvorschriften nicht geändert haben (IFRS 9.BC4.81).

4 Methoden zur Beurteilung der Hedge-Effektivität

4.1 Begriffe und Methodenüberblick

4.1.1 Effektivität

Zentrale Anforderungen an die Anwendung der Hedge Accounting-Regelungen sind das Vorliegen einer nachweislich effektiven Sicherungsbeziehung (IAS 39.88 (b), (e)) sowie die Messung von möglichen Ineffektivitäten zum Zwecke der getrennten Verbuchung (IAS 39.88 (d)). Eingangs wird deshalb der Begriff der Effektivität erläutert.

Unter Effektivität (oder auch Wirksamkeit[252]) wird das Verhältnis von erreichtem zu definiertem Ziel verstanden, wobei der zur Zielerreichung notwendige Ressourceneinsatz unberücksichtigt bleibt. Insofern grenzt der Aspekt des Ressourceneinsatzes die Begriffe Effektivität und Effizienz voneinander ab.[253] Die im Zusammenhang mit den Hedge Accounting-Regeln in IAS 39.9 verwendete Erläuterung versteht unter Effektivität „[...] den Grad, mit dem die einem gesicherten Risiko zurechenbaren Änderungen des beizulegenden Zeitwertes oder der Cashflows des Grundgeschäfts durch Änderungen des beizulegenden Zeitwertes oder der Cashflows des Sicherungsinstruments kompensiert werden." Damit setzt die Definition des IAS 39 lediglich die beiden Ergebnisgrößen aus der „risikobegründenden" und der „risikokompensierenden" Transaktion ins Verhältnis, ohne eine ausdrückliche Verbindung zum Ziel herzustellen. Dies ist nachvollziehbar, wenn die Intention des Hedging - die vollständige Kompensation des ungewollten Risikos - berücksichtigt wird. Effektivität im Kontext des Hedge Accounting drückt folglich den Zielerreichungsgrad der vollständigen Kompensation der unerwünschten Risikoexposition aus.[254] Dabei lässt die Definition des IAS 39.9 zur Hedge-Effektivität jedoch offen, ob dieser Zielerreichungsgrad lediglich durch einen Vergleich der Wertänderungen von Grund- und Sicherungsgeschäft oder auch durch Vergleich der Veränderung der Gesamtposition verstanden werden kann.

Die nach IAS 39.88 notwendigen Effektivitätstests sind in sachlicher und zeitlicher Hinsicht zu differenzieren. Die sachliche Dimension ergibt sich aus den eingangs aufgeführten beiden Zielsetzungen von Effektivitätstests. Zum einen soll abgeschätzt werden, inwiefern eine effektive Sicherungsbeziehung vorliegt und demnach die besonderen Abbildungsrege-

---

[252]Die amtliche deutschsprachige Ausgabe des IAS 39 übersetzt den englischen Begriff effectiveness mit Wirksamkeit. Vgl. bspw. Verordnung (EG) Nr. 839/2009.

[253]Vgl. Wiese (2009), S. 122; Plattner (2007), S. 61.

[254]Ähnlich Menk (2009), S. 106, der dies als perfekten oder ideal designierten Hedge bezeichnet.

lungen für Sicherungsbeziehungen anwendbar sind. Zum anderen müssen die kompensatorischen Auswirkungen des Grund- und Sicherungsgeschäfts zur, den speziellen Regelungen entsprechenden, bilanziellen Erfassung in Geldeinheiten gemessen werden. Die sprachliche Differenzierung zwischen Einschätzung und Messung der Effektivität erfolgt lediglich zur Verdeutlichung der beiden Zielsetzungen, aus denen sich die Anwendung unterschiedlicher Testverfahren ergeben kann. Während sich für die Einschätzung der Effektivität alle im Abschnitt 4.1.3 aufgeführten Methoden anbieten, muss die Effektivitätsmessung für Zwecke der bilanziellen Erfassung zwingend durch Vergleich der tatsächlichen, auf das abgesicherte Risiko entfallenden, Gewinne bzw. Verluste des Grund- und Sicherungsgeschäfts (sog. Dollar Offset-Methode[255]) erfolgen (IAS 39.89, .95 f.).[256]

Die Effektivitätsmessung folgt per se der Effektivitätseinschätzung zeitlich nach. Darüber hinaus wird im Rahmen der Effektivitätseinschätzung auch in zeitlicher Hinsicht zwischen einer prospektiven und retrospektiven Effektivität unterschieden. Erstere beantwortet die Frage nach der wahrscheinlichen, letztere nach der tatsächlichen Zielerreichung (IAS 39.BC136). Die folgende Abbildung 6 veranschaulicht den zeitlichen Bezug beider Tests.

Abbildung 6: Zeitbezug der Effektivitätseinschätzung

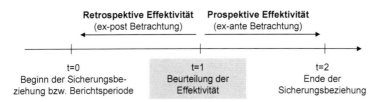

Quelle: In Anlehnung an Veth (2006), S. 96.

Eine Quantifizierung der zulässigen Zielabweichung nimmt IAS 39.AG105(b) lediglich für den retrospektiven Test vor, bei dem der Grad der Risikokompensation zwischen 80% und 125% liegen muss. Im Fall des prospektiven Tests werden keine Grenzen durch den Standard vorgegeben (IAS 39.AG105(a)), allerdings wird im Schrifttum überwiegend dafür plädiert, hierfür ebenfalls das retrospektiv einzuhaltende Intervall (80% - 125%)[257] anzuwenden.

---

[255]Vgl. zur Erläuterung der Methode Abschnitt 4.2.3.
[256]Vgl. zur Unterscheidung des IAS 39 zwischen diesen beiden Zielsetzungen und den sich daraus ergebenden Konsequenzen die Klarstellung durch das IFRIC (2006a), S. 9.
[257]Vgl. Lüdenbach in Haufe (2011), § 28, Rz. 260; Varain in MünchKommBilR (2010), IAS 39, Rz. 481; KPMG (2009), Rz. 3.7.490.20; Beine/Meyer in Wiley (2009), Abschn. 5, Rz. 241;

Dieses Konzept der Effektivitätsbeurteilung wird durch Abbildung 7 zusammengefasst.

Abbildung 7: Grundstruktur der Effektivitätsbeurteilung nach IAS 39

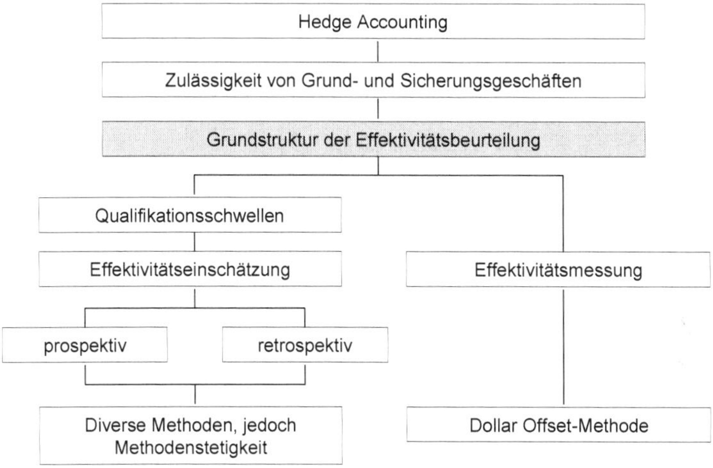

```
┌─────────────────────────────────────────────┐
│              Hedge Accounting                │
└─────────────────────────────────────────────┘
                       │
┌─────────────────────────────────────────────┐
│   Zulässigkeit von Grund- und Sicherungsgeschäften │
└─────────────────────────────────────────────┘
                       │
┌─────────────────────────────────────────────┐
│     Grundstruktur der Effektivitätsbeurteilung       │
└─────────────────────────────────────────────┘
        │                              │
┌──────────────────────────┐          │
│   Qualifikationsschwellen │          │
└──────────────────────────┘          │
┌──────────────────────────┐   ┌──────────────────────────┐
│  Effektivitätseinschätzung │   │   Effektivitätsmessung   │
└──────────────────────────┘   └──────────────────────────┘
     │               │                  │
┌──────────┐   ┌──────────────┐         │
│ prospektiv│   │ retrospektiv │         │
└──────────┘   └──────────────┘         │
┌──────────────────────────┐   ┌──────────────────────────┐
│ Diverse Methoden, jedoch  │   │    Dollar Offset-Methode │
│   Methodenstetigkeit      │   └──────────────────────────┘
└──────────────────────────┘
```

Quelle: Eigene Darstellung in Anlehnung an IASB (2010a), S. 2.

4.1.2 Messbegriff und Messgüte

„Messen ist die Bestimmung der Ausprägung einer Eigenschaft eines Objekts"[258], die in der Regel durch Zuordnung von Zahlen entsprechend einer Regel erfolgt.[259] Die Zuordnung von Zahlen ermöglicht eine Ordnung und ein Vergleich der Objekte bezüglich der gemessenen Eigenschaft.

In Abhängigkeit von der Genauigkeit der Messung werden Nominal-, Ordinal-, Intervall- und Ratioskalen unterschieden. Nominalskalen erlauben lediglich eine Zuordnung von Objekten nach dem Kriterium Gleichheit oder Verschiedenheit der Merkmalsausprägung. Können die Messwerte in eine Rangfolge gebracht werden, liegt eine Ordinal- oder Rangskala vor. Existieren neben der Rangfolge auch gleiche Abstände zwischen den Messwerten, so dass der

---

Kuhn/Scharpf (2006) Rz. 2411. Eine strengere Auslegung der Grenzen fordernd, vgl. Nguyen (2007), S. 147 und Brötzmann (2004), S. 196, jedoch ohne quantitative Vorgaben; eine Bandbreite von 90-110% fordernd, vgl. Henkel/Eller (2009b), S. 287.

[258]Wiese (2009), S. 119.

[259]Vgl. Bortz/Döring (2002), S. 69; Stier (1999), S. 35 f.; Heidenreich in Roth (1995), S. 342.

Abstand der Messwerte die Unterschiede der Merkmalsausprägung wiedergibt, wird dies als Intervallskala bezeichnet. Die Ratio- oder Verhältnisskala weist neben den bereits genannten Merkmalen der Intervallskala einen natürlichen Nullpunkt auf, so dass das Verhältnis zwischen zwei Messwerten auch dem Verhältnis der gemessenen Merkmalsausprägungen entspricht. Die einzelnen Skalentypen erlauben die Anwendung verschiedener Rechenoperationen, wobei gilt, dass die höher liegende Skala Eigenschaften der darunter liegenden Skalen enthält und somit der Genauigkeitsgrad der Rechenergebnisse mit höherem Skalenniveau zunimmt.[260]

Die Qualität der Messverfahren hängt von verschiedenen Gütekriterien ab. Die primären Anforderungen sind Objektivität, Reliabilität (Zuverlässigkeit) und Validität (Gültigkeit); sekundär werden Normiertheit, Vergleichbarkeit, Ökonomie und Nützlichkeit gefordert.[261] Ein Test ist objektiv, wenn er hinsichtlich der Durchführung, Auswertung und Interpretation vom Testleiter unabhängige Ergebnisse liefert. Mittels Festlegung eines standardisierten Testvorgehens kann die Objektivität sichergestellt werden. Das Objektivitätskriterium ist notwendige Voraussetzung für die Reliabilität und Validität. Während unter Reliabilität der Grad der Messgenauigkeit von Verfahren (Messzuverlässigkeit) verstanden wird, gibt die Validität den Genauigkeitsgrad an, mit dem der Test misst, was er zu messen vorgibt (Messeffizienz).[262]

Die vier Nebengütekriterien beinhalten folgende Aspekte: (i) Nützlichkeit stellt die „[...] Frage nach dem Ziel und der beabsichtigten Funktion des Tests sowie seiner Tauglichkeit als Mittel bei der Verfolgung dieses Zweckes"[263]; (ii) Ökonomie ist charakterisiert durch das Verhältnis aus dem Aufwand zur Messung und dem Nutzen i.S.v. Verwertbarkeit der gewonnenen Informationen; (iii) die Normierung der gewonnenen Daten ermöglicht die Vergleichbarkeit der Testdaten anderer Objekte; und abschließend (iv) Vergleichbarkeit umfasst den Vergleich der Testergebnisse verschiedener Tests[264].

4.1.3 Methodenüberblick

Für die Messung finanzwirtschaftlicher Risiken, insbesondere für Zwecke der Bilanzierung in Betracht kommende Messmethoden lassen sich unterteilen in qualitative und quantitati-

---

[260]Vgl. zu den Ausführungen zur Skalierung Wiese (2009), S. 121 ff.; Schnell et al. (2008), S. 142 ff.; Bortz/Döring (2002), S. 70 ff.; Stier (1999), S. 42 ff.; Heidenreich in Roth (1995), S. 346 ff.
[261]Vgl. Bortz/Döring (2002), S. 193; Heidenreich in Roth (1995), S. 354.
[262]Vgl. Bortz/Döring (2002), S. 195 ff.; Heidenreich in Roth (1995), S. 355 f.
[263]Heidenreich in Roth (1995), S. 399.
[264]Vgl. Heidenreich in Roth (1995), S. 401 f.; Laatz (1993), S. 73.

ve Messverfahren. Qualitative Messverfahren beurteilen die Übereinstimmung von Merkmalen des Grund- und Sicherungsgeschäfts, der sog. Critical Terms Match. Die quantitativen Methoden können zudem noch hinsichtlich ihrer mathematischen Ausrichtung in Kompensations-Methoden und statistische Methoden unterteilt werden.

Die Kompensations-Methoden basieren auf dem Prinzip der absoluten Wertkompensation, indem die Wertänderungen von Grund- und Sicherungsgeschäft ins Verhältnis zueinander gesetzt werden. Werden die Wertänderungen des Grund- und Sicherungsgeschäfts aufgrund erfolgter oder prognostizierter Änderung der bewertungsrelevanten Parameter ermittelt, werden diese den Dollar Offset-Methoden zugerechnet. Die Sensititivitätsmethoden hingegen messen die Kompensationswirkung, indem die Empfindlichkeit des Grund- und Sicherungsgeschäfts bezüglich der relativen Änderung der Risikofaktoren miteinander verglichen werden. Die statistischen Methoden leiten ihre Aussage über die Effektivität von Sicherungsbeziehungen aus dem Erklärungsgehalt der absichernden für die abgesicherte Variable mittels Datenabhängigkeiten oder Vergleich von Risikomaßen ab.[265]

Die folgende Abbildung 8 gibt einen nach den vorstehend erwähnten Kriterien strukturierten Überblick der grundsätzlich möglichen Methoden.

Eine abweichende Unterteilung schlägt beispielsweise MENK in Anlehnung an HAILER/RUMP vor, der die Verfahren nach der Anzahl der zeitlichen Beobachtungspunkte unterteilt. Dabei stellt die Dollar Offset-Methode ein Testverfahren auf Basis zweier Zeitpunkte dar, wohingegen die in Abbildung 8 genannten vier statistischen Methoden sowie der Value at Risk den zeitreihenbasierten Testverfahren zugeordnet sind. Als weitere Kategorien werden die Simulations- und Sensitivitätsverfahren aufgeführt.[266] Allerdings stellen Simulationsverfahren kein eigenständiges Testverfahren dar, sondern dienen lediglich der Datenbeschaffung für die prospektive Effektivitätseinschätzung, wie bspw. mittels Dollar Offset-Ratio oder Regressionsanalyse.[267]

Zudem werden die Messmethoden häufig auch hinsichtlich ihrer Anwendbarkeit für die prospektive und/oder retrospektive Effektivitätseinschätzung unterschieden. Grundsätzlich lässt IAS 39.AG107 alle Verfahren sowohl für den prospektiven als auch den retrospektiven Nachweis zu, so dass die zeitbezogene Anwendbarkeit der Methoden vom unternehmensindividuellen Risikomanagement sowie der Datenverfügbarkeit abhängt. Dabei wird die Pra-

[265]Vgl. zur Strukturierung der Tests Plattner (2007), S. 103 ff.; ähnlich Scharpf (2004), S. 12. In statistische und nicht-statistische - allerdings mit marginal anderer Abgrenzung als Plattner - und qualitative und quantitative Messmethoden unterteilend vgl. Wiese (2009), S. 142, 147.
[266]Vgl. Menk (2009), S. 106 ff.; Hailer/Rump (2005), S. 39-47.
[267]Vgl. Lantzius-Beninga/Gerdes (2005) S. 111; Coughlan et al. (2003), S. 35.

Abbildung 8: Methoden der Effektivitätsbeurteilung

qualitativ			Critical Terms Match
quantitativ	Kompensations-Methoden	Sensitivitäts-methoden / Dollar Offset Ratio	• Change in Fair Value • Change in Variable Cash Flow • Hypothetical Derivative sowie jeweilige Erweiterungen
			• Value at Risk • Duration / Basis Point Value • Marktdaten Shift
	statistische Methoden		• Regression • Varianzanalyse • Volatilitätsreduktion • Varianzreduktion

Quelle: In Anlehnung an Wiese (2009), S. 144; Plattner (2007), S. 63.

xisrelevanz einzelner Testmethoden sehr unterschiedlich im Schrifttum beurteilt. So haben bspw. GLAUM/KLÖCKER auf Basis einer Unternehmensbefragung eine sowohl prospektive als auch retrospektive Anwendung der Regressionsanalyse festgestellt[268], wohingegen CORTEZ/SCHÖN[269] die Regressionsanalyse lediglich für die retrospektive, aber KPMG[270] für die prospektive Einschätzung als praxisrelevant ansehen. Vor diesem Hintergrund wird mit Ausnahme der strittigen Zulässigkeit der Critical Terms Match-Methode auf eine entsprechende Einordnung verzichtet.

4.2 Darstellung und Beurteilung der Methoden

4.2.1 Ableitung der Beurteilungskriterien

Grundsätzlich schränkt IAS 39.AG107 die geforderte Effektivitätseinschätzung nicht auf bestimmte Testmethoden ein, betont jedoch deren zwingende Übereinstimmung mit der unternehmensindividuellen Risikomanagementstrategie. Darüber hinaus wird die Angemessenheit

---

[268]Vgl. Glaum/Klöcker (2009) S. 337 f.; gl. A. Ernst&Young (2012), S. 3381; Plattner (2007), S. 172; Kuhn/Scharpf (2006), Rz. 2592, 2630.

[269]Vgl. Cortez/Schön (2009), S. 416.

[270]Vgl. KPMG (2009), Rz. 3.7.490.50 und 3.7.500.50; gl. A. Plattner (2007), S. 171.

der Messmethode auch durch die Art des zu sichernden Risikos und die Art des eingesetzten Sicherungsinstruments bestimmt (IAS 39.IG.F.4.4).

Wie bereits in den Abschnitten 2.4 und 3.4 erörtert wurde, ist die Risikosteuerung mittels derivativer Finanzinstrumente die für das Hedge Accounting qualifizierende Form des Risikomanagements. Insofern werden die bereits in Abschnitt 2.4.3, Abbildung 2 systematisierten Hedgingstrategien sowie die für das Hedge Accounting zulässigen Risikofaktoren[271] als Beurteilungskriterien herangezogen. Als finanzwirtschaftliche Systematisierungskriterien von Hedging-Strategien wurden neben Umfang und Art der Grundposition, Identität des Basiswertes und Veränderlichkeit der Sicherung auch der Umfang der Sicherungsposition verwendet. Hinsichtlich des Umfangs der Sicherungsposition wurde danach differenziert, ob die Sicherungsposition kleiner oder gleich der zu sichernden Position gewählt wurde, sog. normal hedge, oder ob das Sicherungsgeschäft das Grundgeschäft quantitativ übersteigt. Im letzteren Fall wurde ausgeführt, dass dem ökonomischen Hedge ein spekulatives Element innewohnt. Da die bilanziellen Designationskriterien des IAS 39 für Sicherungsgeschäfte zum einen fordern, dass mit dem Sicherungsgeschäft keine neue Risikoposition begründet wird und zudem eine Aufspaltung des sichernden Derivats nicht zulässig ist[272], ist der Umfang der Sicherungsposition als weiteres Beurteilungskriterium nicht relevant.

Die Betonung der Wahl des Testverfahrens in Übereinstimmung mit dem unternehmensindividuellen Risikomanagement durch IAS 39.AG107 bei gleichzeitig verpflichtender Effektivitätsmessung auf Basis der Dollar Offset-Methode (IAS 39.89, .95f.) hat auch Auswirkungen auf die Aussagekraft von Jahresabschlüssen. Dem Jahresabschluss nach IFRS kommt primär die Aufgabe der Information der Investoren zu (RK.12 i.V.m. RK.10). Eine besondere Ausprägung der Informationsfunktion stellt die Rechenschaftsfunktion (RK.14) dar[273], indem mögliche Informationsasymmetrien zwischen Unternehmensmanagement und Anteilseignern beispielsweise durch Übernahme interner Steuerungsgrößen für die externe Berichterstattung gemindert werden sollen.

Dieses als management approach bezeichnete Vorgehen findet seine Ausprägung im IAS 39 durch den oben dargestellten Bezug auf das interne Risikocontrolling bei Einschätzung der Effektivität einer Sicherungsbeziehung. Allerdings wird der management approach im IAS 39 bezüglich des Hedge Accountings nicht konsequent umgesetzt, da zum einen die tatsächliche Struktur der Sicherungsbeziehung teilweise nicht designationsfähig ist und zum anderen die

---

[271]Vgl. hierzu die Ausführungen in Abschnitt 3.3.
[272]Vgl. Abschnitt 3.5.2.
[273]Vgl. ADSint (2011), Abschn. 1, Rz. 43; Veth (2006), S. 43 f. m.w.N.

wertmäßige Erfassung der Ineffektivitäten auf eine Messmethode eingeschränkt wird. Zwar sind diese Einschränkungen Inhalt des IAS 39 selbst, so dass diesen speziellen Regelungen Vorrang vor den allgemeinen Grundsätzen des Rahmenkonzepts einzuräumen sind (RK.2), allerdings hat das Rahmenkonzept auch die Aufgabe, den IASB bei der Über- oder Erarbeitung von Regelungen zu unterstützen (RK.1(a)). Insofern erfolgt die Auseinandersetzung mit der Möglichkeit einer umfassenderen Umsetzung des management approach vor dem Hintergrund der derzeitigen Überarbeitung des IAS 39.

Hinsichtlich des designierbaren Umfangs der Grundposition wurde in Abschnitt 3.5.3 bereits erörtert, dass beim Gruppen- und Portfoliohedge gem. IAS 39.78 die Zusammenfassung von Geschäften mit gegenläufigen Wertentwicklung und/oder die Designation von Nettopositionen nicht zulässig ist. Insofern spiegeln die Regelungen des Hedge Accounting nicht die tatsächliche Risikosteuerung der Unternehmen wider.[274] Zudem ist die Effektivitätsmessung für Verbuchungszwecke auf die Dollar Offset-Methode beschränkt. Dies kann dazu führen, dass eine Sicherungsbeziehung auf Basis einer anderen Methode als der Dollar Offset-Methode als effektiv eingeschätzt wird, die bilanzielle Erfassung das erreichte Sicherungsniveau jedoch nicht widerspiegelt, bzw. die Anwendung unterschiedlicher Testverfahren oder unterschiedlicher Verfahrensparameter auf vergleichbare Sicherungsbeziehungen zu unterschiedlichen Effektivitätseinschätzungen führen kann[275] und insofern die Unterschiede in der Risikosteuerung von Unternehmen für den Bilanzadressaten nicht mehr erkennbar sind. Vor diesem Hintergrund wird das Messgütekriterium der Vergleichbarkeit[276] zu beurteilen sein.

Abschließend wird hinsichtlich der Umsetzbarkeit des management approaches geprüft, ob die einzelnen Methoden der Effektivitätsbeurteilung geeignet sind, als Basis für die Ermittlung der Buchungsbeträge zu dienen, um dem Bilanzadressaten ein genaueres Bild der tatsächlichen Risikosteuerung im Unternehmen zu liefern.[277]

---

[274]Vgl. Barz et al. (2008), S. 510; Veth (2006), S. 88 ff.
[275]Vgl. Wiese (2009), S. 132 m.w.N.
[276]Vgl. Ausführungen in Abschnitt 4.1.2.
[277]Aufgrund des Fokus dieser Arbeit auf die Effektivitätsbeurteilung wird auf das Problem der Designationsfähigkeit der tatsächlichen Struktur der Sicherungsbeziehungen nicht eingegangen.

4.2.2 Critical Terms Match

4.2.2.1 Methodendarstellung

Beim Critical Terms Match kann man von einer perfekten und somit effektiven Sicherungsbeziehung, also einem vollständigen Ausgleich der Fair Value- bzw. Cash flow-Änderungen,
ausgehen, wenn die wesentlichen Ausstattungsmerkmale des Grund- und Sicherungsgeschäfts
gleich sind (IAS 39.AG108). Insofern handelt es sich um eine Messung auf einer Nominalska-
la, die lediglich eine Aussage über Gleichheit oder Ungleichheit der gemessenen Ausprägungen zulässt. Da dieses Messverfahren keine weiteren Auswertungen mittels mathematischer
Verfahren zulässt, ist es den qualitativen Methoden zuzuordnen.[278]

Der Critical Terms Match stellt eine Erleichterung vom rechnerischen Effektivitätsnachweis
dar.[279] In diesem Zusammenhang werden folgende zwei Aspekte in der Literatur diskutiert:
Erstens, ob der Critical Terms Match sowohl prospektiv als auch retrospektiv anwendbar
ist, und zweitens, was unter wesentlichen Ausstattungsmerkmalen zu verstehen ist und ob
deren geforderte Gleichheit im Sinne einer Identität zu verstehen ist.

Die erste Frage der Zulässigkeit der retrospektiven qualitativen Effektivitätseinschätzung
wird nach hier vertretener Auffassung[280] aus folgenden Gründen verneint. Dem Wortlaut
des IAS 39.AG108 ist eine lediglich prospektive Anwendbarkeit der Critical Terms Match-
Methode zu entnehmen. Die Formulierung „[...] changes [...] may be likely to offset each
other fully [...]" drückt durch das Wahrscheinlichkeitskriterium (likely) eine Erwartung über
künftige gegenläufige Wertänderungen aus und ist somit Ausdruck eines prospektiven Effektivitätstests.[281] Eine retrospektive Anwendung der Critical Terms Match-Methode entspräche
zudem weitgehend der nach U.S.-GAAP erlaubten shortcut method[282], die der IASB aber
explizit ausschließt („[...]IAS 39 should not permit the shortcut method.") und dies damit
begründet, dass eine quantitative retrospektive Effektivitätsmessung nicht zuletzt auch vor

---

[278]Vgl. Laatz (1993), S. 354.

[279]Vgl. Schmidt et al. (2007), S. 98; Lantzius-Beninga/Gerdes (2005), S. 111; Scharpf (2004), S. 8.

[280]Ebenfalls ein Verbot der retrospektiven Anwendung des Critical Terms Match bejahend: Deloitte
(2012), Part C, S. 571; Varain in MünchKommBilR (2010), IAS 39, Rz. 486 ff.; KPMG (2009),
Rz. 3.7.520.10 und .20; Flintrop in Beck-IFRS-HB (2009), § 23, Rz. 55; Cortez/Schön (2009), S.
416 f.; Wiese (2009), S. 132 f.; Plattner (2007), S. 84; Schmidt et al. (2007), S. 98; Scharpf (2004),
S. 8.

[281]Zur Abgrenzung des prospektiven und retrospektiven Effektivitätstests vgl. IAS 39.BC136.

[282]Vgl. zur Darstellung der Methode Wiese (2009), S. 259-263 und zur Abweichung beider Methoden
Bedau et al. (2010) S. 491 f.

dem Hintergrund des Grundsatzes von IAS 39, Ineffektivitäten zu messen und in der GuV
zu erfassen, unabdingbar ist (IAS 39.BC134).[283]

Zwar sieht SCHWARZ in dieser Begründung einen Widerspruch zur Critical Terms Match-
Methode, da Ineffektivitäten „[...] ja gerade nicht oder nur in einem sehr begrenzten, nicht
wesentlichen Umfang auftreten können"[284]. Diesbezüglich verweisen IAS 39.IG.F.4.7 und
F.5.4 darauf, dass trotz Übereinstimmung der wesentlichen Merkmale bei Grund- und Siche-
rungsgeschäft (principal terms) mögliche Veränderung anderer wertbestimmender Faktoren
(other attributes), wie beispielsweise Liquidität, Vorauszahlungsrisiko oder Kreditrisiken, zu
Ineffektivitäten führen können und somit nicht ohne weitere Tests von einem effektivem
Hedge ausgegangen werden kann.

In Teilen des Schrifttums[285] wird dieser Begründung entgegengehalten, dass bei unverän-
derter Übereinstimmung der wesentlichen Merkmale (principal terms) und fehlender Änderung wertbestimmender Faktoren, wie bspw. des Kreditratings des Sicherungsgeschäfts oder
des Zeitpunkts erwarteter Zahlungsströme des Grundgeschäfts, auch retrospektiv von einer
effektiven Sicherungsbeziehung ausgegangen werden kann (critical terms still match) und
eine numerische Effektivitätsmessung auf einen inhaltslosen Formalismus hinausliefe. Diese an dem wirtschaftlichen Gehalt der Sicherungsbeziehung orientierte Auslegung kollidiert
allerdings mit dem konkreten Wortlaut der Vorschriften in IAS 39. Das Rahmenkonzept
(RK.2 f.) sieht hierzu vor, dass die Regelungen der Standards einschließlich der ergänzenden
Zusatzvorschriften (Application Guidance (AG), Basis for Conclusion (BC), Guidance on
Implementing (IG) und Illustrative Example (IE))[286] vorrangig zu beachten sind.

Die aus IAS 39.IG.F.4.7 resultierende sprachliche Differenzierung zwischen wesentlichen Bedingungen (principal terms) und anderen Merkmalen (attributes), die beide wertbeeinflussende Größen darstellen, führt zur zweiten Frage nach dem Wesen beider Faktoren sowie
dem Grad der Gleichheit der wesentlichen Ausstattungsmerkmale von Grund- und Sicherungsgeschäft.

Hinsichtlich der Unterscheidung zwischen Konditionen und anderen Merkmalen finden sich in
den IAS keine entsprechenden Ausführungen, es wird lediglich an Beispielen zur Absicherung
von Zinsrisiken mittels Swap und von Preisrisiken mittels Forward (IAS 39.AG108) sowie

---

[283]Das Verbot der short-cut Methode betonend Kuhn/Scharpf (2006), Rz. 2440.
[284]Schwarz (2006), S. 232; gl. A. Menk (2009), S. 108.
[285]Vgl. Ernst&Young (2012), S. 3383 f.; Bellavite-Hövermann/Barckow in BaetgeIFRS (2012), IAS
       39, Rz. 172; Lüdenbach in Haufe (2011), §28, Rz. 262; Kuhn/Scharpf (2006), Rz. 2461; Schneider
       (2006), S. 173.
[286]Zur formellen und faktischen Bindungswirkung der Zusatzregeln vgl. Abschnitt 3.3.1.

der exemplarischen Nennung sonstiger Merkmale in IAS 39.IG.F.4.7 und F.5.4 verdeutlicht. Aus diesen Beispielen lässt sich als Unterscheidungskriterium die Möglichkeit der ex ante Determinierung der wertbestimmenden Faktoren bspw. mittels vertraglicher Vereinbarung ableiten.[287] Zudem wird im Zusammenhang mit den Ausstattungsmerkmalen das Attribut „wesentlich" verwendet, was allerdings nicht im Sinne des vom Rahmenkonzept (RK.26 ff.) verwendeten Wesentlichkeitsbegriffes verstanden werden darf. Ziel der Effektivitätsmessung ist es, den Umfang des Ausgleichs der Zahlungsströme oder Wertveränderungen von Grund- und Sicherungsgeschäft zu prüfen, insofern verweist das Attribut „wesentlich" hierbei auf wertbeeinflussende Parameter.[288]

Diese dem Grund- und Sicherungsgeschäft zugrunde liegenden Konditionen müssen sich entsprechen, um von der Erleichterung der Critical Terms Match-Methode Gebrauch machen zu können. Aus dem Wortlaut „If the principal terms [...] are the same [...]" (IAS 39.AG108) ist jedoch nicht ersichtlich, ob diese Bedingungen identisch sein müssen. KUHN/ SCHARPF halten eine geringfügige Abweichung der Konditionen von Grund- und Sicherungsgeschäft zumindest für die Absicherung von Zinsrisiken für zulässig und begründen dies mit der üblichen Abweichungen der Berechnungs- und Zahlungsusancen bei zinstragenden Geschäften.[289] Hierbei bedarf es jedoch einer Auslegung der Geringfügigkeit der Abweichungen, die wiederum einer rechnerischer Grundlage bedarf. Die Intention der Critical Terms Match-Methode besteht jedoch gerade in einer Erleichterung von der quantitativen Effektivitätsmessung.

Desweiteren verdeutlichen COUGHLAN/KOLB/EMERY am Beispiel des Zinsswaps, dass trotz vollständiger Übereinstimmung der Vertragsbedingungen von Grund- und Sicherungsgeschäft und unter Außerachtlassung von Bonitätsrisikoaufschlägen (spread) und Zinsabgrenzungen (accrued interests) die Regressionsanalyse keine perfekte, sondern lediglich eine nahezu vollständig gegenläufige Hedgebeziehung bestätigt. Dies ist durch Abweichungen zwischen zugrunde gelegten Terminkursen und tatsächlich eingetretenen Kassakursen beim variabel verzinslichen Teil des Swaps begründet.[290] Wenn also bereits bei einem ökonomisch perfektem Hedge aufgrund der Zinsstrukturen rechnerisch kein perfekter Hedge vorliegt, stellt sich die Frage, inwiefern bei einer zusätzlichen Abweichung der Berechnungs- und Zahlungsusancen noch die Anforderung des IAS 39.AG108 („[...] to offset each other fully [...]") erfüllt

---

[287]Darüber hinaus wird noch gefordert, dass das Sicherungsniveau der allgemeinen Markterwartung entspricht, das Sicherungsinstrument zum Zeitpunkt der Designation somit einen Fair Value von Null aufweist.

[288]Vgl. KPMG (2009), Rz. 3.7.520.10, die von „kritischen" Merkmalen (critical terms) sprechen.

[289]Vgl. Kuhn/Scharpf (2006), Rz. 2443 f.; gl. A. Cortez/Schön (2010), S. 178.

[290]Vgl. Coughlan et al. (2003), S. 21 ff.

werden kann. Somit überzeugt diese von Position KUHN/SCHARPF vertretene Mindermei-
nung zur geringfügigen Abweichung der Konditionen sowie die retrospektive Anwendbarkeit
im Sinne eines critical terms still match nicht.[291]

4.2.2.2 Anwendbarkeit

Vor dem Hintergrund der geschilderten Restriktionen ist zu erörtern, für welche Sicherungsbeziehungen der Critical Terms Match anwendbar ist.

Aufgrund der geforderten Identität der wertbestimmenden Faktoren kann diese Methode
lediglich für Mikrohedges angewendet werden. Bei einem Gruppenhedge dürfen mehrere Geschäfte, die dem gleichen Risikofaktor unterliegen, gemeinsam als Grundgeschäft designiert
werden, wenn sich ihre beizulegenden Zeitwerte hinsichtlich des gesicherten Risikofaktors
annähernd proportional zum beizulegenden Zeitwert der gesamten Gruppe verhalten (IAS
39.83).[292] Eine solche annähernd proportionale Wertentwicklung liegt vor, wenn die Wertentwicklung des einzelnen Geschäfts zwischen 90% und 110% der Wertentwicklung der gesamten
Gruppe liegt.[293] Insofern wird dem Critical Terms Match-Kriterium nicht entsprochen. Bei
einem Portfoliohedge würde ein separierbarer Bestandteil der Sammelposition designiert,
der das de facto zu sichernde Nettorisiko repräsentiert. Es kommt hierbei nicht zu einer
Zuordnung dieser Nettoposition zu einem einzelnen Finanzinstrument, sondern es wird ein
bestimmter Betrag des Gesamtbestandes der finanziellen Vermögenswerte oder Schulden als
Grundgeschäft designiert (IAS 39.AG118).[294] Folglich dürfte eine Identität der Vertragsbedingungen aller designierten Finanzinstrumente und des Sicherungsgeschäfts nicht gegeben
sein.

Die fehlende Anwendbarkeit der Critical Terms Match-Methode für Gruppen- und Portfoliohedges wirkt sich auch auf deren Anwendbarkeit für statische bzw. dynamische Sicherungsbeziehungen aus. Ein Mikrohedge ist per se der statischen Sicherungsstrategie zuzuordnen,
da jede Veränderung der Sicherungsbeziehung zu einer Auflösung und Neubegründung führt.

---

[291] Ebenfalls eine Identität aller wesentlichen Konditionen fordernd, vgl. Ernst&Young (2012), S.
    3383, die klarstellen („[...]if the principal terms [...] *exactly* matched [...]" sowie Lüdenbach in
    Haufe (2011), § 28, Tz. 261; Varain in MünchKommBilR (2010), IAS 39, Rz. 487; KPMG (2009),
    Rz. 3.7.520.10; Wiese (2009), S. 149.

[292] Vgl. Abschnitt 3.5.3.

[293] Vgl. Lüdenbach in Haufe (2011), § 28, Rz. 243; PWC (2011), Rz. 10.18 mit Verweis auf US-
    GAAP-Regelungen; Kuhn/Scharpf (2006), Rz. 2230 ff.

[294] Vgl. Barz et al. (2008), S. 535; Kuhn/Scharpf (2006), Rz. 3040.

Ebenso ist fraglich, ob antizipative Hedges, also die Absicherung geplanter Transaktionen, mittels Critical Terms Match-Methode beurteilbar sind. Geplante Transaktionen sind gem. IAS 39.88(c)[295] dann als Grundgeschäfte designierbar, wenn ihr Eintritt wahrscheinlich ist. Dabei werden als Wahrscheinlichkeitskriterien sowohl lediglich das Vorliegen qualitativer Merkmale[296] gefordert als auch darüber hinaus quantitative Wahrscheinlichkeitsschwellen[297] in der Literatur genannt. Damit verbunden ist eine tolerierte Unsicherheit hinsichtlich des tatsächlichen Eintritts oder hinsichtlich des konkreten Zeitpunkts des gesicherten Geschäfts. Gleichzeitig ist das Sicherungsgeschäft mit einer festen Fälligkeit verbunden, so dass es der Sicherungsbeziehung an einer vollständigen Identität der wesentlichen Ausstattungsmerkmale mangelt.

Hinsichtlich des zu prüfenden Kriteriums „Identität des Basiswertes" ist ebenfalls eine vollständige Risikoidentität notwendig. Somit können Grund- und Sicherungsgeschäfte mit lediglich ähnlichen Basiswerten nicht designiert werden, da diese trotz womöglich hoher statistischer Korrelation ihrer Wertentwicklungen keine oder nur eine zufallsbedingte Identität aufweisen können.

Hinsichtlich der Kriterien „Vergleichbarkeit der Messergebnisse" und „Eignung für die Ermittlung der Buchungsbeträge" wird einerseits argumentiert, dass diese aufgrund der Einordnung der Critical Terms Match-Methode in die qualitativen Verfahren[298] nicht erfüllt wären. Andererseits könnte, wie bereits im vorherigen Abschnitt zur Methodendarstellung ausgeführt, bei unverändert vollständiger Übereinstimmung der wertbestimmenden Faktoren von einer vollständigen Risikokompensation ausgegangen werden und insofern die auf die designierten Risikokomponenten entfallenden Wertänderungsbeträge entsprechend verbucht werden. Damit wären zwar die Buchungsbeträge ermittelt, jedoch wäre das Kriterium der Vergleichbarkeit der Messergebnisse nicht erfüllt, da bei Anwendung der Dollar Offset-Methode die - wenn auch geringfügigen - ineffektiven Wertänderungsbeträge erfolgswirksam zu erfassen wären.

---

[295]Vgl. zur ausführlichen Darstellung Abschnitt 3.3.2.

[296]Vgl. Ernst&Young (2012), S. 3359; Paa/Schmidt in ThieleIFRS (2012), IAS 39, Rz. 339; Varain in MünchKommBilR (2010); IAS 39; Rz. 502 ff.

[297]Vgl. Eine Schwelle von 50% fordernd, vgl. Deloitte (2012), Part C, S. 517; PWC (2011), Rz. 10.109. Hingegen eine Schwelle von 90% vertretend, vgl. KPMG (2009), Rz. 3.7.230.20.

[298]Vgl. Wiese (2009), S. 303.

4.2.3 Dollar Offset Ratio

4.2.3.1 Ausgangsform

Grundsätzlich ermittelt sich die Effektivität einer Sicherungsbeziehung bei den Dollar Offset Ratio-Methoden anhand des Vergleichs der Wert- bzw. Cash Flow-Änderungen des Grund- und Sicherungsgeschäfts. In ihrer Grundform werden die kompletten, dem gesicherten Risiko zuzurechnenden, Wert- oder Zahlungsstromänderungen des Grundgeschäfts (ΔGG) den Wert- oder Zahlungsstromänderungen des Sicherungsgeschäfts (ΔSG) gegenübergestellt. Liegt der ermittelte Quotient im Intervall von 80% und 125% resp. $\frac{4}{5}; \frac{5}{4}$, liegt eine effektive Sicherungsbeziehung vor.[299]

Formal kann dieses Effektivitätsintervall wie folgt dargestellt werden:

$$-\frac{\sum\limits_{t=0}^{T} \Delta GG_t}{\sum\limits_{t=0}^{T} \Delta SG_t} \in [\frac{4}{5}; \frac{5}{4}] \tag{1}$$

Dabei verweist das Summenzeichen auf die Möglichkeit der Effektivitätseinschätzung auf kumulierter (d.h. Betrachtungsperiode $T > 1$) statt periodenbezogener (d.h. $T = 1$) Basis.[300] Mit der kumulierten Betrachtung sollen Ausreißer geglättet werden[301], die bei periodenbezogener Betrachtung zu einer De-Designation der Sicherungsbeziehung aufgrund einer Über- oder Unterschreitung des Effektivitätsintervalls führen. Die kumulierte Betrachtung kann aber auch dazu führen, dass der Ausreißer nicht nur die Effektivität der Periode, in der er auftritt, beeinflusst, sondern auch auf die Gesamtperiode einen signifikanten Einfluss aus-übt.[302]

Der Vollständigkeit halber sei darauf hingewiesen, dass sich die Zeitnotation t von GG und SG entsprechen muss, also identische Perioden betrachtet werden müssen.[303] Das negati-ve Vorzeichen verweist auf die - für eine Sicherungsstrategie notwendigen - sich gegenläufig entwickelnden Wertänderungen von Grund- und Sicherungsgeschäft.[304] Aufgrund des sym-

---

[299]Vgl. die Erläuterungen in Abschnitt 4.1.1.

[300]Die kumulierte Effektivitätseinschätzung wird in IAS 39.IG.F.4.2 lediglich für den prospektiven Test erörtert, ist aber ebenfalls für die retrospektive Betrachtung anwendbar. Vgl. Eiselt/Wrede (2009), S. 519; Scharpf (2004), S. 16.

[301]Vgl. Scharpf (2004), S. 16.

[302]Vgl. Plattner (2007), S. 94.

[303]Vgl. Wiese (2009), S. 169.

[304]Vgl. Veth (2006), S. 102; Finnerty/Grant (2002), S. 99.

metrischen Effektivitätsintervalls um den Nullpunkt (hier 100%) ist die Quotientenbildung unabhängig von der Bestimmung der Änderungen des Grund- oder Sicherungsgeschäfts als Zähler oder Nenner.[305]

Aus dem in Gleichung (1) definierten Effektivitätsintervall folgt, dass eine Sicherungsbeziehung effektiv ist, wenn:

$$\underline{f_{DOR}}(\Delta GG) \leq \Delta SG \leq \overline{f_{DOR}}(\Delta GG)$$

$$\text{mit der Untergrenze } \underline{f_{DOR}}(\Delta GG) = \begin{cases} -\frac{5}{4}\Delta GG & \text{wenn } \Delta GG \geq 0, \\ -\frac{4}{5}\Delta GG & \text{sonst} \end{cases} \qquad (2)$$

$$\text{und der Obergrenze } \overline{f_{DOR}}(\Delta GG) = \begin{cases} -\frac{4}{5}\Delta GG & \text{wenn } \Delta GG \geq 0, \\ -\frac{5}{4}\Delta GG & \text{sonst} \end{cases}$$

In der graphischen Darstellung (Abbildung 9) ergibt sich als Effektivitätsintervall der sich gleichmäßig um die Winkelhalbierende - als Ausdruck des perfekten Hedges ($f(\Delta GG) = -\Delta GG$) - aufspannende Kegel.

Abbildung 9: Geometrische Interpretation des Dollar Offset Ratio

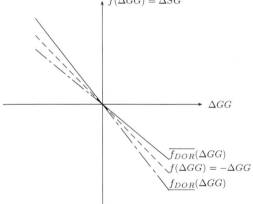

Quelle: In Anlehnung an Hailer/Rump (2003), S. 601.

In Abhängigkeit von dem Gegenstand der Absicherung - Änderung des beizulegenden Zeitwertes oder Schwankungen künftiger Zahlungsströme - werden verschiedene Arten der Er-

---

[305]Vgl. Plattner (2007), S. 104.

mittlung der entsprechenden Änderungsbeträge des Grund- und Sicherungsgeschäfts, die für die Effektivitätseinschätzung gemäß der formalen Beziehung (1) notwendig sind, vorgeschlagen.

Bei einem Fair Value-Hedge entsprechen die Änderungsbeträge dem sog. Hedge Fair Value des Grund- und Sicherungsgeschäftes. Unter dem Hedge Fair Value wird der beizulegende Zeitwert verstanden, der auf Grundlage des gesicherten Risikos ermittelt wird.[306] Handelt es sich dabei um Zinsrisiken, ist dieser Hedge Fair Value des Grundgeschäfts ggf. um die Amortisation von Agien/Disagien sowie Transaktionskosten mittels Effektivzinsmethode zu korrigieren. Bei nachträglicher Begründung einer bilanziellen Sicherungsbeziehung muss der Fair Value des Grundgeschäfts zum Zeitpunkt der Designation ermittelt werden und stellt die fiktiven Hedge-Anschaffungskosten dar.[307] Die so ermittelten Hedge Amortised Costs stellen dann die Datenbasis für die Effektivitätseinschätzung dar.[308] Der Hedge Fair Value des Sicherungsgeschäfts stellt den Zeitwert des Derivats dar, der ggf. um den nicht als Sicherungskomponente designierten Termin- bzw. Zinsanteil[309] bzw. bei Zinsswaps um den Effekt aus der Verteilung von bei Vertragsabschluss geleisteten Zahlungen (upfront payments) und abzugrenzenden Zinsen korrigiert wird.[310] Dieser Vergleich der Fair Value-Änderungen des tatsächlich designierten Grund- und Sicherungsgeschäfts wird auch als Change in Fair Value-Methode bezeichnet.[311]

Eine weitere für Fair Value Hedges vorgeschlagene Methode ist die Hypothetical Derivative-Methode.[312] Dabei werden die Änderungen des Hedge Fair Value des Sicherungsgeschäfts mit der Fair Value-Änderung eines hypothetischen Derivates verglichen. Das hypothetische Derivat repräsentiert dabei das tatsächlich designierte Grundgeschäft und muss hinsichtlich seiner Ausstattungsmerkmale mit den bewertungsrelevanten Konditionen des Grundgeschäfts übereinstimmen.[313] Ist das Grundgeschäft zu marktgerechten Konditionen abgeschlossen worden, wird auch der Forderung nach einem Fair Value des hypothetischen Derivats von Null entsprochen. Zwar wird die Hypothetical Derivative-Methode in IAS 39.IG.F.5.5 nur für Cash

---

[306]Vgl. Henkel/Eller (2009a), S. 342; Lantzius-Beninga/Gerdes (2005), S. 108.
[307]Vgl. Lantzius-Beninga/Gerdes (2005), S. 108.
[308]Vgl. Scharpf (2004), S. 13-15.
[309]Gemäß IAS 39.74 darf bei Optionen oder Forwards auch nur die Kassakomponente als Sicherungsgeschäft designiert werden.
[310]Vgl. Lantzius-Beninga/Gerdes (2005), S. 109.
[311]Vgl. Kuhn/Scharpf (2006), Rz. 2722.
[312]Vgl. Wiese (2009), S. 177 f.; Kuhn/Scharpf (2006), Rz. 2722.
[313]Vgl. KPMG (2009), Rz. 3.7.545.10.

Flow-Hedges explizit erwähnt, aufgrund eines fehlenden Verbots der Anwendung für Fair Value-Hedges scheint diese Methode grundsätzlich mit IAS 39 vereinbar.[314]

Soll die Effektivität im Rahmen eines Cash Flow-Hedges eingeschätzt werden, werden neben den auch für Fair Value-Hedges zulässig erachteten Methoden des Change in Fair Value und Hypothetical Derivative auch die Change in Variable Cash Flow-Methode vorgeschlagen. Die Ermittlung der Änderungsbeträge von Grund- und Sicherungsgeschäft entspricht bei der Hypothetical Derivative-Methode dem beim Fair Value-Hedge geschilderten Vorgehen. Diese Methode ist jedoch nicht anwendbar im Falle der Absicherung von Währungsrisiken mittels nicht-derivativer Finanzinstrumente, da das Sicherungsgeschäft kein Derivat ist, dessen Wirksamkeit mit einem entgegengerichteten Derivat geprüft werden könnte.[315]

Die Change in Fair Value-Methode vergleicht die Änderung des Fair Values der abgesicherten künftigen Cash Flows aus dem Grundgeschäft mit der Änderung des Fair Values des Sicherungsgeschäfts.[316] Dabei kann es insbesondere bei Zinsswaps als Sicherungsinstrument aufgrund ihrer Bewertungssystematik - der Fair Value ermittelt sich aus der Summe der variablen und festverzinslichen Zahlungsströme - zu Ineffektivitäten kommen, da der Fair Value des abgesicherten Grundgeschäfts lediglich auf Basis des variablen Zahlungsstroms ermittelt wird.

Vor diesem Hintergrund wird teilweise die Change in Variable Cash Flow-Methode als Lösung dieses Problems vorgeschlagen. Dabei werden die Barwerte lediglich der variablen Zahlungsströme gegenübergestellt. Für das Beispiel der Zinsrisikosicherung mittels Zinsswap heißt das, dass die variablen Zahlungsströme aus dem Grundgeschäft mit der variablen Seite des Zinsswaps verglichen werden. Dies setzt voraus, dass der Zinsswap bei Abschluss einen Fair Value von Null sowie mit dem gesicherten Grundgeschäft identische Konditionen aufweist.[317] Obwohl durch die Anwendung der Change in Variable Cash Flow-Methode die ökonomisch angestrebte Sicherung des Änderungsrisikos aus variablen Zahlungsströmen abgebildet wird, ist ihre Zulässigkeit im Rahmen der Effektivitätseinschätzung nach IAS 39 umstritten.[318]

---

[314]Vgl. Wiese (2009), S. 177; Kuhn/Scharpf (2006), Rz. 2722. Implizit ablehnend, da die Methode ausschließlich im Rahmen von Cash Flow-Hedges darstellend vgl. Deloitte (2012), Part C, S. 644 ff.

[315]Vgl. Deloitte (2012), Part C, S. 646.

[316]Vgl. Menk (2009), S. 123; Wiese (2009), S. 172; Scharpf (2004), S. 18.

[317]Vgl. KPMG (2009), Rz. 3.7.547.10.

[318]Die Anwendung befürwortend vgl. KPMG (2009), Rz. 3.7.547.10; befürwortend unter der Maßgabe, dass der Swap bei Abschluss einen Fair Value von Null aufweist vgl. Wiese (2009), S. 174; Cortez/Schön (2009), S. 418; Lantzius-Beninga/Gerdes (2005), S. 109; lediglich für prospektiven Effektivitätstest befürwortend vgl. PWC (2011); Rz. 10.195. Die Methode ablehnend vgl.

Befürworter der Methode argumentieren erstens, dass diese im Einklang mit der Effektivitätsdefinition des IAS 39.9 steht.[319] Effektivität wird in IAS 39.9 als der Grad der Kompensation der Zeitwert- bzw. Zahlungsstromänderung des gesicherten Grundgeschäfts durch die Zeitwert- bzw. Zahlungsstromänderung des Sicherungsgeschäfts definiert. Dabei wird das Sicherungsgeschäft gemäß dieser Definition in Gänze und nicht nur mit einem Teil seiner vertraglichen Cash Flows berücksichtigt, wie es auch durch IAS 39.74 nochmals betont wird.[320] Somit kann diesem Argument zur Zulässigkeit der Change in Variable Cash Flow-Methode nicht gefolgt werden.

Zweitens wird von den Befürwortern angeführt, dass eine Einschränkung der Zulässigkeit dieser Methode in IAS 39 nicht vorliegt und diese Regelungslücke somit durch Rückgriff auf die US-GAAP-Regelungen, die diese Methode grundsätzlich zulassen, geschlossen werden kann.[321] Allerdings enthält der IAS 39.IG.F.5.5 ein ausdrückliches Verbot der Change in Variable Cash Flow-Methode („It should be noted that it would be inappropriate to compare only the variable cash flows on the interest rate swap with the interest rate cash flows in the debt that would be generated by the forward interest rates.")[322], welches durch den IFRIC im März 2007 auch nochmals betont wurde[323]. Wie bereits in Abschnitt 3.3.1 dargelegt, entfalten die Anwendungsleitlinien indirekte Bindungswirkung, so dass ein Rückgriff auf die US-GAAP nicht zulässig ist.

Vor dem Hintergrund des ausdrücklichen Verbots der Aufspaltung von Sicherungsinstrumenten sowie des darauf aufbauenden expliziten Ausschlusses der Change in Variable Cash Flow-Methode sind nach hier vertretener Auffassung ausschließlich die Change in Fair Value- sowie die Hypothetical Derivative-Methode zur Ermittlung der Änderungsbeträge zulässig. Obwohl die beiden zulässigen Methoden häufig im Zusammenhang mit der Sicherung von Zinsrisiken erläutert werden, ist deren Anwendung auch auf die Sicherung anderer Risikoarten übertragbar.[324]

Deloitte (2012), Part C, S. 648; indirekt ablehnend, da nur die beiden erstgenannten Methoden aufführend vgl. Ernst&Young (2012), S. 3364.
[319]Vgl. Wiese (2009), S. 174 f.; Kuhn/Scharpf (2006), Rz. 2810.
[320]Vgl. Deloitte (2012), Part C, S. 648.
[321]Vgl. Wiese (2009), S. 174.
[322]Dieses Verbot war auch bereits in der Fassung zum 01.01.2005 enthalten.
[323]Vgl. IFRIC (2007), S. 5.
[324]Vgl. IAS 39.IG.F.5.6 sowie Scharpf (2004) S. 14, 16, 22.

4.2.3.2 Schwächen der Dollar Offset-Ausgangsform

Die dargestellte Grundform des Dollar Offset Ratio weist eine hohe Methodensensitivität hinsichtlich marginaler Fair Value-Änderungen, sog. Problem der kleinen Zahlen,[325] großer Fair Value-Änderungen, sog. Problem der großen Zahlen,[326] sowie eines Vorzeichenwechsels der Fair Value-Änderungen[327] auf.

Das Problem der kleinen Zahlen tritt besonders in Zeiten großer Marktstabilität auf.[328] Dabei weisen Grund- und Sicherungsgeschäft jeweils nur unwesentliche Wertänderungen auf, die jedoch bei einem Vergleich mittels der Dollar Offset-Methode die Effektivitätsgrenzen nicht einhalten.[329] Beim Problem der großen Zahlen wird die Wertänderung von Grund- und Sicherungsgeschäft als effektive Sicherungsbeziehung eingeschätzt, obwohl bezogen auf das zu sichernde Nominalvolumen der ungesicherte bzw. übersicherte Anteil deutlich über einem ökonomisch vertretbaren Anteil für einen effektiven Hedge liegt. Bei einem Vorzeichenwechsel der Wertänderungen durch eine gegengerichtete Marktbewegung kann es insofern zu einer Ineffektivität kommen, als dass sich bei kumulierter Betrachtung die bisherigen Wertänderungen teilweise ausgleichen und im Extremfall nahe Null liegen. Dann tritt - im Extremum - erneut das Problem der kleinen Zahlen auf. Alternativ kann die gegengerichtete Marktbewegung auch in gegengerichteter Intensität auf Grund- und Sicherungsgeschäft einwirken, d.h. ein Bestandteil der Sicherungsbeziehung reagiert weniger stark auf ungünstige als auf günstige Marktentwicklungen, wohingegen der andere Bestandteil stärker auf ungünstige als auf günstige Marktentwicklungen reagiert. Dadurch steigt der Abstand in der kumulierten Wertänderung beider Geschäfte, was zu einem Überschreiten des Effektivitätskorridors führt.

Darüber hinaus wird der statische Zeitbezug der Methode kritisiert, da diese auf dem Vergleich von lediglich zwei Zeitpunkten basiert. Dies kann dazu führen, dass sog. „Ausreißer" (bspw. durch unvorhersehbare Marktexternalitäten) im Verlauf der Wertentwicklung von Grund- und Sicherungsgeschäft zueinander zum Verfehlen der Effektivitätsanforderung führen.[330] Wie bereits in Abschnitt 4.2.3.1 dargelegt, kann eine kumulierte gegenüber einer periodenbezogenen Betrachtung der Wertänderungen von Grund- und Sicherungsgeschäft

---

[325]Vgl. Ernst&Young (2012), S. 3369; Wiese (2009), S. 179; Plattner (2007), S. 109; Hailer/Rump (2003), S. 600.

[326]Vgl. Wiese (2009), S. 179; Hailer/Rump (2005), S. 38; Gürtler (2004), S. 587.

[327]Vgl. Plattner (2007), S. 105 f.

[328]Vgl. Kalotay/Abreo (2001), S. 94; Schleifer (2001), S. 2.

[329]Vgl. Finnerty/Grant (2002), S. 100.

[330]Vgl. Wiese (2009), S. 181; Lantzius-Beninga/Gerdes (2005), S. 111 f.

zur Nivellierung des Ausreißers genutzt werden, jedoch kann dieser Ausreißer auch dazu führen, dass er die Effektivität der Gesamtperiode in Frage stellt.

Die genannten Probleme seien an folgendem Beispiel verdeutlicht.

Beispiel 3

Die Wertentwicklung eines designierten Grund- und Sicherungsgeschäfts sei wie folgt gegeben:

Periode	GG	SG	ΔGG_t	ΔSG_t	$\sum\limits_{t=0}^{T} \Delta GG_t$	$\sum\limits_{t=0}^{T} \Delta SG_t$
t_0	100.000	0				
t_1	99.997	2	-3	+2	-3	+2
t_2	70.000	25.000	-29.997	+24.998	-30.000	+25.000
t_3	74.900	20.100	+4.900	-5.000	-25.100	+20.100
t_4	75.900	19.000	+1.000	-1.000	-24.100	+19.000

mit:
GG beizulegender Zeitwert des Grundgeschäfts
SG beizulegender Zeitwert des Sicherungsgeschäfts
ΔGG_t periodenbezogene Zeitwertänderung des Grundgeschäfts
ΔSG_t periodenbezogene Zeitwertänderung des Sicherungsgeschäfts
$\sum\limits_{t=0}^{T} \Delta GG_t$ kumulierte Zeitwertänderung des Grundgeschäfts
$\sum\limits_{t=0}^{T} \Delta SG_t$ kumulierte Zeitwertänderung des Sicherungsgeschäfts

Problem der kleinen Zahlen:

Betrachtet man die Wertänderungen der Periode t_1, ergibt sich ein Dollar Offset-Ratio von 150% ($= \frac{\Delta GG_t}{\Delta SG_t}$). Die Sicherungsbeziehung läge somit außerhalb der zulässigen Effektivitätsgrenzen von 80-125%, obwohl sich Grund- und Sicherungsgeschäft wertmäßig fast vollständig gegenläufig entwickeln und somit die Wertänderung der Gesamtposition ($\frac{-3+2}{100.000+0}$) mit 0,001% unwesentlich ist.

Problem der großen Zahlen:

In der Periode t_2 kommt es zu einer signifikanten Wertänderung gegenüber der Vorperiode. Das periodenbezogene sowie das kumulierte Dollar Offset-Ratio betragen jeweils 120% und liegt somit innerhalb der geforderten Effektivitätsschwellen. Betrachtet man jedoch die wertmäßige Differenz in der Entwicklung des Grund- und Sicherungsgeschäfts und damit einhergehend den Wertverlust der Gesamtposition i.H.v. 5.000 $\widehat{=}$ 5%, ist das Vorliegen einer ökonomisch effektiven Sicherungsbeziehung fraglich.

Problem des Vorzeichenwechsels:

Aufgrund einer gegenläufigen Marktentwicklung kommt es in Periode t_3 zu einem Vorzeichenwechsel der Änderungsbeträge sowie einer gegengerichteten Wertänderungsintensität von Grund- und Sicherungsgeschäft, so dass das kumulierte Dollar Offset-Ratio mit 126% außerhalb der Effektivitätsgrenzen liegt.

Beispiel 3 (Fortsetzung)

Problem des statischen Zeitbezugs:

Die in Periode t_2 erfolgte extreme Marktbewegung führte zu einem „Ausreißer" in der Wertentwicklung. Dieser Ausreißer wirkt auf das kumulierte Dollar Offset-Ratio der Folgeperioden nach, so dass in t_4 trotz periodenbezogener perfekt gegenläufiger Wertänderungen in der kumulierten Betrachtung die Effektivitätsgrenze mit 127% überschritten wird.

Quelle: Eigene Darstellung.

4.2.3.3 Weiterentwicklungen

4.2.3.3.1 Überblick

Zur Lösung der aufgeführten Probleme werden diverse Modifikationen der Grundform diskutiert, die im Folgenden dargestellt werden. Tabelle 4 gibt einen einleitenden Überblick der Probleme und ihrer Lösungsansätze.

Tabelle 4: Probleme der Dollar Offset Ratio-Methode und Lösungsansätze

Probleme	Lösungsansätze
Problem der kleinen Zahlen	Toleranzwert
	Methode der relativen Differenz
	Hedge Intervall
	Lipp Modulated Dollar Offset
	Schleifer-Lipp Modulated Dollar Offset
	Test von Gürtler
Problem der großen Zahlen	Methode der relativen Differenz
	Test von Gürtler
	Adjusted Hedge Intervall
Problem des Vorzeichenwechsels	Compliance Level
Problem des statischen Zeitbezugs	andere als Dollar Offset-Methoden

Quelle: Eigene Darstellung.

4.2.3.3.2 Toleranzwert

Eine Möglichkeit zur Lösung des Problems der kleinen Zahlen besteht in der Definition eines absoluten bzw. relativen Toleranzwertes, bis zu dem Wertänderungen innerhalb einer Sicherungsbeziehung unabhängig vom rechnerischen Dollar Offset-Ratio als effektiv eingestuft werden.[331] Somit ist ein Hedge effektiv[332],

$$
\begin{cases}
\text{wenn} & max|\Delta GG|, |\Delta SG| \leq c, \\
\text{sonst} & -\dfrac{\sum\limits_{t=0}^{T} \Delta GG_t}{\sum\limits_{t=0}^{T} \Delta SG_t} \in [\tfrac{4}{5}; \tfrac{5}{4}].
\end{cases}
\tag{3}
$$

Dabei bezeichnet c den festgelegten Toleranzwert. Zudem muss die Nebenbedingung für eine Sicherungsbeziehung gelten, dass die Wertentwicklung von Grund- und Sicherungsgeschäft gegenläufig ist[333], somit $sgn(\Delta SG) = -sgn(\Delta GG)$.

Graphisch kann dies wie folgt dargestellt werden:

Abbildung 10: Geometrische Interpretation des Toleranzwertes

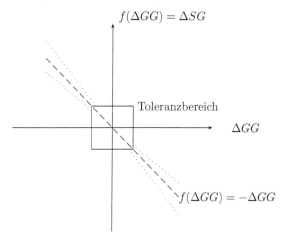

Quelle: Eigene Darstellung in Anlehnung an Plattner (2007), S. 113.

Die Festlegung der Tolerenzwerte sollte unter Beachtung des Wesentlichkeitsgrundsatzes (RK.30) erfolgen, wonach Informationen dann wesentlich sind, wenn ihr Weglassen oder ihre fehlerhafte Darstellung die wirtschaftlichen Entscheidungen des Adressaten beeinflussen können. Diese Formulierung gibt den Bilanzierenden entsprechenden Spielraum bei der individuellen Festlegung der Toleranzwerte. Allerdings sollte bei dessen Festlegung beach-

---

[331]Vgl. Cortez/Schön (2010), S. 176; Wiese (2009), S. 183.
[332]Vgl. Hailer/Rump (2005), S. 40.
[333]Vgl. Wiese (2009), S. 185.

tet werden, dass ein zu hoher Toleranzwert nicht mehr im Einklang mit der Forderung des IAS 39.IG.F.4.4 nach Verwendung einer angemessenen Methode zur Effektivitätseinschätzung steht.[334] So werden für den relativen Wert eine Schwelle von 1‰[335] bzw. von 2‰[336] bezogen auf den Gesamtwert der Sicherungsbeziehung bei deren Begründung und für den absoluten Wert Grenzen von 10.000 EUR[337] bzw. 50.000 EUR[338] vorgeschlagen.

Um eine Konkurrenz beider Schwellenwerte zu vermeiden, können sowohl absolute als auch relative Tolerenzwerte definiert werden, wobei bei Einhaltung eines der beiden Toleranzwerte die Sicherungsbeziehung als effektiv eingestuft wird.[339] Allerdings überzeugt die Festlegung eines absoluten Toleranzwertes nicht. Dieser wird unter Beachtung einer Referenzgröße festgelegt, stellt also indirekt ebenfalls einen relativen Wert dar. Da die Effektivität immer auf Basis der einzelnen Sicherungsbeziehung und nicht im Sinne einer unternehmensweiten Risikominderung zu beurteilen ist (IAS 39.IG.F.2.6), liegt die Verwendung des Gesamtwertes der Sicherungsbeziehung als Bezugsgröße nahe.

Wird ein relativer Toleranzwert von 1‰ auf das in Beispiel 3[340] im Zeitpunkt t_1 verdeutlichte Problem der kleinen Zahlen angewendet, ergibt sich bei der Effektivitätsprüfung mittels Gleichung (3) folgendes Ergebnis:

$$
\begin{aligned}
\text{Toleranzwert} &\geq max|\Delta GG|, |\Delta SG| \\
1\text{‰ von}(100.000 + 0) &\geq max|-3|, |+2| \\
100 &\geq 3
\end{aligned}
$$

Somit wird der ökonomisch erreichten wirksamen Sicherungsbeziehung auch rechnerisch Rechnung getragen.

4.2.3.3.3 Methode der Relativen Differenz

Bei der Anwendung der Methode der Relativen Differenz werden nicht die absoluten Änderungsbeträge des Grund- und Sicherungsgeschäfts miteinander verglichen, sondern es wird die prozentuale Veränderung der Gesamtposition betrachtet. Somit wird die Effektivität der

---

[334]Vgl. Ernst&Young (2012), S. 3370.
[335]Vgl. Kuhn/Scharpf (2006), Rz. 2613; Hailer/Rump (2005), S. 40.
[336]Vgl. Plattner (2007), S. 112.
[337]Vgl. Kuhn/Scharpf (2006), Rz. 2613.
[338]Vgl. Cortez/Schön (2010), S. 176.
[339]Vgl. Kuhn/Scharpf (2006), Rz. 2613.
[340]Vgl. Seite 92.

Sicherungsbeziehung mit Hilfe der Relativen Differenz (RD) wie folgt bestimmt:

$$RD_T = \frac{\sum\limits_{t=0}^{T} \Delta GG_t + \sum\limits_{t=0}^{T} \Delta SG_t}{GG_0 + SG_0} \tag{4}$$

Durch die Verwendung des Summenzeichens ergibt sich die Einsatzmöglichkeit dieser Modifikation ebenso für die periodenbezogene wie für die kumulative Effektivitätsbeurteilung.

In dem erstmals die Idee der Relativen Differenz vorstellenden Beitrag von KAWALLER/KOCH werden die Wertänderungen der Gesamtposition lediglich auf den Zeitwert des Grundgeschäfts bei Designation der Sicherungsbeziehung bezogen.[341] Diese Definition setzt jedoch voraus, dass das Sicherungsgeschäft bei erstmaligem Einbezug in die Sicherungsbeziehung einen beizulegenden Zeitwert von Null aufweist. Somit würden bspw. nachträglich designierte Sicherungsgeschäfte, die i.d.R. einen beizulegenden Zeitwert ungleich Null aufweisen, nicht erfasst werden und damit die Effektivitätseinschätzung verzerren.[342] Aus diesem Grund wurde der Nenner um den Term SG_0 erweitert.

Ein perfekter Hedge ist dadurch gekennzeichnet, dass die Änderungen der Grundposition vollständig durch eine gegenläufige Änderung der Sicherungsposition ausgeglichen werden, es somit zu keiner wertmäßigen Änderung der Gesamtposition kommt. Bei einer hocheffektiven Sicherungsbeziehung dürfen die Wertänderungen im Intervall von 80-125%[343] voneinander abweichen. Die Frage ist, wie hoch die Relative Differenz sein darf, um diesem Kriterium zu entsprechen. FINNERTY/GRANT schlagen hier eine zufällig gewählte Differenz von 3%[344] vor, die ohne weitere Diskussion Eingang in die Literatur gefunden hat.[345] Unbeachtet bleibt bisher die von KAWALLER/KOCH geforderte Festlegung der Relativen Differenz in Abhängigkeit von der Volatilität des zu sichernden Grundgeschäftes, wonach bei zu sichernden Risiken, die eine hohe Schwankungsbreite aufweisen, die Relative Differenz entsprechend höher zu wählen ist.[346] In dem dabei skizzierten Beispiel wird für das abzusichernde Preisrisiko einer Anleihe mit einem Zeithorizont von einem Quartal ein Toleranzwert von 5% angesprochen, wohingegen für das Preisrisiko des stärker schwankenden Rohöls ein Toleranzwert von

---

[341]Vgl. Kawaller/Koch (2000), S. 84. Für eine entsprechende formale Darstellung vgl. Cortez/Schön (2010), S. 176; Finnerty/Grant (2002), S. 101.

[342]Vgl. Wiese (2009), S.185 für einen entsprechenden Verweis auf die Verwendung der Gesamtposition im Nenner, jedoch ohne Begründung.

[343]Für eine Diskussion der engeren Auslegung beim prospektiven Test vgl. Abschnitt 4.1.1.

[344]Vgl. Finnerty/Grant (2002), S. 102.

[345]Vgl. Cortez/Schön (2010), S. 176; Plattner (2007), S. 114.

[346]Vgl. Kawaller/Koch (2000), S. 84.

10% als angemessen erachtet werden könnte. Damit wird jedoch der Begriff der Effektivität im Sinne der Eignung des Sicherungsgeschäfts für die Absicherung eines bestimmten Risikos weitgehend außer Acht gelassen. In dem von KAWALLER/KOCH vorgebrachten Kontext wäre die Güte der Sicherungsbeziehung somit abhängig vom Ausmaß des abgesicherten Risikos. Diese verschiedenen Vorschläge zur Höhe der Effektivitätsschwelle ungeachtet, gilt für die Festlegung der Relativen Differenz analog zur Festlegung der Toleranzwerte, dass mit den gewählten Grenzen die Angemessenheit der Messmethode gewährleistet ist (IAS 39.IG.F.4.4).

Eine Sicherungsbeziehung erfüllt bei Anwendung der Relativen Differenz das Effektivitätskriterium, wenn die mittels Formel (4) errechnete Relative Differenz innerhalb der vorab definierten Grenzen, z.B. den von FINNERTY/GRANT vorgeschlagenen 3%, liegt. Dabei ist zudem die Nebenbedingung gegenläufiger Wertänderungen von Grund- und Sicherungsgeschäft zu beachten. Formal dargestellt:[347]

$$-3\% \leq RD_T \leq +3\%$$
$$\text{NB: } sgn(\Delta SG) = -sgn(\Delta GG) \tag{5}$$

Folglich ergeben sich für eine graphische Darstellung als zulässige Unter- ($\underline{f_{RD}}(\Delta GG)$) und Obergrenze ($\overline{f_{RD}}(\Delta GG)$) des Effektivitätsintervalls:

$$\underline{f_{RD}}(\Delta GG) = \Delta SG = -\Delta GG - RD * GP_0$$
$$\overline{f_{RD}}(\Delta GG) = \Delta SG = -\Delta GG + RD * GP_0, \tag{6}$$

wobei $GP_0 = GG_0 + SG_0$ und somit dem Wert der Gesamtposition zum Designationszeitpunkt entspricht. In der graphischen Darstellung (Abbildung 11) stellen diese Grenzen eine Parallelverschiebung der Winkelhalbierenden um den Abstand RD dar. Aufgrund der Nebenbedingung gegenläufiger Wertänderungen von Grund- und Sicherungsgeschäft sind für den ersten und dritten Quadranten des Koordinatensystems keine Effektivitätsgrenzen definiert.

---

[347]Vgl. Finnerty/Grant (2002), S. 102.

Abbildung 11: Geometrische Interpretation der Methode der Relativen Differenz

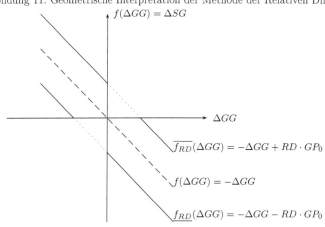

Quelle: Eigene Darstellung.

Aufgrund der Betrachtung einer Veränderung der Gesamtposition kann mittels Relativer Differenz zum einen das Problem der kleinen, zum anderen das der großen Zahlen gelöst werden.[348] Dies sei an den in Beispiel 3[349] aufgeführten Szenarien und unter Verwendung der 3%-Grenze verdeutlicht.

	ΔGG_t	ΔSG_t	ΔGG_T	ΔSG_T	DOR_t	DOR_T	RD_t	RD_T
t_1	-3	+2	-3	+2	150%	150%	-0,001%	-0,001%
t_2	-29.997	+24.998	-30.000	+25.000	120%	120%	-4,999%	-5,000%

mit: $\Delta GG_T = \sum_{t=0}^{T} \Delta GG_t$ kumulierte Fair Value-Änderung Grundgeschäft

$\Delta SG_T = \sum_{t=0}^{T} \Delta SG_t$ kumulierte Fair Value-Änderung Sicherungsgeschäft

$DOR_t = -\frac{\Delta GG_t}{\Delta SG_t}$ periodenbezogenes Dollar Offset Ratio

$DOR_T = -\frac{\sum_{t=0}^{T} \Delta GG_t}{\sum_{t=0}^{T} \Delta SG_t}$ kumuliertes Dollar Offset Ratio

$RD_t = \frac{\Delta GG_t + \Delta SG_t}{100.000 + 0}$ periodenbezogene Relative Differenz

$RD_T = \frac{\Delta GG_T + \Delta SG_T}{100.000 + 0}$ kumulierte Relative Differenz

---

[348]Vgl. Plattner (2007), S. 114.
[349]Vgl. S. 92.

Das in Periode t_1 vorhandene Problem der kleinen Zahlen, bei dem trotz ökonomisch effektiver Sicherungsbeziehung im Dollar Offset Ratio-Test die Effektivität verneint wird, wird durch die Relative Differenz-Methode gelöst, bei der sowohl auf periodenbezogener als auch auf kumulierter Basis die tatsächliche Relative Differenz unter der für eine effektive Sicherungsbeziehung für vertretbar gehaltenen 3%-Grenze liegt. Gleichzeitig wird mittels der Relativen Differenz auch die Sicherungsbeziehung in Periode t_2 korrekterweise als ineffektiv eingestuft. Damit wird die bei Anwendung der Dollar Offset Ratio-Methode aufgrund des Problems der großen Zahlen aufgetretene Fehleinschätzung der Effektivität der Sicherungsbeziehung korrigiert.

4.2.3.3.4 Hedge Intervall

Das Problem der kleinen Zahlen ergibt sich, wie bereits erörtert, durch eine nur marginale Änderung des Grund- und Sicherungsgeschäfts. Graphisch kann, wie in Abbildung 9 dargestellt[350], dieses Problem durch den gegen Null tendierenden Kegel des effektiven Bereichs im Ursprung illustriert werden. Der Kegel wird durch das zulässige Effektivitätsintervall gebildet.

Zur Lösung des zu geringen Kegels im Koordinatenursprung schlagen HAILER/RUMP ein Hedge Intervall vor, um damit den Kegel im Ursprung zu erweitern und das Problem der kleinen Zahlen zu lösen. Gleichzeitig müssen die Graphen, die das Effektivitätsintervall begrenzen, so beschaffen sein, dass sie bei „normal" großen Änderungen von Grund- und Sicherungsgeschäft wieder auf die durch IAS 39.AG105(b) definierten Effektivitätsgrenzen zurückkehren. Insofern entspricht die gesuchte Funktion einer Parabel, wie durch Abbildung 12 verdeutlicht wird.

Zur Bestimmung der Parameter des modifizierten Intervalls schlagen HAILER/RUMP folgende Gleichungen für die untere Hedge Intervall-Grenze ($\underline{f_{HI}}(\Delta GG)$) und die obere Hedge Intervall-Grenze ($\overline{f_{HI}}(\Delta GG)$) vor:

$$
\begin{aligned}
\underline{f_{HI}}(\Delta GG) &= \Delta SG = -\tfrac{9}{40}\sqrt{(\Delta GG)^2 + c} - \tfrac{41}{40}\Delta GG \\
\overline{f_{HI}}(\Delta GG) &= \Delta SG = \tfrac{9}{40}\sqrt{(\Delta GG)^2 + c} - \tfrac{41}{40}\Delta GG
\end{aligned}
\tag{7}
$$

Dabei wird ersichtlich, dass für große Änderungen des Grundgeschäfts (ΔGG) der Einfluss der Variable c auf die Krümmung vernachlässigt werden kann und die modifizierte Funktion somit der Ursprungsfunktion $\Delta SG = -1,25\Delta GG$ bzw. $\Delta SG = -0,80\Delta GG$ entspricht. Der

---

[350]Vgl. Seite 85.

Abbildung 12: Geometrische Interpretation der Hedge Intervall-Methode

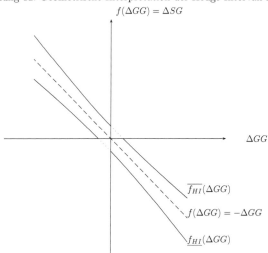

$f(\Delta GG) = \Delta SG$

ΔGG

$\overline{f_{HI}}(\Delta GG)$

$f(\Delta GG) = -\Delta GG$

$\underline{f_{HI}}(\Delta GG)$

Quelle: In Anlehnung an Hailer/Rump (2003), S. 603.

Abstand im Koordinatenursprung (d.h. $\Delta GG = 0$), der zur Lösung des Problems der kleinen Zahlen eingefügt wurde, beträgt somit $\pm 0,225\sqrt{c}$.[351]

Die Wahl dieser Distanzparameter vom Ursprung, der Konstanten 0,225 und der Variablen c, werden nicht erläutert. Es wird lediglich daraufhin gewiesen, dass die Variable c durch den IASB festzulegen wäre, um ein konsistentes Maß zu erhalten.[352] Diese Festlegung wurde durch den IASB nicht getroffen, so dass es Aufgabe des Bilanzierenden ist, unter Beachtung der Angemessenheit für die Effektivitätsbeurteilung einen Wert für c zu finden. Der Wert für c sollte dabei unter Beachtung der Größe der gesicherten Gesamtposition festgelegt werden. Je größer die Gesamtposition, desto größer kann und sollte c gewählt werden, da eine mit einer kleineren Grundposition identische Wertänderung ökonomisch einen deutlich geringeren Einfluss auf die Effektivität besitzt.

---

[351]Vgl. Hailer/Rump (2003), S. 602.
[352]Vgl. Hailer/Rump (2003), S. 603.

Vor diesem Hintergrund schlagen HAILER/RUMP als relatives Maß für c folgendes Ermittlungsschema vor:[353]

$$c = p^2 (|GG_0| + |GG_t| + |SG_0| + |SG_t|)^2 \tag{8}$$

Die Fair Values der Grund- und Sicherungsposition zum Zeitpunkt der Designation und der Effektivitätsmessung determinieren den Abstand vom Ursprung, der zudem noch um die Variable p als Prozentgröße adjustiert wird. Es wird vorgeschlagen, p=0,1‰ zu verwenden. Allerdings wird die Wahl des Wertes ebenfalls nicht begründet.

Aus den Gleichungen (7) folgt für die Bestimmung der Hedge-Effektivität, dass eine Sicherungsbeziehung effektiv ist, wenn[354]:

$$
\begin{aligned}
& \quad\quad \underline{f_{HI}}(\Delta GG) \leq \quad\quad \Delta SG \quad\quad \leq \overline{f_{HI}}(\Delta GG) \\
\Leftrightarrow & \ -\tfrac{9}{40}\sqrt{(\Delta GG)^2 + c} - \tfrac{41}{40}\Delta GG \leq \quad\quad \Delta SG \quad\quad \leq \tfrac{9}{40}\sqrt{(\Delta GG)^2 + c} - \tfrac{41}{40}\Delta GG \\
\Leftrightarrow & \quad\quad\quad\quad\quad\quad\quad -\tfrac{9}{40} \leq \tfrac{\Delta SG + \tfrac{41}{40}\Delta GG}{\sqrt{(\Delta GG)^2 + c}} \leq \tfrac{9}{40} \\
\Leftrightarrow & \quad\quad\quad\quad\quad\quad\quad |\tfrac{40\Delta SG + 41\Delta GG}{\sqrt{(\Delta GG)^2 + c}}| \leq 9
\end{aligned}
\tag{9}
$$

Für die in Beispiel 3[355] dargestellten Szenarien zu den Problemen der kleinen Zahlen (t_1) und großen Zahlen (t_2) ergibt sich das in nachfolgender Tabelle dargestellte Ergebnis des Effektivitätstestes mittels Hedge Intervall. Es wird hierbei aufgrund der abgesicherten Grundposition $GG_0 = 100.000$ ein $c = 100$ angenommen. Das bedeutet, dass der Abstand vom Koordinatenursprung $SG = 0,225\sqrt{100} = 2,25$ beträgt, also bei einer marginalen Änderung des Grundgeschäfts die für die Einhaltung der Effektivitätsgrenzen für zulässig erachtete Änderung des Sicherungsgeschäfts maximal 2,25 betragen darf. Diese Wertänderungen können angesichts der Höhe der gesicherten Grundposition als ökonomisch effektiver Hedge angesehen werden.

---

[353]Vgl. Hailer/Rump (2003), S. 602.
[354]Vgl. zur Herleitung Wiese (2009), S. 197 f. in Anlehnung an Hailer/Rump (2003), S. 602.
[355]Vgl. S. 92.

ΔGG_t	ΔSG_t	ΔGG_T	ΔSG_T	HI_t	HI_T	(in)effektiv
t_1	-3	+2	-3	+2	4,119	4,119	$4,119 \leq 9 \to$ effektiv
t_2	-29.997	+24.998	-30.000	+25.000	7,666	7,667	$7,667 \leq 9 \to$ effektiv

mit: $\quad \Delta GG_T = \sum\limits_{t=0}^{T} \Delta GG_t \qquad$ kumulierte Fair Value-Änderung Grundgeschäft

$\qquad \Delta SG_T = \sum\limits_{t=0}^{T} \Delta SG_t \qquad$ kumulierte Fair Value-Änderung Sicherungsgeschäft

$\qquad HI_t = \left| \frac{40 \Delta SG_t + 41 \Delta GG_t}{\sqrt{(\Delta GG_t)^2 + c}} \right| \qquad$ periodenbezogenes Hedge Intervall

$\qquad HI_T = \left| \frac{40 \Delta SG_T + 41 \Delta GG_T}{\sqrt{(\Delta GG_T)^2 + c}} \right| \qquad$ kumuliertes Hedge Intervall

Das Hedge Intervall bestätigt in beiden Perioden das Vorliegen einer effektiven Sicherungs-beziehung. Damit konnte für die Periode t_1 das Problem der kleinen Zahlen gelöst werden, indem die ökonomische Effektivität auch mathematisch bestätigt wird. Das Problem der großen Zahlen konnte das Hedge Intervall nicht lösen, da trotz fehlender ökonomischer Ef-fektivität unverändert eine rechnerische Effektivität vorliegt. Dies lässt sich damit erklären, dass das ursprüngliche Dollar Offset-Effektivitätsintervall nur im Bereich der kleinen Zahlen durch Erweiterung des Kegels angepasst wurde.

4.2.3.3.5 Adjusted Hedge Intervall

Das Problem der großen Zahlen resultiert - geometrisch interpretiert - aus dem sich öffnen-den Effektivitätskegel, wie in Abbildung 9[356] dargestellt. Damit fallen große Wertänderungen unverändert in das Effektivitätsintervall, obwohl ökonomisch eine solche Effektivität nicht mehr bestätigt werden kann. Neben der Erweiterung des Effektivitätskegels im Koordina-tenursprung durch das vorstehend beschriebene Hedge Intervall, das das Problem der kleinen Zahlen lösen konnte, schlagen HAILER/RUMP vor, den Kegel im Bereich der großen Zahlen so zu verengen, dass die obere und untere Effektivitätsgrenze parallel zur Winkelhalbieren-den als dem Ausdruck eines perfekten Hedges verläuft.[357] Dies wird mit folgender Abbildung 13 illustriert.

Der parallele Verlauf der Effektivitätsgrenzen wird mittels eines Prozentsatzes p der gesi-cherten Gesamtposition zum Designationszeitpunkt GP_0 definiert, d.h. $p * GP_0$. Somit wird

---

[356]Vgl. Seite 85.
[357]Vgl. Hailer/Rump (2005), S. 48.

Abbildung 13: Geometrische Interpretation des Adjusted Hedge Intervalls

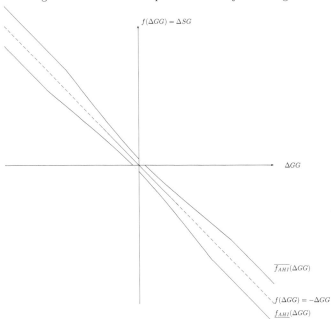

Quelle: In Anlehnung an Hailer/Rump (2005), S. 49 f.

das ursprüngliche Effektivitätsintervall[358]

$$\text{mit der Untergrenze } \underline{f_{DOR}}(\Delta GG) = \begin{cases} -\frac{5}{4}\Delta GG & \text{wenn } \Delta GG \geq 0, \\ -\frac{4}{5}\Delta GG & \text{sonst} \end{cases}$$

$$\text{und der Obergrenze } \overline{f_{DOR}}(\Delta GG) = \begin{cases} -\frac{4}{5}\Delta GG & \text{wenn } \Delta GG \geq 0, \\ -\frac{5}{4}\Delta GG & \text{sonst} \end{cases}$$

im Bereich der großen Zahlen verändert, so dass es nunmehr den Funktionen

$$\text{für die untere Grenze } \underline{g}(\Delta GG) = -\Delta GG - p * GP_0$$
$$\text{und für die obere Grenze } \overline{g}(\Delta GG) = -\Delta GG + p * GP_0$$

(10)

---

[358]Vgl. Seite 85.

entspricht.[359] Wie auch bereits beim Hedge Intervall wird eine Variable - hier p - eingeführt, deren Wertausprägung in das Ermessen des Anwenders gestellt wird. HAILER/RUMP selbst nutzen eine Bandbreite von Werten für p, reichend von $\frac{1}{\sqrt{2}} \approx 0,71$ über $25\% = 0,25$ zu $p = 10^{-7}GP_0^2 = 1.000 \Leftrightarrow p = 0,01$.[360] Letztlich ist ein Wert für p zu wählen, der der Forderung nach Angemessenheit der Messmethode (IAS 39.IG.F.4.4) entspricht.

Eine Möglichkeit für die Festlegung der Variablen p wäre es, aufgrund der formalen Identität auf den Grenzwert der Relativen Differenz von $-3\% \leq RD_T \leq +3\%$ zurückzugreifen, der sich in der Literatur durchgesetzt hat.[361] Die Relative Differenz drückt die maximal zulässige prozentuale Veränderung der Gesamtposition aus. Die Winkelhalbierende als Ausdruck eines perfekten Hedges führt zu einer Relativen Differenz von 0, da sich die Gesamtposition durch eine vollständige gegenläufige Wertänderung des Grund- und Sicherungsgeschäfts nicht verändert. Die für zulässig erachtete Bandbreite von $\pm 3\%$ führt geometrisch zu einem parallel zur Winkelhalbierenden verlaufenden Korridor, der somit der Modifikation des Adjusted Hedge Intervall für das Problem der großen Zahlen entspricht.

Das Adjusted Hedge Intervall besteht somit aus zwei Funktionen. Der gekrümmte Funktionsverlauf, vom Koordinatenursprung beginnend, dient der Lösung des Problems der kleinen Zahlen mittels Hedge Intervall (Gleichung (7)). Der sich anschließende Parallelverlauf des Effektivitätskorridors trägt dem Problem der großen Zahlen Rechnung (Gleichung (10)). Die Schnittpunkte beider Funktionen für die untere Grenze $\underline{\Delta GG_1}$ und $\underline{\Delta GG_2}$ sowie für die obere Grenze $\overline{\Delta GG_1}$ und $\overline{\Delta GG_2}$ erhält man durch Gleichsetzung beider Funktionen. Somit ergeben sich für die untere Grenze folgende Wendepunkte:

$$
\begin{aligned}
f_{HI}(\Delta GG) &= g(\Delta GG) \\
-\frac{9}{40}\sqrt{(\Delta GG)^2 + c} - \frac{41}{40}\Delta GG &= -\Delta GG - p * GP_0 \\
p * GP_0 &= d \\
\Leftrightarrow (\Delta GG)^2 + d\Delta GG - 20d^2 + \frac{81}{80}c &= 0 \\
\Leftrightarrow \underline{\Delta GG_{1/2}} = -\frac{d}{2} \pm \sqrt{\tfrac{1620d^2 - 81c}{80}}
\end{aligned}
$$

$$(11)$$

Analog ergibt sich für die obere Grenze ein $\overline{\Delta GG_{1/2}} = \frac{d}{2} \pm \sqrt{\frac{1620d^2 - 81c}{80}}$.

---

[359]Vgl. Hailer/Rump (2005), S. 48.
[360]Vgl. Hailer/Rump (2005), S. 48 f.
[361]Vgl. Abschnitt 4.2.3.3.3.

Damit wird die Effektivität einer Sicherungsbeziehung bestätigt, wenn

$$\underline{f_{AHI}}(\Delta GG) \leq \Delta SG \leq \overline{f_{AHI}}(\Delta GG)$$

mit

$$\underline{f_{AHI}}(\Delta GG) = \begin{cases} -\frac{9}{40}\sqrt{(\Delta GG)^2 + c} - \frac{41}{40}\Delta GG & \text{wenn } \Delta GG \in [\underline{\Delta GG_1}; \underline{\Delta GG_2}] \\ -\Delta GG - p * GP_0 & \text{sonst} \end{cases}$$

(12)

$$\overline{f_{AHI}}(\Delta GG) = \begin{cases} -\frac{9}{40}\sqrt{(\Delta GG)^2 + c} + \frac{41}{40}\Delta GG & \text{wenn } \Delta GG \in [\overline{\Delta GG_1}; \overline{\Delta GG_2}] \\ -\Delta GG + p * GP_0 & \text{sonst} \end{cases}$$

Aus Gleichung (11) wird ersichtlich, dass sich die Zulässigkeit kleiner Wertänderungen für die Effektivitätseinschätzung positiv zur gewählten Variable p verhält. Je größer p gewählt wird, umso mehr verschieben sich die Wendepunkte hin zu größeren Wertänderungen des Grundgeschäfts.

HAILER/RUMP arbeiten zur Herleitung des Adjusted Hedge Intervall mit einer allgemeineren Form des Hedge Intervalls, indem sie für die zulässigen Effektivitätsgrenzen h_1 und h_2 definieren. Da IAS 39.AG105(b) jedoch ausdrücklich ein Effektivitätsintervall von $\frac{4}{5}; \frac{5}{4}$ fordert, wurden diese Werte ($h_1 = 4$ und $h_2 = 5$) verwendet. Ein Identitätsnachweis der allgemeinen Form mit der anhand spezifischer Intervallgrenzen vorstehend ermittelten Form ist im Anhang A beigefügt.

Wendet man den Effektivitätsnachweis auf Basis des Adjusted Hedge Intervalls gem. Gleichung (12) auf die in Beispiel 3[362] dargestellten Szenarien zu den Problemen der kleinen Zahlen (t_1) und großen Zahlen (t_2) an, erhält man nachfolgende Ergebnisse. Die Grundposition im Designationszeitpunkt GP_0 beträgt 100.000. Für die Wertausprägungen der frei wählbaren Variablen p und c werden die verwendeten Größen der Relativen Differenz von $p = 3\% = 0,03$ und beim Hedge Intervall von $c = 100$ verwendet. Daraus ergeben sich als Wendepunkte der unteren Effektivitätsgrenze $\underline{\Delta GG_1} = -15.000$ und $\underline{\Delta GG_2} = 12.000$ sowie für die obere Effektivitätsgrenze $\overline{\Delta GG_1} = -12.000$ und $\overline{\Delta GG_2} = 15.000$.

---

[362]Vgl. S. 92.

ΔGG_t	ΔSG_t	$f_{AHI}(\Delta GG)$	$\overline{f_{AHI}}(\Delta GG)$	(in)effektiv
t_1 -3	+2	$\in [-15.000; 12.000]$	$\in [-12.000; 15.000]$	
		$\underline{f_{HI}}(\Delta GG) = 0,725$	$\overline{f_{HI}}(\Delta GG) = 5,425$	$0,725 \leq 2$
				$2 \leq 5,425$
				effektiv
t_2 -29.997	+24.998	$\notin [-15.000; 12.000]$	$\notin [-12.000; 15.000]$	
		$\underline{g}(\Delta GG) = 26.997$	$\overline{g}(\Delta GG) = 32.997$	$26.997 \nleq 24.998$
				$24.998 \leq 32.997$
				ineffektiv

mit: $\underline{f_{HI}}(\Delta GG)$ untere Effektivitätsschwelle im Bereich der kleinen Zahlen

$\overline{f_{HI}}(\Delta GG)$ obere Effektivitätsschwelle im Bereich der kleinen Zahlen

$\underline{g}(\Delta GG)$ untere Effektivitätsschwelle im Bereich der großen Zahlen

$\overline{g}(\Delta GG)$ obere Effektivitätsschwelle im Bereich der großen Zahlen

Sowohl in Periode t_1 als auch in Periode t_2 wird die ökonomische Einschätzung einer vorhandenen Effektivität (in t_1) resp. Ineffektivität (in t_2) mathematisch durch das Adjusted Hedge Intervall bestätigt. Die Anwendung des Adjusted Hedge Intervalls wurde bezogen auf das Beispiel 3 lediglich auf periodenbezogener Basis durchgeführt, ist jedoch auch für kumulierte Änderungsbeträge anwendbar. Dies ergibt sich aus der Zusammensetzung des Adjusted Hedge Intervalls aus dem Hedge Intervall und der Relativen Differenz, für die beide eine Anwendung auf Basis kumulierter Wertänderungen möglich ist.[363]

Wie bereits erwähnt, lehnt sich das Adjusted Hedge Intervall für den Bereich großer Wertänderungen an die Methode der Relativen Differenz an. Somit stellt sich die Frage, ob die Methode der Relativen Differenz, die ebenfalls in der Lage ist, das Problem der kleinen Zahlen zu lösen[364], aufgrund ihrer mathematischen Einfachheit dem Adjusted Hedge Intervall vorzuziehen wäre. Beide Methoden unterscheiden sich lediglich in ihrer Herangehensweise im Bereich kleiner Wertänderungen. Die Relative Differenz betrachtet jede Wertänderung der Gesamtposition, die einen bestimmten Prozentsatz der ursprünglich designierten Gesamtposition nicht übersteigt, als effektiv. Das heißt, jede noch zulässige Differenz in der Wertänderung von Grund- und Sicherungsgeschäft ist eine Konstante, die prozentual von der ursprünglich designierten Gesamtposition abhängt. Dabei ist die tatsächliche Höhe der Wertänderung von Grund- und Sicherungsgeschäft für die Beurteilung unerheblich, es inter-

---

[363]Vgl. die entsprechenden Erläuterungen in den Abschnitt 4.2.3.3.3 und 4.2.3.3.4.
[364]Vgl. Abschnitt 4.2.3.3.3.

essiert lediglich deren Differenz relativ zur Grundposition. So sei bspw. bei einer gesicherten Grundposition von 1.000 und einer zulässigen Bandbreite von 3% die tatsächliche Wertänderung der Grundposition +1. Damit dürfte die zugehörige Sicherungsposition um bis zu -31 sinken ohne zu einer ineffektiven Sicherungsbeziehung zu führen. Allerdings ist fraglich, ob es sich hierbei um eine wirksame Absicherung handelt, wenn beide Geschäfte so unterschiedlich reagieren. Die Antwort hierauf ist abhängig von der Definition einer Hedge-Effektivität im Sinne einer weitgehend gegenläufigen Wertänderung von Grund- und Sicherungsgeschäft oder im Sinne einer Minimierung der Wertschwankung der ursprünglichen Gesamtposition.

Das Hedge Intervall berücksichtigt bei der Ermittlung der erlaubten maximalen Wertänderung der Sicherungsposition die Höhe der Wertänderung der Grundposition. Insofern reagiert das Hedge Intervall im Bereich der kleinen Zahlen sensitiver und - sofern die Güte der Sicherungsbeziehung durch eine weitgehend gegenläufigen Wertentwicklung von Grund- und Sicherungsgeschäft gemessen wird - aus ökonomischer Perspektive zuverlässiger auf unterschiedliche Wertänderungen. Am obigen Beispiel der Wertänderung des Grundgeschäfts $\Delta GG = 1$ unter Annahme der Konstante $c = 100$ würde eine maximale Wertänderung des Sicherungsgeschäfts von $\Delta SG = -1,236$ zu einem Effektivitätsnachweis gereichen. Diese höhere Methodensensitivität des Hedge Intervall gegenüber der Relativen Differenz ist auch aus dem schmaleren Effektivitätskorridor im Bereich der kleinen Zahlen aus Abbildung 12[365] erkennbar.

4.2.3.3.6 Lipp Modulated Dollar Offset

Ein weiterer Ansatz zur Lösung des Problems der kleinen Zahlen stellt das Lipp Modulated Dollar Offset Ratio dar.[366] Dabei wird die Ausgangsform des Dollar Offset Ratios[367] um einen Störterm NT erweitert. Dieser Störterm stellt die Grenze dar, ab der Wert- bzw. Cash-Flow-Änderungen des Grund- und Sicherungsgeschäfts als wesentlich angesehen werden. Folglich erscheint es plausibel, dass dieser Störterm von der Größe des betrachteten Geschäfts abhängt. Als entsprechender Referenzwert M_P wird die Verwendung des Fair Values des gesicherten Grundgeschäfts empfohlen, von dem der absolute Wert des Störterms NT_A durch Multiplikation mit dem vom Unternehmen festzulegenden relativen Störterm NT_N abgeleitet wird. NT_N wird dabei in Basispunkten (BP) ausgedrückt, wobei $1BP = 0,01\%$.[368]

---

[365]Vgl. Seite 101.
[366]Vgl. Schleifer (2001), S. 4.
[367]Vgl. Seite 84.
[368]Vgl. Schleifer (2001), S. 3 f.

Somit ergibt sich der absolute Störterm aus:

$$NT_A = M_P \frac{NT_N}{10.000} \tag{13}$$

Der errechnete Störterm NT_A wird jetzt jeweils im Zähler und Nenner des Dollar Offset Ratios addiert, so dass eine Sicherungsbeziehung als effektiv gilt, wenn:[369]

$$\frac{|\Delta SG| + NT_A}{|\Delta GG| + NT_A} \in [\frac{4}{5}; \frac{5}{4}] \tag{14}$$

Dabei ist wie bei allen Effektivitätstests Voraussetzung, dass die Änderungsbeträge des Grund- und Sicherungsgeschäfts unterschiedliche Vorzeichen aufweisen.[370]

Somit ergibt sich für die graphische Darstellung des Effektivitätsintervalls[371] als Untergrenze:

$$\underline{f_{Lipp}}(\Delta GG) = \begin{cases} -\frac{4}{5}\Delta GG - \frac{1}{5}NT_A & \text{wenn } \Delta GG \leq 0, \\ -\frac{5}{4}\Delta GG - \frac{1}{4}NT_A & \text{wenn } \Delta GG \geq 0 \end{cases} \tag{15}$$

und als Obergrenze:

$$\overline{f_{Lipp}}(\Delta GG) = \begin{cases} -\frac{5}{4}\Delta GG + \frac{1}{4}NT_A & \text{wenn } \Delta GG \leq 0, \\ -\frac{4}{5}\Delta GG + \frac{1}{5}NT_A & \text{wenn } \Delta GG \geq 0 \end{cases} \tag{16}$$

Aus der Abbildung 14 wird ersichtlich, dass durch die Erweiterung der Grundform des Dollar Offset Ratios um den Störterm NT_A der die Effektivitätsgrenzen beschreibende Kegel noch vergrößert wird, so dass die Modellierung von Lipp nicht in der Lage ist, das Problem der großen Zahlen zu lösen. Diese Schlussfolgerung ergibt sich auch aus Gleichung (14), da bei marginalen Änderungen des Grund- und Sicherungsgeschäfts die Gleichung gegen 1 und bei großen Änderungen des Grund- und Sicherungsgeschäfts gegen die Ausgangsform des Dollar Offset Ratios $\frac{\Delta SG}{\Delta GG}$ strebt.[372] Aufgrund der für Sicherungsstrategien notwendigen gegenläufigen Wertentwicklung von Grund- und Sicherungsgeschäft, d.h. $sgn(\Delta SG) = -sgn(\Delta GG)$, werden im ersten und dritten Quadranten keine Effektivitätsintervalle abgebildet. HAILER/RUMP kritisieren daran, dass im Fall marginaler gleichgerichteter Änderungen des Grund- und Sicherungsgeschäfts, die als Störung in den Daten inter-

---

[369]Vgl. Hailer/Rump (2003), S. 51; Schleifer (2001), S. 4.
[370]Vgl. Abschnitt 4.2.3.3.2.
[371]Vgl. zur Herleitung der Effektivitätsgrenzen Anhang B.
[372]Vgl. Schleifer (2001), S. 5.

pretiert werden können, die Sicherungsbeziehung als ineffektiv qualifiziert werden muss.[373] Dem ist entgegenzuhalten, dass in dem Fall zum einen fraglich ist, bis zu welcher Höhe einer gleichgerichteten Wertänderung von einer unwesentlichen Störung der Daten gesprochen werden kann. Zum anderen läge ökonomisch eine Risikoerhöhung vor und somit müsste die Sicherungsbeziehung wegen fehlender Risikoreduzierung aufgelöst werden.

Abbildung 14: Geometrische Interpretation des Lipp Modulated Dollar Offset

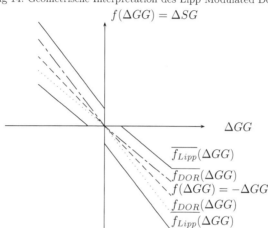

Quelle: Eigene Darstellung.

Ermessensbehaftet bei dieser modifizierten Form ist die Wahl des relativen Störterms, der unter Berücksichtigung des Gebots der Angemessenheit der Messmethode zu wählen ist (IAS 39.IG.F.4.4). Dabei ist aus Gleichung (14) ersichtlich, dass sein Einfluss sinkt, je kleiner der Wert gewählt wird.[374] LIPP selbst schlägt keinen Wert für den Parameter NT_A vor. HAILER/RUMP verwenden in ihren Darstellungen des Lipp Modulated Dollar Offset einen Parameterwert $NT_A = 10$, der aufgrund des Wertes des verwendeten Grundgeschäfts von 100.000 einem NT_N von 1 BP entspricht.[375] PLATTNER hingegen wählt für den Parameter NT_N Werte von 10 bis 15.000 BP.[376]

Um die Sensitivität des Lipp Modulated Dollar Offset bezüglich kleinster Wertänderungen mit denen der bereits vorgestellten Tests annähernd vergleichen zu können, wird als NT_A

---

[373]Vgl. Hailer/Rump (2003), S. 601.
[374]Vgl. Wiese (2009), S. 193; Plattner (2007), S. 115.
[375]Vgl. Hailer/Rump (2005), S. 34, 41; Hailer/Rump (2003), S. 600 f.
[376]Vgl. Plattner (2007), S. 116.

der Wert gewählt, bei dem die Tests, die den Effektivitätskegel im Ursprung erweitern, einen annähernd gleichen Ordinatenabstand vom Ursprung aufweisen. Diese Tests umfassen die Relative Differenz sowie das (Adjusted) Hedge Intervall[377].

Bei der Methode der Relativen Differenz wurde als zulässige Abweichung 3% der ursprünglich designierten Gesamtposition verwendet.[378] Somit ergibt sich aus der Funktion der Effektivitätsgrenzen bei einer Gesamtposition von $GP_0 = 100.000$, bei der der Fair Value des Sicherungsgeschäfts (SG_0) Null beträgt, ein zulässiger Ordinatenabstand vom Koordinatenursprung in Höhe von 3.000.[379] Dieser Ordinatenabstand wird bei der Lipp Modulated Dollar Offset-Methode erreicht, indem für NT_A ein Wert von 12.000 gewählt wird[380], was bei einem gesicherten Grundgeschäft ($GG_0 \cong M_P$) von 100.000 einem NT_N von 120 BP entspricht[381] und somit in dem von PLATTNER verwendeten Wertebereich liegt.

Aufgrund der methodischen Schwäche der Relativen Differenz gegenüber dem Hedge Intervall im Bereich der kleinen Zahlen[382] soll die Lipp Modulated Dollar Offset-Methode auch nur mit dem Hedge Intervall verglichen werden. Unter Beibehalt des gewählten Distanzparameters $c = 100$ ergibt sich für das Hedge Intervall ein Ordinatenabstand von 2,25.[383] Um einen mit dem Hedge Intervall identischen Ordinatenabstand zu erhalten, ist für NT_A ein Wert von 9 zu wählen[384], was bei einem gesicherten Grundgeschäft ($GG_0 \cong M_P$) von 100.000 einem NT_N von 0,9 BP entspricht[385] und somit nahe an dem von HAILER/RUMP verwendeten Wert liegt.

Die Anwendbarkeit des Tests für kleine Wertänderungen und dessen fehlende Eignung bei großen Wertänderungen sei an den Szenarien des Beispiels 3[386] unter Verwendung des vorstehend abgeleiteten Störterms $NT_A = 9$ verdeutlicht.

---

[377]Hedge Intervall und Adjusted Hedge Intervall sind für die Problemlösung der kleinen Zahlen identisch.

[378]Vgl. Abschnitt 4.2.3.3.3.

[379]$f_{RD}(\Delta GG) = -\Delta GG \pm RD * GP_0 \to f_{RD}(\Delta GG = 0) = 0 \pm 3\% * 100.000$.

[380]$f_{Lipp}(\Delta GG) = -\frac{5}{4}\Delta GG \pm \frac{1}{4}NT_A \to f_{Lipp}(\Delta GG = 0) = 3.000 = -\frac{5}{4}*0 \pm \frac{1}{4}NT_A \to NT_A = 12.000$.

[381]$NT_A = M_P \frac{NT_N}{10.000} \to 12.000 = 100.000 \frac{NT_N}{10.000} \to NT_N = 120$.

[382]Vgl. Abschnitt 4.2.3.3.4.

[383]$f_{HI}(\Delta GG) = -\frac{41}{40}\Delta GG \pm \frac{9}{40}\sqrt{(\Delta GG)^2 + c} \to f_{HI}(\Delta GG = 0) = 0 \pm \frac{9}{40}\sqrt{0 + 100} \to f_{HI}(\Delta GG = 0) = \pm 2,25$.

[384]$f_{Lipp}(\Delta GG) = -\frac{5}{4}\Delta GG \pm \frac{1}{4}NT_A \to f_{Lipp}(\Delta GG = 0) = 2,25 = -\frac{5}{4}*0 \pm \frac{1}{4}NT_A \to NT_A = 9$.

[385]$NT_A = M_P \frac{NT_N}{10.000} \to 9 = 100.000 \frac{NT_N}{10.000} \to NT_N = 0,9$.

[386]Vgl. S. 92.

ΔGG_t	ΔSG_t	ΔGG_T	ΔSG_T	$Lipp_t$	$Lipp_T$	effektiv, wenn $\in [\frac{4}{5}, \frac{5}{4}]$
t_1	-3	+2	-3	+2	0,92	0,92	effektiv
t_2	-29.997	+24.998	-30.000	+25.000	0,83	0,83	effektiv

mit: $\Delta GG_T = \sum\limits_{t=0}^{T} \Delta GG_t$ kumulierte Fair Value-Änderung Grundgeschäft

$\Delta SG_T = \sum\limits_{t=0}^{T} \Delta SG_t$ kumulierte Fair Value-Änderung Sicherungsgeschäft

$Lipp_t = \frac{|\Delta SG_t| + NT_A}{|\Delta GG_t| + NT_A}$ periodenbezogenes Lipp Modulated Dollar Offset

$Lipp_T = \frac{|\Delta SG_T| + NT_A}{|\Delta GG_T| + NT_A}$ kumuliertes Lipp Modulated Dollar Offset

Korrekterweise bestätigt das Lipp Modulated Dollar Offset das Vorliegen einer effektiven Sicherungsbeziehung in Periode t_1. In Periode t_2 hingegen wird die fehlende ökonomische Effektivität nicht bestätigt.

4.2.3.3.7 Schleifer-Lipp Modulated Dollar Offset

Das Lipp Modulated Dollar Offset Ratio war in der Lage, über die Wahl des Parameter NT_N die Sensititvät des Dollar Offset Ratios im Bereich kleiner Wertänderungen zu mindern. Allerdings kann der Anwender bei der Lipp-Methode nicht festlegen, wie sensitiv die Methode im Bereich großer Wertänderungen reagieren soll. Zur Lösung dieses sog. Übergangsproblems führt SCHLEIFER den vom Anwender frei wählbaren Parameter S_T ein und modifiziert das Lipp-Ratio derart, dass eine Sicherungsbeziehung effektiv ist, wenn gilt:[387]

$$\frac{|\Delta SG|(\frac{M_{\Delta P}}{NT_A})^{S_T} + NT_A}{|\Delta GG|(\frac{M_{\Delta P}}{NT_A})^{S_T} + NT_A} \in [\frac{4}{5}; \frac{5}{4}] \tag{17}$$

Dabei ist die Variable $M_{\Delta P}$ definiert als das Ausmaß der Änderungen von Grund- und Sicherungsgeschäft und entspricht:

$$M_{\Delta P} = \sqrt{(\Delta SG)^2 + (\Delta GG)^2} \tag{18}$$

Dabei unterscheidet sich $M_{\Delta P}$ von der im Lipp-Ratio verwendeten Variable M_P. Während M_P die Größe des betrachteten Geschäfts, vertreten durch den Zeitwert des gesicherten Grundgeschäfts, repräsentiert, stellt $M_{\Delta P}$ die Änderungen über die Zeit dar.[388] Der Wert für den Parameter S_T muss dabei größer als -1 sein, da anderenfalls das Ergebnis der

---

[387]Vgl. Hailer/Rump (2003), S. 601.
[388]Vgl. Schleifer (2001), S. 6.

Gleichung (17) vollkommen unabhängig von der Wahl der Parameter S_T und NT_A ist.[389]
Bei $S_T = -1$ würde graphisch wieder ein Effektivitätskegel erreicht, der im Bereich kleiner
Wertänderungen Ineffektivität anzeigt.[390] Wird $S_T = 0$ gewählt, entspricht Gleichung (17)
dem Lipp Modulated Dollar Offset Ratio. Je kleiner das gewählte S_T, desto langsamer nähert
sich das Schleifer-Lipp-Ratio dem ineffektiven Bereich an. Je größer S_T gewählt wird, desto
schneller erfolgt der Übergang vom effektiven in den ineffektiven Bereich.[391] Gleichzeitig
wird der Kegel im Koordinatenursprung bei $S_T > 0$ erweitert, was das Problem der kleinen
Zahlen analog der Methode der Relativen Differenz sowie des Hedge Intervalls löst. Dies wird
durch Abbildung 15 verdeutlicht. Das Problem der großen Zahlen kann der Schleifer-Lipp-
Test ebenfalls nicht lösen, da der Einfluss des Störterms NT_A bei großen Wertänderungen
sinkt und die Gleichung die Ausgangsform des Dollar Offset Ratio annimmt.

Abbildung 15: Geometrische Interpretation des Schleifer-Lipp Modulated Dollar Offset

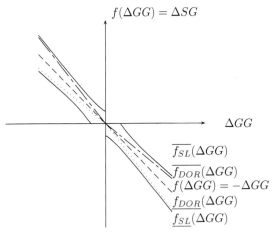

Quelle: Eigene Darstellung in Anlehnung an Hailer/Rump (2003), S. 602.

Ermessensbehaftet an diesem Test ist neben der Wahl des Parameters NT_A die des Parameters S_T. Um die Eignung des Tests für kleine Wertänderungen am Beispiel 3[392] darzustellen,
werden analog des Lipp-Testes ein $NT_A = 9$ sowie zwei verschiedene Werte für S_T gewählt.

---

[389]Vgl. zum Beweis Anhang C.
[390]Vgl. für eine graphische Darstellung Hailer/Rump (2003), S. 602.
[391]Vgl. Plattner (2007), S. 118 i.V.m. S. 253.
[392]Vgl. S. 92.

	ΔGG_t	ΔSG_t	ΔGG_T	ΔSG_T	SL_t		SL_T	
					$S_T=0,5$	$S_T=1$	$S_T=0,5$	$S_T=1$
t_1	-3	+2	-3	+2	0,9419	0,9607	0,9419	0,9607
t_2	-29.997	+24.998	-30.000	+25.000	0,8334	0,8334	0,8333	0,8333

mit:

$\Delta GG_T = \sum_{t=0}^{T} \Delta GG_t$ kumulierte Fair Value-Änderung Grundgeschäft

$\Delta SG_T = \sum_{t=0}^{T} \Delta SG_t$ kumulierte Fair Value-Änderung Sicherungsgeschäft

$SL_t = \dfrac{|\Delta SG_t|(\frac{M_{\Delta P}}{NT_A})^{S_T}+NT_A}{|\Delta GG_t|(\frac{M_{\Delta P}}{NT_A})^{S_T}+NT_A}$ periodenbezogenes Schleifer-Lipp Modulated Dollar Offset

$SL_T = \dfrac{|\Delta SG_T|(\frac{M_{\Delta P}}{NT_A})^{S_T}+NT_A}{|\Delta GG_T|(\frac{M_{\Delta P}}{NT_A})^{S_T}+NT_A}$ kumuliertes Schleifer-Lipp Modulated Dollar Offset

In beiden Perioden wird anhand des Schleifer-Lipp-Testes die Effektivität der Sicherungsbeziehung bestätigt, da die Ergebnisse im Intervall von 80-125% liegen, obwohl nur in Periode t_1 eine ökonomisch vertretbare effektive Sicherungsbeziehung vorliegt. Somit kann der Schleifer-Lipp-Test nur das Problem der kleinen, nicht jedoch das der großen Zahlen lösen.

4.2.3.3.8 Gürtlers Test

Der von GÜRTLER vorgeschlagene Test zielt auf die Lösung des Problems der kleinen sowie der großen Zahlen. Die Idee des Tests besteht darin zu prüfen, ob die tatsächliche Wertveränderung der Gesamtposition eine vorab definierte maximal zulässige Wertveränderung der ursprünglichen Gesamtposition nicht überschreitet. Insofern entspricht dies der Methode der Relativen Differenz.[393] Allerdings wird die zulässige Abweichung bei dem Vorgehen nach GÜRTLER durch zwei Variablen a und α bestimmt.

Die Variable a ist eine endogen festgelegte Größe, die zur Ermittlung des Sicherheitsäquivalents der Gesamtposition ($GP_0^{S\ddot{A}}$) dient. Das Sicherheitsäquivalent ist jene Größe, bei der Unternehmen zwischen einem sicheren und einem unsicheren Zahlungsstrom indifferent ist. Um das Sicherheitsäquivalent ($S\ddot{A}$) der Gesamtposition zu ermitteln, ist der Erwartungswert des unsicheren Zahlungsstroms um einen Risikoabschlag zu vermindern. Dabei wird aufgrund der vorgenommenen Absicherung einer Risikoposition mittels Hedging berechtigterweise da-

---

[393]Vgl. Hailer/Rump (2005), S. 42.

von ausgegangen, dass es sich um einen risikoaversen Entscheider handelt. Bei Risikofreude wäre ein Risikozuschlag zu berücksichtigen.[394]

Als Erwartungswert der unsicheren Auszahlung übernimmt GÜRTLER den Wert der Gesamtposition im Designationszeitpunkt (GP_0). Dabei unterstellt er einen perfekten Hedge, bei dem über die Laufzeit der Sicherungsbeziehung der Wert der Gesamtposition konstant bleibt, da Verluste des Grundgeschäfts durch Gewinne des Sicherungsgeschäfts vollständig ausgeglichen werden et vice versa.[395] Der Risikoabschlag hängt grundsätzlich von der Wahrscheinlichkeitsverteilung der Zielgröße und der Risikonutzenfunktion des Entscheiders ab.[396] Zur Approximation dieser beiden Einflussgrößen nutzt GÜRTLER zum einen den Betrag der tatsächlichen Wertänderung der Gesamtposition ($|\Delta GP_{0,T}|$) sowie die individuell wählbare Variable a als Repräsentant der Risikonutzenfunktion, wobei $a > 0$ sein muss. Dabei gilt, je größer a gewählt wird, desto stärker ist auch die Risikoaversion des Entscheiders ausgeprägt. Formal ergibt sich somit[397]:

$$GP_0^{S\ddot{A}} = GP_0 - a|\Delta GP_{0,T}| \qquad (19)$$

Wird die Gleichung (19) in Relation zur ursprünglich designierten Gesamtposition gesetzt, erhält man ein von der individuellen Risikoneigung abhängiges Maß für die Güte der Sicherungsbeziehung im Sinne einer Abweichung vom perfekten Hedge.[398] Formal ergibt sich[399]:

$$\frac{GP_0^{S\ddot{A}}}{GP_0} = \frac{GP_0 - a|\Delta GP_{0,T}|}{GP_0} \qquad (20)$$

Ist die Annahme eines perfekten Hedges korrekt, tritt keine Wertänderung der Gesamtposition auf ($\Delta GP_{0,T} = 0$), so dass sich der Quotient zu eins ergibt. Weist die Sicherungsbeziehung Ineffektivitäten auf, so darf dieses Gütemaß eine exogen definierte Effektivitätsschwelle $1 - \alpha$ nicht unterschreiten, um die Wirksamkeit der Sicherungsbeziehung zu bestätigen.[400] Somit

---

[394]Vgl. Laux (2007), S. 218, 220.
[395]Vgl. Gürtler (2004), S. 587.
[396]Vgl. Laux (2007), S. 218.
[397]Vgl. Gürtler (2004), S. 588.
[398]Vgl. Wiese (2009), S. 187.
[399]Vgl. Gürtler (2004), S. 588.
[400]Vgl. Wiese (2009), S. 187.

ist eine Sicherungsbeziehung effektiv, wenn[401]:

$$\frac{GP_0 - a|\Delta GP_{0,T}|}{GP_0} \geq 1 - \alpha \tag{21}$$

Durch Umformung ergibt sich als untere und obere Effektivitätsgrenze[402]

$$1 - \frac{\alpha}{a} \leq \frac{GP_T}{GP_0} \leq 1 + \frac{\alpha}{a} \tag{22}$$

bzw. als Äquivalenz zum Dollar Offset Ratio[403]

$$
\begin{aligned}
&-\frac{\Delta SG}{\Delta GG} \in [1 - \frac{\alpha}{a}\frac{GP_0}{\Delta GG}; 1 + \frac{\alpha}{a}\frac{GP_0}{\Delta GG}] \\
\Leftrightarrow\ &1 - \frac{\alpha}{a}\frac{GP_0}{\Delta GG} \leq -\frac{\Delta SG}{\Delta GG} \leq 1 + \frac{\alpha}{a}\frac{GP_0}{\Delta GG} \\
\Leftrightarrow\ &\underline{f_{G\ddot{u}rtler}}(\Delta GG) = \Delta SG = -\Delta GG - \frac{\alpha}{a}GP_0 \\
&\overline{f_{G\ddot{u}rtler}}(\Delta GG) = \Delta SG = -\Delta GG + \frac{\alpha}{a}GP_0
\end{aligned}
\tag{23}
$$

Graphisch stellt sich der Effektivitätskorridor wie in Abbildung 16 verdeutlicht dar.

Insbesondere an Gleichung (23) sowie an Abbildung 16 ist deutlich die formale Identität mit der Methode der Relativen Differenz zu erkennen, bei der die Effektivitätsgrenzen definiert sind durch $f_{RD}(\Delta GG) = \Delta SG = -\Delta GG \pm RD * GP_0$[404]. Zur Festlegung der zulässigen Bandbreite für die Abweichung vom perfekten Hedge, somit von der Winkelhalbierenden, empfiehlt GÜRTLER eine exogene Festlegung in Anlehnung an die von IAS 39.AG105 (b) geforderten Effektivitätsschwellen. Somit wird als Wert für den Quotienten $\frac{\alpha}{a}$ ein Wert von 25 % vorgeschlagen, der folglich zu zulässigen Effektivitätsgrenzen von 75-125% führt.[405]

Mit dieser Ableitung der zulässigen Ineffektivität verbunden sind folgende Probleme. Eine exogene Festlegung des Quotienten ignoriert die durch den Parameter a ausgedrückte individuelle Risikoneigung des absichernden Unternehmens. Insofern wird bei diesem Vorgehen eine identische Risikoneigung aller IFRS-Anwender unterstellt. Die Festlegung einer individuellen Risikonutzenfunktion sollte allerdings in praxi kaum möglich sein.[406] Sofern von GÜRTLER die Vereinheitlichung der Risikoeinstellung im Rahmen dieses Effektivitätstestes beabsichtigt

---

[401]Vgl. Gürtler (2004), S. 588.
[402]Vgl. zur Herleitung Wiese (2009), S. 188.
[403]Vgl. ebenda, S. 189-191.
[404]Vgl. Abschnitt 4.2.3.3.3.
[405]Vgl. Wiese (2009), S. 189; Gürtler (2004), S. 588.
[406]Vgl. zu den Problemen die Ausführungen in Abschnitt 2.3.3.

Abbildung 16: Geometrische Interpretation des Gürtler-Tests

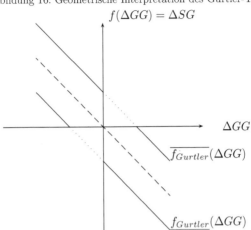

$$f(\Delta GG) = \Delta SG$$

Quelle: Eigene Darstellung in Anlehnung an Hailer/Rump (2005), S. 41.

ist, stellt sich die Frage nach der Notwendigkeit des Herleitung eines Effektivitätsintervalls über Sicherheitsäquivalente, da formale Identität mit der Methode der Relativen Differenz besteht. Des weiteren ist, aufgrund dieser formalen Identität zu fragen, wodurch eine solch signifikante Abweichung der empfohlenenen Effektivitätsschwellen von ±3% bei der Relativen Differenz und ±25% beim Vorgehen von Gürtler erklärt werden kann.

Aufgrund des identischen methodischen Vorgehens beider Methoden ist beim Test nach Gürtler ebenfalls zu kritisieren, dass lediglich die Veränderung der Gesamtposition für die Beurteilung herangezogen wird. Die Wertänderungen des Grund- und Sicherungsgeschäftes zueinander bleiben hierbei gänzlich unbeachtet. Allerdings entkräftet GÜRTLER diese Kritik mit dem Verweis auf den Bezug der Wertänderung zur Gesamtposition. Je größer die zu sichernde Gesamtposition, umso unbedeutender werden Abweichungen in der Wertänderung von Grund- und Sicherungsgeschäft zueinander. Insofern muss die Angemessenheit einer Messmethode auch vor dem Hintergrund der ihr zugrundeliegenden Definition von Hedge-Effektivität beurteilt werden.[407] Würde Effektivität im Rahmen des Hedge Accounting gemäß IAS 39 im Sinne einer gegenläufigen Wertentwicklung von Grund- und Sicherungsgeschäft verstanden, stellten die Methode der Relativen Differenz, Gürtlers Test und das Adjusted Hedge Intervall keine im Einklang mit IAS 39 stehenden Messmethoden dar.

---

[407]Vgl. Gürtler (2005), S. 372.

Unabhängig von den aufgeworfenen Fragestellungen soll - die 25%-Schwelle als angemessen annehmend - die Wirksamkeit des Tests zur Lösung des Problems der kleinen und der großen Zahlen anhand des Beispiels 3^{408} dargestellt werden.

	ΔGG_t	ΔSG_t	ΔGG_T	ΔSG_T	$Gürtler_t$	$Gürtler_T$
t_1	-3	+2	-3	+2	-0,001%	-0,001%
t_2	-29.997	+24.998	-30.000	+25.000	-4,999%	-5,000%

mit: $\Delta GG_T = \sum_{t=0}^{T} \Delta GG_t$ kumulierte Fair Value-Änderung Grundgeschäft

$\Delta SG_T = \sum_{t=0}^{T} \Delta SG_t$ kumulierte Fair Value-Änderung Sicherungsgeschäft

$Gürtler_t = \frac{GP_t}{GP_0}$ periodenbezogener Test nach Gürtler

$Gürtler_T = \frac{GP_T}{GP_0}$ kumulierter Test nach Gürtler

In beiden Perioden zeigt der Test nach Gürtler eine effektive Sicherungsbeziehung an, da alle Testergebnisse innerhalb der zulässigen Abweichung von $\pm 25\%$ liegen. Allerdings ist hier der Test nicht in der Lage, das Problem der großen Zahlen in Periode t_2 zu lösen. Dies ist jedoch kein Problem der methodischen Vorgehensweise des Tests, sondern vielmehr der zu groß gewählten Effektivitätsgrenze.[409]

4.2.3.3.9 Compliance Level

Der Zeitpunktbezug der Dollar Offset Ratio-Methoden ist lediglich in der Lage, eine Aussage über die Höhe der Abweichung von einer perfekten Sicherungsbeziehung zum Betrachtungszeitpunkt, nicht jedoch über die Güte der Abweichung in Bezug auf den implizit betrachteten Zeitraum zu liefern. Die Güte der Abweichung versteht sich dabei als die Häufigkeit der Nichteinhaltung der Effektivitätsgrenzen. Dabei wird vorgeschlagen, die relative Häufigkeit als Beurteilungskriterium heranzuziehen, was die Festlegung eines zulässigen prozentualen Grenzwertes, des sog. Compliance Level (CL) oder Compliance Threshold, erfordert.[410] Somit wäre eine Sicherungsbeziehung effektiv, wenn gilt:

$$CL \leq 1 - \frac{\text{Anzahl ineffektiver Ergebnisse}}{\text{Anzahl der Effektivitätstests}} \qquad (24)$$

---

[408]Vgl. Seite 92.

[409]Es wird im Beispiel davon ausgegangen, dass die Wertänderungen nicht mehr die Anforderungen an eine effektive Sicherungsbeziehung erfüllen. Anderenfalls läge ein Zirkelproblem vor.

[410]Vgl. Wiese (2009), S. 181 f.; Plattner (2007), S. 107.

Ermessensbehaftet ist hierbei die Wahl des Schwellenwertes, da in IAS 39 eine solch vor-
übergehende Nichteinhaltung der Effektivitätsgrenzen für die fortgesetzte Anwendbarkeit
der Hedge Accounting-Regeln nicht vorgesehen ist. Vielmehr enthält IAS 39.AG113 i.V.m.
IAS 39.88 (b), (e) den klarstellenden Wortlaut, dass ab dem Zeitpunkt, ab dem die retrospektive und/oder prospektive Effektivität nicht mehr nachgewiesen werden kann, das Hedge
Accounting einzustellen ist. Unter Verweis auf den Grundsatz der Wesentlichkeit (RK.26 ff.)
wird in Teilen der Literatur[411] argumentiert, dass bei vorübergehender retrospektiver Ineffektivität und gleichzeitig nachgewiesener prospektiver Effektivität eine Fortsetzung des Hedge
Accounting zulässig wäre. Der in dem Zusammenhang häufig geführte Verweis auf den Beitrag von JAMIN/KRANKOWSKY[412] vernachlässigt, dass in deren Beitrag auf den IGC 142-3
verwiesen wurde, der dieses Vorgehen gestattete.[413] Die Argumentation für ein solches Compliance Level auf Basis des Grundsatzes der Wesentlichkeit führt vor dem Hintergrund der
ausdrücklichen Regelung des IAS 39.AG113, der Vorrang hat[414], ins Leere.

Neben dem Problem der Vereinbarkeit mit den Regelungen des IAS 39 stellt sich zudem
die Frage nach der praktischen Anwendbarkeit der Methode. Angenommen, ein mit dem
Grundsatz der Wesentlichkeit zu vereinbarendes Compliance Level läge bei $CL = 0,9$. Die
Anzahl der Effektivitätstests entspricht jeweils ganzzahligen Werten, so dass mindestens zehn
durchgeführte Effektivitätstests notwendig wären, bevor höchstens ein ineffektives Ergebnis
tolerierbar ist. Gemäß IAS 39.AG106 muss mindestens zu jedem Stichtag, an dem ein Jahres-
oder Zwischenbericht erstellt wird, die retrospektive und prospektive Effektivität überprüft
werden. Für deutsche IFRS-Anwender ergibt sich aufgrund § 37w i.V.m. § 37y WpHG die
Pflicht zur Halbjahresfinanzberichterstattung und zusätzlich für im Prime Standard notier-
te Unternehmen aufgrund § 66 Abs. 1 Börsenordnung der Frankfurter Wertpapierbörse die
Pflicht zur Quartalsberichterstattung. Zwar wird ein häufigerer unterjähriger Effektivitätstest in der Literatur vor dem Hintergrund eines Risikocontrollings, verminderter Auswirkungen eintretender Ineffektivitäten auf die GuV bzw. schnellere Designationsmöglichkeit in eine
neue Sicherungsbeziehung empfohlen[415], jedoch sind die Tests lediglich zu den Berichtszeit-
punkten notwendig, um über die Einhaltung aller Anwendungsvoraussetzungen des Hedge

---

[411]Vgl. Plattner (2007), S. 107; Kuhn/Scharpf (2006), Rz. 2554 f.; a.A. PWC (2011), Rz. 10.149;
   KPMG (2009), Rz. 3.7.570.10.
[412]Vgl. Jamin/Krankowsky (2003), S. 505.
[413]„[...] even if a hedge is not expected to be highly effective in a particular period, hedge accounting is not precluded if effectiveness is expected to remain sufficiently high over the life of the
   hedging relationship." Vgl. IAS 39 (2002), der im Rahmen einer grundsätzlichen Überarbeitung
   der Implementation Guidance im Dezember 2003 ersetzt wurde.
[414]Vgl. Abschnitt 3.3.1.
[415]Vgl. PWC (2011), Rz. 10.151; Kuhn/Scharpf (2006), Rz. 2471.

Accounting entscheiden zu können. Bei einer Quartalsberichterstattung hieße das, dass erst im dritten Jahr nach Designation der Sicherungsbeziehung das Compliance Level sinnvoll eingesetzt werden könnte. Dieser Zeitraum erhöht sich mit Anhebung des Compliance Levels bzw. Verlängerung der Berichtszeiträume.

Aufgrund der Unvereinbarkeit des Compliance Levels mit den Regelungen des IAS 39 sowie der Anwendungsprobleme wird auf eine Anwendung dieses Verfahrens auf das Beispiel 3[416] verzichtet.

4.2.3.4 Anwendbarkeit

Grundsätzlich sind neben der Ausgangsform des Dollar Offset Ratio alle dargestellten Modifikationen - mit Ausnahme des Compliance Level - IAS 39 konform. Mit Hilfe der Dollar Offset-Methoden können Sicherungsbeziehungen hinsichtlich ihrer Effektivität beurteilt werden, bei denen eine oder mehrere Grundgeschäfte designiert wurden. Werden mehrere Grundgeschäfte im Rahmen einer Sicherungsbeziehung designiert, ist dies nur als Gruppen- oder Portfoliohedge möglich, die jedoch das Vorliegen homogener resp. identischer Risikofaktoren erfordern.[417] Insofern werden die Wertänderungen der Grundgeschäfte bezüglich des Risikofaktors als Einheit betrachtet. Ein einzelnes Grundgeschäft kann aber auch hinsichtlich mehrerer Risikofaktoren Bestandteil einer oder mehrerer Sicherungsbeziehung(en) sein. Eine Aufspaltung der Wertänderung des Grundgeschäfts auf die gesicherten Risikofaktoren ist möglich, da die Messbarkeit des Risikos eine Voraussetzung für die Designation darstellt.[418] Die Notwendigkeit zu einer solchen Aufspaltung ist dann nicht gegeben, wenn die Absicherung durch ein Sicherungsinstrument erfolgt, dass alle zu sichernden Risikofaktoren enthält. Besteht die Sicherungsposition aus mehreren Sicherungsinstrumenten, müssen diese dann zwingend als Einheit hinsichtlich ihrer Wertänderungen betrachtet werden, wenn sich ihre Wertentwicklungen untereinander bezüglich eines Risikofaktors teilweise ausgleichen.[419]

Die Dollar Offset-Methoden basieren auf einem Vergleich von in Geldeinheiten messbaren Wertänderungen. Insofern sind eine Eingrenzung hinsichtlich zulässiger Risikofaktoren und eine Identität des Basiswertes nicht notwendig. Die Anwendung des Dollar Offset Ratio ist auch für dynamische Sicherungsbeziehung möglich. Die Messung der Wertänderungen ist nicht von einer Mindestanzahl an Datenpunkten abhängig, so dass nach jeder erfolgten An-

---

[416]Vgl. Seite 92.
[417]Vgl. Abschnitt 3.5.3.
[418]Vgl. Abschnitt 3.3.4.
[419]Vgl. Abschnitt 3.4.3.

passung der Sicherungsbeziehung die Ermittlung der erreichten Risikokompensation möglich
ist.

Auch wenn der IAS 39.AG105 (b) die notwendige Effektivitätsschwelle quantifiziert, bleiben
doch hinsichtlich der Modifikationen Ermessensspielräume durch den Bilanzierenden, die die
Vergleichbarkeit der Messergebnisse beeinträchtigen. So werden beispielsweise die Schwellen
für den Toleranzwert kontrovers in der Literatur festgelegt. Hinsichtlich der Wertausprägung einzelner Parameter beim Hedge Intervall, dem Adjusted Hedge Intervall und der Lipp
Modulated Dollar Offset Methode wird explizit auf das Ermessen des Bilanzierenden abgestellt. Zudem kann die bilanzielle Abbildung der tatsächlich erreichten Kompensation von
Grund- und Sicherungsgeschäft von der Einschätzung der retrospektiven Effektivität abweichen, da die Effektivitätseinschätzung durch entsprechende Modifikationen der Ausgangsform des Dollar Offset Ratio möglich ist, die Ermittlung der Buchungsbeträge jedoch zwingend auf die tatsächlichen Wertänderungsbeträge[420] abstellt. Folglich ist auch der ineffektive
Teil der Sicherungsbeziehung mittels der Ausgangsform des Dollar Offset Ratio direkt bestimmbar, indem der Überhang der Wertänderungen des Grund- über das Sicherungsgeschäft
oder umgekehrt ermittelt wird.

In der Darstellung der Ausgangsform des Dollar Offset Ratio wurden vier Problemkreise
diskutiert, die mit Hilfe der Modifikationen gelöst werden sollten. Wie in den Erläuterungen
der einzelnen weiterentwickelten Dollar Offset-Methoden dargestellt wurde, zielten diese auf
die Lösung der Probleme der kleinen und großen Zahlen. Die Probleme des Vorzeichenwechsels und des statischen Zeitbezugs können teilweise durch eine kumulierte Betrachtung der
Wertänderungen gelöst werden. Allerdings kann, wie in Abschnitt 4.2.3.2 verdeutlicht wurde,
erneut das Problem der kleinen Zahlen auftreten oder der Abstand der kumulierten Wertänderungen von Grund- und Sicherungsgeschäft steigt derart, dass der Effektivitätskorridor
verlassen wird. Insofern werden in der Literatur und Praxis weitere Methoden vorgeschlagen,
die in den folgenden Abschnitten vorgestellt werden.

---

[420]Vgl. Ernst&Young (2012), S. 3363.

4.2.4 Sensitivitätsmethoden

4.2.4.1 Überblick

Mit Hilfe der Sensitivitätsanalyse wird die Reagibilität des Marktwerts eines Finanzinstruments auf Veränderungen der preisbestimmenden Risikofaktoren beurteilt.[421] Als gängige Sensitivitätsmaße im Rahmen der Effektivitätsbeurteilung werden der Marktdaten-Shift, die Duration, der Basis Point Value[422] sowie der Value at Risk und die Regression genannt.[423]

Beim Marktdaten-Shift wird die Zeitwertänderung des gesicherten und absichernden Geschäfts einer Sicherungsbeziehung bei Variation eines preisbestimmenden Faktors ceteris paribus beobachtet und daraus die Effektivität der Sicherungsbeziehung abgeleitet. Hierbei wird von einer konkreten hypothetischen Änderung des Risikofaktors ausgegangen, um dann die Zeitwerte bzw. Zahlungsströme von Grund- und Sicherungsgeschäft zu ermitteln. Diese hypothetischen Werte werden dann zueinander ins Verhältnis gesetzt, um die Effektivität der Sicherungsbeziehung zu bestimmen. Vor diesem Hintergrund ordnet PWC die Methode des Marktdaten-Shift den Dollar Offset-Methoden zu.[424] Dabei können sämtliche Risikofaktoren berücksichtigt werden, z.B. Devisenkurse, Zinsen, Indizes oder Aktienkurse.[425]

Die Sensitivität für Zinsänderungsrisiken kann alternativ auch mittels Duration oder Basis Point Value bestimmt werden. Duration und Basis Point Value stellen zwei inhaltlich eng miteinander verbundene Risikomesskonzepte dar, so dass diese im folgenden Abschnitt 4.2.4.2.1 auch gemeinsam betrachtet werden.

Weiterhin wird die Regression in Verbindung mit der Sensitivitätsanalyse gesehen.[426] Wie bereits ausgeführt, fragt die Sensitivitätsanalyse, ob die Marktwerte von Grund- und Sicherungsgeschäft auf eine bestimmte Änderung des Risikofaktors in ähnlicher Höhe mit entgegengesetztem Vorzeichen reagieren. Dabei wird das Vorliegen eines funktionalen Zusammenhangs zwischen der Veränderung des preisbestimmenden Risikofaktors und der Wertänderung des Grund- bzw. Sicherungsgeschäfts vorausgesetzt. Die Regression prüft diesen Zusammenhang für eine große Anzahl von Änderungen des Risikofaktors, um damit einen funktionalen Zusammenhang der Marktwerte von Grund- und Sicherungsgeschäft zu formu-

---

[421]Vgl. Wiese (2009), S. 150; Schmidt et al. (2007), S. 98; Kuhn/Scharpf (2006), Rz. 2600; Lantzius-Beninga/Gerdes (2005), S. 111.

[422]Vgl. IDW S HFA 9, Rz. 328; Kuhn/Scharpf (2006), Rz. 2432.

[423]Vgl. Wiese (2009), S. 150; Plattner (2007), S. 119 ff.

[424]Vgl. PWC (2011), Rz. 10.172.

[425]Vgl. Wiese (2009), S. 160.

[426]Vgl. Wiese (2009), S. 161.

lieren. Insofern unterscheidet sich die Regressionsanalyse vom Sensitivitätskonzept und wird als selbständiges Messkonzept in Abschnitt 4.2.5 erörtert.

Der Value at Risk wird ebenfalls in Verbindung mit der Sensitivitätsanalyse gesehen.[427] Der Value at Risk stellt das maximale Verlustpotential eines Geschäfts aufgrund der Volatilität eines preisbestimmenden Faktors über eine bestimmte Liquidationsperiode für eine vorab definierte Sicherheitswahrscheinlichkeit dar.[428] Zur Effektivitätseinschätzung werden der Value at Risk des Grundgeschäfts mit dem Value at Risk der Gesamtposition aus Grund- und Sicherungsgeschäft verglichen, um damit den Risikoreduktionseffekt der Sicherungsbeziehung zu messen. Aus diesem Grund wird das Value at Risk-Konzept im Zusammenhang mit den Risikoreduktionsmethoden in Abschnitt 4.2.6.1.4 erläutert.

4.2.4.2 Duration und Basis Point Value

4.2.4.2.1 Methodendarstellung

Sowohl die Duration als auch der Basis Point Value messen die Empfindlichkeit festdefinierter zinsabhängiger Zahlungsströme (festverzinslicher Wertpapiere) auf Änderungen des Kapitalmarktzinses. Beide Konzepte unterscheiden sich dabei in Teilen hinsichtlich ihres Vorgehens sowie in der Maßeinheit ihrer Ergebnisse.

Eine Änderung des Kapitalmarktzinses hat auf ein festverzinsliches Wertpapier zwei gegensätzliche Wirkungen. Zum einen hat es Auwirkungen auf den Zeitwert der Anleihe und zum anderen auf die Wiederanlagemöglichkeit der bisherigen Zahlungsströme aus dem Wertpapier. Die Duration fragt vor diesem Hintergrund nach dem Zeitpunkt, in dem sich die durch Zinsänderungen eingetretenen Wiederanlageerfolge mit den Kurserfolgen des gehaltenen Zinsinstruments ausgleichen. Dies entspricht dem sog. Immunisierungszeitpunkt.[429] Rechnerisch kann dies durch eine Grenzwertbetrachtung der Wertänderung des Finanzinstruments hergeleitet werden.[430] Der Zeitwert der Anleihe im gesuchten Durationszeitpunkt (FV_D) darf durch Änderungen des Zinssatzes (i) nicht mehr beeinflusst werden, d.h. $\frac{\delta FV_D}{\delta i} = 0$. Damit ergibt sich die Duration (D) eines festverzinslichen Wertpapiers als das zeitgewichtete arithmetische Mittel aller auf den Zeitpunkt $t = 0$ diskontierten künftigen

[427]Vgl. Wiese (2009), S. 160; Plattner (2007), S.127 ff.; Auer (2002), S. 17; Scharpf/Luz (2000), S. 141.
[428]Vgl. Horsch/Schulte (2010), S. 17; Auer (2002), S. 14.
[429]Vgl. Martellini et al. (2003), S. 170; Oehler/Unser (2002), S.131 ff.
[430]Dies gilt nur für reine Zinsinstrumente ohne derivative Eigenschaften, vgl. Fabozzi (2006), S. 246.

Zahlungsströme (CF_t).[431]

$$D = \frac{\sum_{t=0}^{n} t * CF_t * (1+i)^{-t}}{\sum_{t=0}^{n} *CF_t * (1+i)^{-t}} \tag{25}$$

Ökonomisch interpretiert stellt die Duration die mittlere Kapitalbindungsdauer einer Investition in ein festverzinsliches Wertpapier dar.[432] Diese von MACAULAY 1938 entwickelte Kennziffer wird in Zeiteinheiten gemessen.[433] Je größer die Duration ausfällt, umso stärker ist dieses festverzinsliche Investment einem Zinsänderungsrisiko ausgesetzt.[434]

Um die Risikoüberlegung in den Vordergrund zu heben, entwickelte HICKS 1939 eine ähnliche Kennzahl, die auf der Frage nach der Elastizität (ϵ) des Barwertes eines festverzinslichen Wertpapiers in Abhängigkeit vom Kapitalmarktzins (i) basiert.

$$\epsilon = -\frac{\delta FV}{FV} * \frac{i}{\delta i} = -\frac{\delta FV}{\delta i} * \frac{i}{FV} \tag{26}$$

Das negative Vorzeichen drückt die negative Korrelation des Barwertes mit dem Zins aus. Ermittelt wird die relative Zinselastizität bezüglich des Anfangsbarwerts der Anleihe. Die Elastizität ist dimensionslos.[435] Nach Einsetzen und Umformen[436] ergibt sich als Risikomaß die sog. Modifizierte Duration (D_{mod})

$$D_{mod} = D * \frac{1}{1+i} \tag{27}$$

Die Modifizierte Duration drückt die prozentuale Kursänderung eines festverzinslichen Wertpapiers in Abhängigkeit von einer Veränderung des Zinsniveaus aus.[437] Je größer die Maßzahl, desto empfindlicher reagiert das Wertpapier auf Zinssatzänderungen.

Der Basis Point Value als drittes Sensitivitätsmaß zeigt an, wie der Marktwert eines Finanzinstruments auf eine marginale Zinssatzänderung reagiert. Unter einer marginalen Zinssatzänderung wird eine Änderung um einen Basispunkt, das entspricht $0,01\%$, verstanden. Damit wird das Zinsänderungsrisiko als absolute Wertänderung in Geldeinheiten ausgedrückt.[438]

---

[431]Für eine Herleitung der Durationsgleichung vergleiche Anhang D.
[432]Vgl. Kruschwitz/Schöbel (1986b), S. 550.
[433]Vgl. Hull (2009), S. 87; Oehler/Unser (2002), S. 136.
[434]Vgl. Wiese (2009), S. 156 m.w.N.
[435]Vgl. Hull (2009), S. 89 f.; Oehler/Unser (2002), S. 136.
[436]Für eine entsprechende Darstellung vergleiche Anhang D.
[437]Vgl. Fabozzi (2006), S. 220.
[438]Vgl. Plattner (2007), S. 126; Fabozzi (2006), S. 225, der dies auch als „Dollar Duration of a Basis Point" bezeichnet.

Formal stellt der Basis Point Value (BPV) die partielle Ableitung der Marktwertfunktion nach dem Zinssatz (i) dar, der anschließend mit einem Basispunkt $(1BP \hat{=} 0,01\%)$ multipliziert wird[439]:

$$BPV = \frac{\delta FV_0}{\delta i} * 1BP = \sum_{t=0}^{T} -t * CF_t * (1+i)^{-t-1} * \frac{1}{10.000} \qquad (28)$$

Je höher der BPV ausfällt, umso stärker reagiert das Finanzinstrument auf eine marginale Zinssatzänderung, d.h. desto stärker ist dessen Zinssensitivität.[440] Damit wird auch die Ähnlichkeit mit der Modifizierten Duration deutlich, die eine relative Marktwertveränderung ausdrückt. Insofern kann aus der Modifizierten Duration näherungsweise der Basis Point Value durch Multiplikation mit dem Anfangsbarwert und - aufgrund der Normierung des BPV in Basispunkten - Division durch 10.000 ermittelt werden $(BPV = -\frac{D_{mod}*FV_0}{10.000})$.[441]

Das Durationskonzept basiert auf einer Reihe von Annahmen[442], die zu ungenauen Messergebnissen führen, jedoch durch Weiterentwicklungen teilweise aufgehoben werden können. Durch die Verwendung laufzeitspezifischer Zerobondrenditen zur Diskontierung der Zahlungsströme statt eines einzigen Diskontierungszinses wird die Annahme einer flachen Zinsstrukturkurve obsolet. Diese Modifikation wird als Effective Duration bezeichnet. Eine weitere Restriktion des Ursprungsmodells betrifft die angenommene Parallelverschiebung der Zinsstrukturkurve, die durch die Variation einzelner Kassazinssätze, der sog. Key Rates, umgangen werden kann. Im Ergebnis erhält man ein Set laufzeitspezifischer Sensitivitätskennzahlen, die sog. Key Rate Durationen.[443] Das dritte Problem des Durationskonzeptes betrifft ihren Schätzfehler aufgrund der Krümmung der Barwertfunktion, d.h. größere Zinssatzänderungen haben einen überproportional starken Einfluss auf den Barwert. Da die Duration als Steigung der Barwertfunktion an einem bestimmten Punkt ermittelt wird, entspricht sie einer Tangente. Folglich führt das Durationskonzept bei größeren Zinssatzänderungen mit entsprechend stärkerer Krümmung der Barwertfunktion zu Schätzfehlern. Dieser Schätzfehler kann mit Hilfe eines sog. Konvexitätsfaktors korrigiert werden.[444]

Die Prämissen, dass das Risiko einer einmaligen infinitisimalen Zinsänderung direkt nach dem Anleiheerwerb betrachtet wird sowie eine Wiederanlage der Zahlungsströme aus der Anleihe

---

[439]Vgl. Hull (2009), S. 88; Wiese (2009), S. 153; Plattner (2007), S. 124 f.
[440]Vgl. Wiese (2009), S. 153.
[441]Vgl. Fabozzi (2006), S. 225.
[442]Vgl. Plattner (2007), S. 120 ff.; Oehler/Unser (2002), S. 138; Kruschwitz/Schöbel (1986a), S. 608.
[443]Vgl. Plattner (2007), S. 123.
[444]Vgl. Hull (2009), S. 90; Plattner (2007), S. 121; Oehler/Unser (2002), S. 139 f.

zum Marktzins erfolgt[445], bleiben auch in den Weiterentwicklungen bestehen. Konzeptionell nachteilig an der Durationsmethode ist, dass es sich um ein statisches Konzept handelt, das zu einem permanten Anpassungsbedarf der Sicherungsbeziehung führt.[446]

Zur Beurteilung der prospektiven Effektivität einer Sicherungsbeziehung mittels Duration und Basis Point Value werden zwei verschiedene Herangehensweisen vorgeschlagen. Zum einen wird vorgeschlagen, die Durationen resp. Basis Point Values von Grund- und Sicherungsgeschäft miteinander ins Verhältnis zu setzen.[447] Liegt das Ergebnis in den von IAS 39 vorgegebenen Intervallgrenzen, liegt eine effektive Sicherungsbeziehung vor.[448]

Zum anderen kann die zu Beginn der Sicherungsbeziehung ermittelte optimale Hedge Ratio, d.h. das Volumen des zu designierenden Sicherungsgeschäfts für eine optimale Risikoabsicherung, mit der tatsächlich designierten Sicherungsbeziehung verglichen werden. Dabei ermittelt sich die optimale Hedge Ratio auf Grundlage der Durationen resp. Basis Point Values von Grund- und Sicherungsgeschäft wie folgt:[449]

$$HR_D^{opt} = \frac{Nominalwert_{GG}*D_{GG}}{Nominalwert_{SG}*D_{SG}}$$
$$HR_{D_{mod}}^{opt} = \frac{Nominalwert_{GG}*D_{modGG}}{Nominalwert_{SG}*D_{modSG}} \quad (29)$$
$$HR_{BPV}^{opt} = \frac{Nominalwert_{GG}*BPV_{GG}}{Nominalwert_{SG}*BPV_{SG}}$$

mit: BPV Basis Point Value
D Duration
D_{mod} Modifizierte Duration
HR^{opt} optimale Hedge Ratio
GG Grundgeschäft
SG Sicherungsgeschäft

Zur Einschätzung der Effektivität werden anschließend die optimale Hedge Ratio (HR^{opt}) mit der tatsächlichen Hedge Ratio (HR^{tats}) verglichen. Effektivität im Sinne des IAS 39 ist zu bejahen, wenn die tatsächliche Hedge Ratio zwischen 80% und 125% der optimalen Hedge

[445]Vgl. Oehler/Unser (2002), S. 138.
[446]Vgl. Wiese (2009), S. 155.
[447]Vgl. Barz et al. (2008), S. 536.
[448]Für einen entsprechenden Vorschlag auf Basis des BPV vgl. Plattner (2007), S. 127. Aufgrund der inhaltlichen Verbindung beider Sensitivitätsmaße wird eine analoge Anwendung auf die Duration vorgeschlagen.
[449]Vgl. Wiese (2009), S. 154, 157.

Ratio beträgt.[450] Inhaltlich entsprechen sich beide Vorgehensweisen, da sich letztgenannte Methode in die erstere überführen lässt:

$$
\begin{aligned}
HR_{BPV}^{opt} &= \frac{Nominalwert_{GG}*BPV_{GG}}{Nominalwert_{SG}*BPV_{SG}} \\
HR^{tats} &= \frac{Nominalwert_{GG}}{Nominalwert_{SG}} \\
\Rightarrow \frac{HR_{BPV}^{opt}}{HR^{tats}} &= \frac{Nominalwert_{GG}*BPV_{GG}}{Nominalwert_{SG}*BPV_{SG}} * \frac{Nominalwert_{SG}}{Nominalwert_{GG}} = \frac{BPV_{GG}}{BPV_{SG}}
\end{aligned}
\tag{30}
$$

Die am Beispiel des Basis Point Value vorgenommene Darstellung lässt sich auch auf die Duration und Modifizierte Duration übertragen.

4.2.4.2.2 Anwendbarkeit

Wie anhand der Methodendarstellung verdeutlicht wurde, messen die beiden Durationskonzepte sowie der Basis Point Value die Sensitivität von zinsabhängigen Zahlungsströmen. Insofern ist die Anwendung dieser Risikomaße auf die Änderung der Zinsstrukturkurve als Risikofaktor beschränkt. Daraus folgt, dass die Basiswerte von Grund- und Sicherungsgeschäft insofern identisch sind, als es sich um zinssatzabhängige Positionen handelt.

Aus der Identität der Risikofaktoren folgt auch, dass eine Anwendung für alle drei in Abschnitt 3.5.3 dargestellten zulässigen Strukturen von Sicherungsbeziehungen - Mikro-, Gruppen- und Portfoliohedge - denkbar ist. Beim Gruppenhedge werden Grundgeschäfte designiert, die einem homogenen Risiko unterliegen. Homogene Risiken liegen vor, wenn die Wertentwicklung der einzelnen Geschäfte zwischen 90% und 110% der Wertentwicklung der Gruppe liegen.[451] Folglich liegt es nahe, dass neben einer zinstragenden Position in der Gruppe nur weitere zinstragende Positionen enthalten sind, da eine homogene Wertentwicklung von Zinspositionen mit anderen Risikofaktoren eher zufälliger Natur ist. Im Rahmen von Portfoliohedges wird die Nettoposition eines Portfolio abgesichert, indem ein prozentualer Anteil der finanziellen Vermögenswerte bzw. Schulden designiert wird.[452] Dabei ist die Anwendung des Portfoliohedges auf Zinsänderungsrisiken beschränkt (IAS 39.81A), somit sind die Sensitivitätsmethoden auch hierfür einsetzbar. Die im vorherigen Abschnitt dargestellten Berechnungsmodalitäten beschränkten sich auf den Fall des Mikrohedges. Die Sensitivitäts-

---

[450]Es finden sich in der Literatur keine Angaben zu von den Grenzwerten des IAS 39 abweichend anzuwendenden Effektivitätsintervallen.

[451]Vgl. Lüdenbach in Haufe (2011), § 28, Rz. 243; PWC (2011), Rz. 10.18 mit Verweis auf US-GAAP-Regelungen; Kuhn/Scharpf (2006), Rz. 2230 ff.

[452]Vgl. Barz et al. (2008), S. 535.

maße sind jedoch auch auf den Portfoliofall übertragbar. Die Sensitivität eines Portfolios ermittelt sich dabei aus den marktpreisgewichteten Einzelsensitivitäten.[453]

Portfoliohedges stellen dynamische Sicherungsstrategien dar, d.h es ist lediglich eine Aussage über die Effektivität bis zur nächsten Portfolioanpassung möglich. Im Fall einer statischen Sicherungsstrategie sind die Sensitivitätsmaße ebenfalls nicht in der Lage, eine Aussage über die Effektivität für die Gesamtlaufzeit zu liefern, da Duration und Basis Point Value laufzeitabhängige Werte darstellen, die sich folglich bei Veränderung der Restlaufzeiten auch verändern.[454]

Hinsichtlich der Vergleichbarkeit mit anderen Methoden der Effektivitätseinschätzung wurde das Kriterium der Messbarkeit in Geldeinheiten angelegt. Die Zinssensitivität wird lediglich durch das Sensitivitätsmaß des Basis Point Value in Geldeinheiten ausgedrückt. Allerdings lassen sich die beiden Durationsmaße näherungsweise in den Basis Point Value überführen. Die Ableitung des ineffektiven Betrages der Sicherungsbeziehung ist sodann aus dem Überhang des Basis Point Value des Grund- über den Basis Point Value des Sicherungsgeschäfts, et vice versa, möglich.

4.2.5 Regressionsanalyse

4.2.5.1 Methodendarstellung

4.2.5.1.1 Statistische Grundlagen

Die Regressionsanalyse ist ein statistisches Verfahren zur Untersuchung und Darstellung der Abhängigkeit metrisch skalierter Variablen.[455] Somit besteht der erste Prozessschritt bei Anwendung der Regressionsanalyse darin, die abhängige Variable und die unabhängige(n) Variable(n) zu bestimmen, so dass darauf aufbauend die Regressionsfunktion in der allgemeinen Form

$$y_t = \alpha + \beta_1 * x_{1,t} + \beta_2 * x_{2,t} + \dots + \beta_n * x_{n,t} + \epsilon_t \qquad (31)$$

---

[453]Vgl. Hull (2009), S. 90.
[454]Vgl. Wiese (2009), S. 155, 159.
[455]Vgl. Backhaus et al. (2008), S. 55; Plattner (2007), S. 143.

mit: y_t Ausprägung der abhängigen Variablen bei der t-ten Beobachtung

α Ordinatenabstand

β_n Abhängigkeitsparameter der n-ten unabhängigen Variablen

$x_{n,t}$ Ausprägung der n-ten unabhängigen Variablen bei der t-ten Beobachtung

ϵ_t Ausprägung des Störterms bei der t-ten Beobachtung

t Zeitpunkt oder Zustand

ausgedrückt werden kann.[456] Der Störterm ϵ drückt die Auswirkungen unberücksichtigter Einflussgrößen auf die Ausprägung der abhängigen Variablen sowie Fehler in den Daten infolge von Mess- und Auswahlfehlern aus.[457] Liegt nur eine unabhängige Variable vor, handelt es sich um ein einfaches lineares Regressionsmodell. Im Fall mehrerer unabhängiger Variablen, d.h. $n > 1$, spricht man von einem multiplen linearen Regressionsmodell.[458]

Die Anwendung der Regressionsmethode unterliegt diversen Prämissen hinsichtlich der Modellspezifikation sowie der Eigenschaften der enthaltenen Variablen.[459] Hinsichtlich der Modellspezifikation wird ein linearer Wirkungszusammenhang zwischen abhängigen und unabhängigen Variablen mit konstanten Parametern α und β_n für alle Beobachtungspaare angenommen. Zudem müssen alle relevanten erklärenden Variablen im Modell enthalten und die enthaltenen Variablen auch relevant für den zu beschreibenden Zusammenhang sein. Schlussendlich muss die Zahl der zu schätzenden Parameter kleiner als die Zahl der Beobachtungen sein. Die im Modell enthaltenen unabhängigen Variablen sind zufallsabhängig und weisen nicht für alle Beobachtungen den gleichen Wert auf. Des Weiteren darf zwischen den erklärenden Variablen keine lineare Abhängigkeit vorliegen (sog. Freiheit von Kollinearität) und auch erklärende Variablen und Störgröße dürfen nicht korreliert sein. Die notwendigen Eigenschaften des Störterms sind ein Erwartungswert gleich Null sowie eine konstante Varianz (sog. Homoskedastizität). Darüber hinaus sind die Ausprägungen des Störterms normalverteilt und unkorreliert (d.h. fehlende Autokorrelation).

Um die Parameter α und β_n schätzen zu können, wird aus den Werteausprägungen der abhängigen und unabhängigen Variablen diejenige Regressionsgerade bestimmt, bei der die Summe der quadrierten vertikalen Abstände der Datenpunkte von der Geraden minimal ist,

---

[456]Vgl. von Auer (2007), S. 139; Fahrmeir et al. (2003), S. 493.

[457]Vgl. Backhaus et al. (2008), S. 61; von Auer (2007), S. 35 f.

[458]Die weiteren Ausführungen konzentrieren sich im Wesentlichen auf die Einfachregression, da diese normalerweise im Rahmen der Effektivitätseinschätzung Anwendung findet. Vgl. Deloitte (2012), Part C, S. 652; PWC (2011), Rz. 10.174 sowie die Erläuterungen auf Seite 136.

[459]Vgl. Wiese (2009), S. 229 ff.; Plattner (2007), S. 148; von Auer (2007), S. 47, 146.

sog. Methode der kleinsten Quadrate.[460] Somit erhält man im Fall der Einfachregression die Schätzer $\hat{\alpha}$ und $\hat{\beta}$ durch die Gleichungen[461]

$$\hat{\alpha} = \overline{y} - \hat{\beta}\overline{x}$$

$$\hat{\beta} = \frac{\sum\limits_{t=0}^{T}(x_t - \overline{x})(y_t - \overline{y})}{\sum\limits_{t=0}^{T}(x_t - \overline{x})^2} \tag{32}$$

mit: $\overline{x}$ arithmetisches Mittel der beobachteten Werte von x: $x = \frac{1}{T}\sum\limits_{t=0}^{T} x_t$

$\overline{y}$ arithmetisches Mittel der beobachteten Werte von y: $y = \frac{1}{T}\sum\limits_{t=0}^{T} y_t$

Die Beobachtungspaare (x_t, y_t) können in unterschiedlichem Maße um die geschätzte Regressionsgerade streuen. Eine hohe Streuung deutet auf einen großen Einfluss des Störterms auf die Wertausprägungen hin. Insofern muss die Güte der gefundenen Regressionsgerade hinsichtlich ihres Erklärungsgehaltes der Wertausprägung der abhängigen für die Wertausprägung der unabhängigen Variablen überprüft werden. Hierfür wird der Anteil der durch die geschätzte Regressionsgerade erklärten Streuung an der gesamten Streuung ermittelt. Dies erfolgt durch das Bestimmtheitsmaß R^2:[462]

$$R^2 = \frac{\sum\limits_{t=1}^{T}(\hat{y}_t - \overline{y})^2}{\sum\limits_{t=1}^{T}(y_t - \overline{y})^2} \tag{33}$$

wobei $0 \leq R^2 \leq 1$

mit: $\hat{y}_t$ mittels Regressionsgerade geschätzter Wert von y

y_t tatsächlicher Wert von y

$\overline{y}$ arithmetisches Mittel der beobachteten Werte von y

Je größer dieser Anteil, d.h. je größer R^2 ist, desto besser sind die Schätzer $\hat{\alpha}$ und $\hat{\beta}$ in der Lage, die Abhängigkeit zwischen den Variablen zu erklären bzw. desto geringer ist der Einfluss von Störtermen. Bei einem $R^2 = 0$ liefert das Regressionsmodell keine, bei einem $R^2 = 1$ eine perfekte Erklärung für die beobachteten Datenpaare. Bei einem fehlenden oder sehr geringen Erklärungsgehalt ist zu hinterfragen, ob bspw. weitere exogene Größen zu be-

---

[460]Vgl. von Auer (2007), S. 52; Kuhn/Scharpf (2006), Rz. 2630; für multiple Regression vgl. Veth (2006), S. 271.

[461]Vgl. für eine ausführliche Herleitung von Auer (2007), S. 55 f.; Fahrmeir et al. (2003), 152 f.

[462]Vgl. Fahrmeir et al. (2003), S. 157.

rücksichtigen wären oder ob tatsächlich ein linearer Zusammenhang zwischen den Variablen besteht.[463]

Neben dieser Globalprüfung der Anpassungsgüte der geschätzten Regressionsfunktion an die beobachteten Daten durch das Bestimmtheitsmaß ist zudem zu prüfen, ob die geschätzte Regressionsfunktion auch über die Stichprobe hinaus für die Grundgesamtheit Erklärungsgehalt besitzt. Dieser Test auf statistische Signifikanz wird mittels der F-Statistik durchgeführt.[464] Bei diesem sog. F-Test wird als zu prüfende Nullhypothese H_0 ein fehlender Zusammenhang zwischen der abhängigen und den unabhängigen Variablen postuliert, somit:

$$H_0 : \beta_1 = \beta_2 = ... = \beta_n = 0 \qquad (34)$$

Dabei macht sich der F-Test die Erkenntnisse des Bestimmtheitsmaßes zu Nutze, indem bei einer zutreffenden Nullhypothese - also einem fehlenden Erklärungsgehalt der definierten exogenen Variablen - die beobachtete Streuung durch die Residuenquadrate erklärt werden kann. In diesem Fall läge das Bestimmtheitsmaß R^2 nahe Null.[465] Zudem ist bei der Ermittlung des F-Wertes der Stichprobe (F_{emp}) die Zahl der Freiheitsgrade zu berücksichtigen. Freiheitsgrade stellen die voneinander unabhängigen Merkmalswerte einer Stichprobe dar. Somit ergibt sich der F-Wert der Stichprobe wie folgt:[466]

$$F_{emp} = \frac{\frac{R^2}{J}}{\frac{1-R^2}{K-J-1}} \qquad (35)$$

mit: J   Zahl der unabhängigen Variablen
      K   Stichprobenumfang

Anschließend ist der F-Wert der Stichprobe mit dem theoretischen F-Wert bei einem festzulegenden Signifikanzniveau zu vergleichen. Das Signifikanzniveau α drückt dabei die Irrtumswahrscheinlichkeit aus, mit der die Nullhypothese abgelehnt wird, obwohl sie richtig ist. Der theoretische F-Wert (F_{tab}) kann unter Berücksichtigung des Stichprobenumfangs, der Zahl der unabhängigen Variablen sowie des gewählten Signifikanzniveaus aus sog. F-Tabellen abgelesen werden. Liegt der F-Wert der Stichprobe unter dem theoretischen F-Wert, kann die Nullhypothese nicht verworfen werden, d.h. die unabhängigen Variablen besitzen keinen Erklärungsgehalt für die abhängige Variable. Für den Fall, dass der F-Wert der Stichprobe

---

[463]Vgl. Fahrmeir et al. (2003), S. 159. Zu den Modellannahmen der Regressionsanalyse vgl. S. 131.
[464]Vgl. Backhaus et al. (2008), S. 71.
[465]Vgl. Backhaus et al. (2008), S. 72; von Auer (2007), S. 210.
[466]Vgl. Backhaus et al. (2008), S. 73.

den theoretischen F-Wert übersteigt, ist die Nullhypothese abzulehnen, d.h. der theoretisch gefundene Zusammenhang zwischen abhängiger und unabhängigen Variablen scheint signifikant. Diese Entscheidungskriterien können wie folgt zusammengefasst werden:[467]

$$
\begin{aligned}
F_{emp} &> F_{tab} \rightarrow H_0 \text{ verwerfen, Zusammenhang ist signifikant} \\
F_{emp} &\leq F_{tab} \rightarrow H_0 \text{ nicht verwerfen, Zusammenhang ist nicht signifikant}
\end{aligned} \tag{36}
$$

Ein weiterer Test auf Güte des Regressionsmodells ist der t-Test. Während sich der F-Test simultan mit der Relevanz aller Regressoren beschäftigt, ist beim t-Test die Relevanz einzelner unabhängiger Variablen Gegenstand der Betrachtung.[468] Damit ergibt sich im Fall der Einfachregression eine Ergebnisidentität beider Tests.[469] Bei der Durchführung des t-Tests wird analog dem F-Test wiederum eine Nullhypothese formuliert. Diese statuiert einen fehlenden Einfluss einer unabhängigen Variablen auf die abhängige Variable, somit:

$$
H_0 : \beta_i = 0 \text{ mit i=1, ..., n} \tag{37}
$$

Der t-Wert der Stichprobe (t_{emp}) ermittelt sich beim Test dieser Nullhypothese als Quotient aus dem geschätzten Regressionskoeffizienten $\hat{\beta}_i$ und dessen Standardfehler $s_{\hat{\beta}_i}$. Der Standardfehler entspricht der über die Zahl der Freiheitsgrade normierten nicht erklärten Streuung. Formal ergibt sich somit:[470]

$$
t_{emp} = \frac{\hat{\beta}_i}{s_{\hat{\beta}_i}}
$$
$$
\text{mit: } s_{\hat{\beta}_i} = \sqrt{\frac{\sum\limits_{t=1}^{T}(y_t - \hat{y}_t)^2}{K - J - 1}} \tag{38}
$$

Anschließend wird der so ermittelte t-Wert der Stichprobe - analog zum F-Test - mit dem theoretischen t-Wert (t_{tab}) bei einem gegebenen Signifikanzniveau verglichen. Da aufgrund der Möglichkeit eines negativen Einflusses der unabhängigen Variable auf die abhängige Variable der rechnerische t-Wert auch negativ sein kann, muss dessen Betrag mit dem theoretischen t-Wert verglichen werden. Demnach ist die Nullhypothese abzulehnen, wenn der absolute Betrag des rechnerischen t-Wertes größer als der theoretische t-Wert ist et vice ver-

---

[467]Vgl. Backhaus et al. (2008), S. 73 ff.
[468]Vgl. Veth (2006), S. 278.
[469]Vgl. von Auer (2007), S. 212 f.
[470]Vgl. Backhaus et al. (2008), S. 69 f., 75 ff.; Fahrmeir et al. (2003), S. 485.

sa. Die Entscheidungskriterien können wie folgt zusammengefasst werden:[471]

$$|t_{emp}| > t_{tab} \rightarrow H_0 \text{ verwerfen, Einfluss ist signifikant}$$
$$|t_{emp}| \leq t_{tab} \rightarrow H_0 \text{ nicht verwerfen, Einfluss ist nicht signifikant} \tag{39}$$

Neben diesen drei Gütekriterien Bestimmtheitsmaß, F-Test und t-Test können weitere statistische Maße, wie der Standardfehler der Schätzung, der p-Wert und das Konfidenzintervall genutzt werden.[472] Im Rahmen der Anwendung der Regressionsanalyse für Beurteilungszwecke der Hedge-Effektivität werden jedoch die drei vorgestellten Gütekriterien als relevant in der Literatur betrachtet[473], so dass zur Erläuterung der übrigen Gütemaße auf die angegebene Literatur verwiesen wird.

4.2.5.1.2 Umsetzung im Rahmen der Effektivitätsbeurteilung

Die Anwendung der Regressionsanalyse ist gem. IAS 39.IG.F.4.4 ausdrücklich erlaubt, ohne jedoch konkrete Vorgaben zur Umsetzung zu geben. Die daraus resultierenden möglichen Abweichungen in der Anwendungspraxis werden im Folgenden thematisiert.

Die mit der Regressionsanalyse erklärbaren Wirkungszusammenhänge zwischen einer oder mehreren unabhängigen Variablen und der abhängigen Variablen bestehen im Kontext des Hedgings und dessen bilanzieller Abbildung im Erklärungsgehalt der gegenläufigen Wertänderung des Sicherungsgeschäfts bezüglich der Wertänderung des Grundgeschäfts. Mit Hilfe der Regressionsanalyse soll geklärt werden, zu welchem Anteil das Sicherungsgeschäft der Wertentwicklung des Grundgeschäfts entspricht. Insofern ergibt sich die Wertänderung des Grundgeschäfts als abhängige und die Wertänderung des Sicherungsgeschäfts als unabhängige Variable.[474] Abweichend wird - ohne weitere Erklärung - in Teilen der Literatur[475] die Wertänderung des Grundgeschäfts als unabhängige Variable und die Wertänderung des Sicherungsgeschäfts als abhängige Variable dargestellt. Eine mögliche Argumentation könnte darin bestehen, dass das Sicherungsgeschäft als in Abhängigkeit von einer bestehenden risikobegründenden Transaktion abgeschlossenes Geschäft und somit als abhängige Variable verstanden wird. Dessen ungeachtet ist es für das Ziel - die Einhaltung des Effektivitätskorri-

---

[471]Vgl. Backhaus et al. (2008), S. 76 ff.

[472]Vgl. Wiese (2009), S. 243 f.; Backhaus et al. (2008), S. 67; Plattner (2007), S. 152.

[473]Vgl. Deloitte (2012), Part C, S. 652 ff.; Ernst&Young (2012), S. 3380; PWC (2011), Rz. 10.175.

[474]Vgl. Brötzmann (2004), S. 198; Finnerty/Grant (2002), S. 104; Kawaller/Koch (2000), S. 81.

[475]Vgl. Lüdenbach/Hoffmann in Haufe (2011), § 28, Rz. 262; Cortez/Schön (2010), S. 177; Eiselt/Wrede (2009), S. 521; Plattner (2007), S. 143; Veth (2006), S. 106; Hailer/Rump (2005), S. 43; Coughlan et al. (2003), S. 17.

dors - im Rahmen der Einfachregression weitgehend unerheblich, welche Transaktion als unabhängige und welche als abhängige Variable definiert wird, da sich das Effektivitätsintervall gleichmäßig um die Winkelhalbierende als Maßstab für eine vollständige Risikokompensation aufspannt.[476]

Eine Anwendung des multiplen Regressionsmodells erfordert das Vorliegen mehrerer Grund- und/oder Sicherungsgeschäfte in einer Sicherungsbeziehung. Unter Beachtung der Designationskriterien des IAS 39 für Grundgeschäfte[477] ist eine Designation mehrerer Grundgeschäfte nur im Fall des Gruppenhedges möglich. Hierbei wird eine Gruppe von Grundgeschäften mit homogenen Risiken abgesichert. Aufgrund der Anwendungsprämisse des Regressionsmodells, die eine lineare Unabhängigkeit der erklärenden Variablen - sog. Multikollinearität - fordert[478], kann eine Gruppe von Grundgeschäften mit untereinander hoch korrelierten, da homogenen Risiken nicht als unabhängige Variablen in einem multiplen Regressionsmodell definiert werden. Im Fall des Gruppenhedges müssten die Grundgeschäfte in Gänze als eine Variable betrachtet werden bzw. in mehrere Mikrohedges aufgespalten werden[479]. Im Fall des Portfolio-Hedges besteht die gesicherte Position aus einem Währungsbetrag in Höhe des Nettoüberhangs verschiedener finanzieller Vermögenswerte und Schulden, wobei der designierte Währungsbetrag nicht einzelne Finanzinstrumente der Überhangseite, sondern den anteiligen Überhang aller Finanzinstrumente der Überhangseite beinhaltet (IAS 39.81A i.V.m. IAS 39.BC191).[480] Da der Portfolio-Hedge nur für Zinsrisiken zulässig ist (IAS 39.81A), liegt hier ebenfalls ein homogenes Risiko vor, so dass die Grundgeschäfte nur in Gänze als abhängige Variable definiert werden könnten.

Insofern kann die multiple Regression lediglich im Fall einer Sicherungsbeziehung mit mehreren Sicherungsgeschäften zur Anwendung kommen.[481] Hierbei ist jedoch zu beachten, dass gemäß IAS 39.77 mehrere Derivate designiert werden dürfen, deren Risiken sich gegenseitig kompensieren. Ist dies der Fall, liegen keine voneinander unahängigen Variablen vor, so dass aufgrund dieser Multikollinearität die multiple Regressionsanalyse nicht anwendbar ist. Insofern wird die Effektivitätseinschätzung auf Basis der Kombination und nicht der einzelnen designierten Derivate durchgeführt.[482] Werden in einer Sicherungsbeziehung mehrere Derivate designiert, die verschiedene Risiken des Grundgeschäfts absichern sollen, wäre die

---

[476]Vgl. zur graphischen Verdeutlichung Abbildung 9.
[477]Vgl. die Ausführungen in Abschnitt 3.5.3.
[478]Vgl. Plattner (2007), S. 148 sowie die Erläuterungen auf Seite 131.
[479]Vgl. Ausführungen auf Seite 63.
[480]Vgl. Barz et al. (2008), S. 535.
[481]Vgl. Wiese (2009), S. 234.
[482]Vgl. Deloitte (2012), Part C, S. 615.

Anwendung des multiplen Regressionsmodells denkbar, allerdings kann diese ökonomische Absicherung auch in mehrere bilanzielle Sicherungsbeziehungen bezogen auf die einzelnen Risiken aufgespalten werden.[483]

Somit beziehen sich die folgenden Ausführungen auf die Bestimmung des Sicherungsgeschäfts als unabhängige und des Grundgeschäfts als abhängige Variable in einem Einfachregressionsmodell. In Anwendung der Gleichung (31) ergibt sich somit:

$$\Delta GG_t = \alpha + \beta * \Delta SG_t + \epsilon_t \qquad (40)$$

mit: ΔGG_t Marktwertänderung des Grundgeschäfts

ΔSG_t Marktwertänderung des Sicherungsgeschäfts

Der Schätzer $\hat{\alpha}$ stellt den Ordinatenabschnitt dar, mithin die Höhe der Wertänderung des Grundgeschäfts bei konstantem Wert des Sicherungsgeschäfts.[484] Er stellt somit einen Niveauparameter dar, der zu einer vertikalen Verschiebung der Regressionsgerade führt.[485] Um insbesondere auch im Bereich kleiner Wertänderungen[486] von einer effektiven Sicherungsbeziehung ausgehen zu können, wird daher ein hinreichend kleiner, also nahe Null liegender, Wert für $\hat{\alpha}$ gefordert.[487] Fraglich ist, was unter einem hinreichend kleinem Wert zu verstehen ist und unter Bezugnahme welchen Vergleichsmaßstabes er zu ermitteln ist. Hierzu ist nach HAILER/RUMP zu differenzieren, ob die Zeitwertniveaus oder die Veränderung der Zeitwerte von Grund- und Sicherungsgeschäft als Datengrundlage für die Regressionsanalyse dienen. Werden die Zeitwerte zugrunde gelegt, sollte der Ordinatenabstand nahe am Wert der Gesamtposition zum Zeitpunkt der Designation (GP_0) liegen.[488] Basiert die Regressionsanalyse hingegen auf Wertänderungen[489], gibt es keinen Referenzpunkt, an dem das Kriterium des hinreichend kleinen Wertes beurteilt werden kann. Die Festlegung eines hinreichend kleinen Ordinatenabstands liegt somit im Ermessen des Bilanzierenden, wobei die Forderung nach Angemessenheit der Messmethode (IAS 39.IG.F.4.4) zu beachten ist.

---

[483]Vgl. Menk (2009), S. 160.

[484]Vgl. Eiselt/Wrede (2009), S. 521.

[485]Vgl. von Auer (2007), S. 58 f.

[486]Vgl. zum Problem der kleinen Zahlen die Ausführungen in Abschnitt 4.2.3.2.

[487]Vgl. Cortez/Schön (2010), S. 177; Eiselt/Wrede (2009), S. 521; Kuhn/Scharpf (2006), Rz. 2633; Hailer/Rump (2005), S. 43 f. Einen Wert von Null fordernd, vgl. Lüdenbach/Hoffmann in Haufe (2011), Rz. 262.

[488]Vgl. Hailer/Rump (2005), S. 44.

[489]Dies entspricht dem üblichen Vorgehen, vgl. PWC (2011), Rz. 10.173.

Der Schätzer $\hat{\beta}$ repräsentiert die Steigung der Regressionsgeraden, somit in Bezug auf die beurteilte Sicherungsbeziehung die Höhe der Wertänderung des Sicherungsgeschäfts bei einer Wertänderung des Grundgeschäfts um eine Geldeinheit. Dabei muss die Steigung der Regressionsgeraden negative Werte aufweisen[490], da anderenfalls keine Risikokompensation und somit kein Hedging vorläge. Insofern liegt es nahe, die Nullhypothese für den t-Test bzgl. $\hat{\beta}$ statt $H_0 : \beta = 0$ als $H_0 : \beta \neq -1$ zu formulieren.[491]

Das in IAS 39.AG105(b) vorgegebene Effektivitätsintervall lässt sich hierbei zur Bestimmung des zulässigen Steigungsbereichs heranziehen, so dass ein Hedge als effektiv eingestuft werden kann, wenn gilt:[492]

$$\hat{\beta} \in [-\frac{4}{5}; -\frac{5}{4}] \tag{41}$$

Für die Gütemaße existieren ebenfalls keine konkreten Vorgaben durch den IASB, so dass hinsichtlich des Bestimmtheitsmaßes R^2 unter Rückgriff auf die Literatur zu den US-GAAP-Regelungen nach h.M. ein Wert von mindestens 80 % gefordert wird.[493] Hiervon abweichend wird teilweise jedoch auch ein R^2 von mindestens 96% gefordert.[494] Als akzeptabel erscheinende Irrtumswahrscheinlichkeit für den F-Test wird ein Wert von höchstens 5% vorgeschlagen, somit sollte das Signifikanzniveau bei mindestens 95% liegen.[495] Stellenweise wird jedoch auch ein höheres Signifikanzniveau von 99% gefordert.[496] Je höher sowohl das Bestimmheitsmaß als auch das Signifikanzniveau gewählt werden, desto besser korrelieren die Wertänderungen des Grundgeschäfts mit denen des Sicherungsgeschäfts. Grundsätzlich müssen beide Gütemaße gleichzeitig erfüllt werden, um die Sicherungsbeziehung als effektiv einstufen zu können.[497]

Auch hinsichtlich des zu verwendenden Datenmaterials für die Regressionsanalyse enthält der Standard keine weiterführenden Hinweise. So wird - wie sich bereits im Rahmen der

---

[490]Vgl. PWC (2011), Rz. 10.175; Eiselt/Wrede (2009), S. 521.

[491]Vgl. Hailer/Rump (2005), S. 44.

[492]Vgl. PWC (2011), Rz. 10.175; Cortez/Schön (2010), S. 177; Eiselt/Wrede (2009), S: 521; Hailer/Rump (2005), S. 44.

[493]Vgl. Ernst&Young (2012), S. 3381; Deloitte (2012), Part C, S. 652; Wiese (2009), S. 236 f. m.w.N.; Eiselt/Wrede (2009), S. 521; Veth (2006), S. 107; Kuhn/Scharpf (2006), Rz. 2631; Kawaller/Steinberg (2002), S. 63; Kalotay/Abreo (2001), S. 95.

[494]Vgl. PWC (2011), Rz. 10.175; Cortez/Schön (2010), S: 177.

[495]Vgl. Deloitte (2012), Part C, S. 653; Ernst&Young (2012), S. 3381; PWC (2011), Rz. 10.175; Cortez/Schön (2010), S. 178; Kuhn/Scharpf (2006), Rz. 2634; Hailer/Rump (2005), S. 44.

[496]Vgl. Wiese (2009), S. 242.

[497]Vgl. PWC (2011), Rz. 10.176.

zulässigen Höhe des Schätzers $\hat{a}$ andeutete[498] - die Frage nach der Eignung von Zeitwertniveaus vs. Zeitwertänderungen als Datengrundlage diskutiert.[499] Die Verwendung von Zeitwertniveaus entspräche der Überlegung, inwieweit sich der risikofaktorbezogene Zeitwert des
Grundgeschäfts bei Auslaufen oder Glattstellen des Geschäfts durch den Zeitwert des Sicherungsgeschäfts kompensieren ließe, um so nah wie möglich am Zeitwert bei Designation der
Sicherungsbeziehung zu liegen. Ein Rückgriff auf Wertänderungsbeträge legt den Fokus hingegen auf eine periodenbezogene Wertkompensation. Dieser Periodenbezug liegt letztlich der
Idee des Hedge Accounting, also die buchhalterische Erfassung gegenläufiger Wertentwicklungen, zugrunde. Dies lässt sich dem Wortlaut des IAS 39.9 und .85 entnehmen, wonach die
Effektivitätsbeurteilung auf Basis von Zeitwertänderungen zu erfolgen hat.[500] Grundsätzlich
sind beide Datenbasen inhaltlich miteinander verbunden, da sich die Zeitwertniveaus aus
den kumulierten Zeitwertänderungen ergeben. Allerdings kommen KAWALLER/KOCH in ihrer Diskussion zu dem Ergebnis, dass je nach konkreten Wertausprägungen im Zeitablauf die
Regressionsanalyse auf Basis von Wertniveaus zu einer anderen Einschätzung als die auf Basis von periodenbezogenen Wertänderungen führen kann.[501] Dies ist insbesondere dann der
Fall, wenn die periodischen Wertänderungen nicht vollständig gleichgerichtet sind, jedoch innerhalb des Effektivitätskorridors liegen. Diese akzeptablen Ineffektivitäten der periodischen
Wertänderungen führen bei einer Effektivitätsbeurteilung auf Basis von Wertniveaus aufgrund ihrer kumulierten Berücksichtigung in den Zeitwerten zu einer nicht mehr im Einklang
mit IAS 39 stehenden Ineffektivität. Umgekehrt können außerhalb des Effektivitätskorridors
liegende Zeitwertänderungen beispielsweise bei häufig wechselnder Wertänderungsrichtung
zu einer Effektivität basierend auf Zeitwertniveaus führen.

Ein Rückgriff auf periodenbezogene statt auf kumulierte Wertänderungen ist zudem aufgrund der Anwendungsvoraussetzungen des Regressionsmodells geboten, wonach die Wertausprägungen einzelner Variablen nicht gegenseitig abhängig sein dürfen.[502] Somit ist die
Verwendung von kumulierten Wertänderungen problematisch, da „[...] jeder Datenpunkt be-

---

[498]Vgl. Seite 138.

[499]Vgl. Kawaller/Koch (2000), S. 81 f.

[500]„Hedge effectiveness is the degree to which **changes** in the fair value or cash flows of the hedged
item that are attributable to a hedged risk are offset by **changes** in the fair value or cash flows
of the hedging instrument."; „Hedge accounting recognises the offsetting effects on profit or loss
of **changes** in the fair values of the hedging instrument and the hedged item." (Hervorhebung
d. Verf.)

[501]Vgl. Kawaller/Koch (2000), S. 81 f. Für eine Illustration mittels Zahlenbeispiels vgl. Wiese (2009),
S. 250 ff.

[502]Vgl. Ausführungen zu Anwendungsvoraussetzungen der Regressionsanalyse, S. 131.

reits die Fair-Value-Änderung der vorangegangenen Werte beinhaltet."[503] Gleiches gilt auch für die Verwendung von Daten aus sich überlappenden Zeitintervallen, die ebenfalls mit dem Problem der Autokorrelation von Werten und somit einem verminderten Erklärungswert des Regressionsmodells verbunden ist.[504] Mittels ergänzender statistischer Methoden kann das Problem der Autokorrelation gelöst werden[505], jedoch sollte aufgrund des damit verbundenen zusätzlichen Aufwandes nach Möglichkeit eine Datenbasis gewählt werden, die frei vom Problem der Autokorrelation ist.

Um mit Hilfe der Regressionsanalyse statistisch belastbare Ergebnisse zu erhalten, ist eine hinreichende Anzahl von mindestens 25[506] bzw. 30[507] Datenpaaren notwendig. Dies führt insbesondere bei der retrospektiven Effektivitätsbeurteilung zu dem Problem, dass zu Beginn einer Sicherungsbeziehung eine andere Methode der Effektivitätsbeurteilung - i.d.R. Dollar-Offset-Methoden[508] - verwendet werden muss. Allerdings erscheint es vertretbar, in diesem Fall auf historische Daten unter Berücksichtigung damit verbundener Restriktionen hinsichtlich der Datenverfügbarkeit[509] zurückzugreifen.[510] Im Zeitablauf der Sicherungsbeziehung kann zur Effektivitätsbeurteilung dann entweder an der gewählten Anzahl von einzubeziehenden Datenpaaren festgehalten[511] werden - sog. rollierende Datenpaare - oder deren Zahl entsprechend erweitert werden.[512] Eine Erweiterung der Datenpaare im Zeitablauf hat den Vorteil, dass damit eine für die statistische Qualität wünschenswerte Erhöhung der Beobachtungspaare erreicht wird. Allerdings kann mit einer solchen Erweiterung auch der Fall auftreten, dass eine rechnerische Effektivität vorliegt, obwohl sich die Wertänderungen von Grund- und Sicherungsgeschäft nicht mehr weitgehend entsprechen.[513] Hinsichtlich der zu wählenden Zeitintervalle, für die die Wertänderungen des Grund- und Sicherungsgeschäfts

---

[503]Eiselt/Wrede (2009), S. 521. A.A. PWC (2011), Rz. 10.180; Wiese (2009), S. 232 mit Verweis auf IAS 39.IG.F.4.2; Hailer/Rump (2005), S. 44, die eine Regressionsanalyse auch auf Basis kumulativer Wertänderungen für vertretbar erachten.

[504]Vgl. Deloitte (2012), Part C, S. 655; Kawaller/Koch (2000), S. 83.

[505]Vgl. für eine Nennung möglicher Verfahren Deloitte (2012), Part C, S: 655; Kawaller/Koch (2009), S. 84; von Auer (2007), S. 406 ff.

[506]Vgl. Lüdenbach/Hoffmann in Haufe (2011), Rz. 262; Kawaller/Steinberg (2002), S. 63.

[507]Vgl. Deloitte (2012), Part C, S. 656; PWC (2011), Rz. 10.177, die als Daumenregel auch mindestens zwölf Datenpunkte für vertretbar erachten; Wiese (2009), S. 233; Veth (2006), S. 108; Kuhn/Scharpf (2006), Rz. 2636; Coughlan et al. (2003), S. 44.

[508]Vgl. IDW RS HFA 9, Rz. 333.

[509]Vgl. die Diskussion in Abschnitt 4.3.2.

[510]Vgl. Deloitte (2012), Part C, S. 656; PWC (2011), Rz. 10.179; Kuhn/Scharpf (2006), Rz. 2637.

[511]Vgl. Deloitte (2012), Part C, S. 656; PWC (2011), Rz. 10.180.

[512]Vgl. Kuhn/Scharpf (2006), Rz. 2637; Kawaller/Steinberg (2002), S. 68.

[513]Vgl. Barz et al. (2008), S. 562 f.

erhoben werden, sollten sich der Zeitraum der Beobachtungen und der der Sicherungsbeziehung entsprechen.[514]

Probleme im Zusammenhang mit der Anwendung der Regressionsanalyse ergeben sich - analog der Dollar-Offset-Methode - bei extrem kleinen und auch extrem großen Wertänderungen. Im Bereich kleiner Wertänderungen ist bei einer starken Streuung der Datenpaare um den Nullpunkt keine Regressionsgerade ermittelbar, für die ein Bestimmtheitsmaß von mindestens 80% erreicht wird.[515] Dieses Problem ergibt sich in Zeiten großer Marktwertstabilität, die nach Auffassung von VETH kaum praxisrelevant sein dürfte.[516] Allerdings lässt diese Einschätzung außer Acht, dass bei hinreichend klein gewählten Zeitintervallen für die Ermittlung der Datenpaare durchaus ein solches Problem auftauchen könnte.[517] Ein weiteres Problem insbesondere im Bereich kleiner Wertänderungen könnte sich aus einer zufällig gleichgerichteten Wertänderung von Grund- und Sicherungsgeschäft ergeben, die durch die Regression nivelliert wird. Da jedoch eine wirksame Sicherungsbeziehung grundsätzlich eine gegenläufige Wertentwicklung voraussetzt, stellt sich die Frage nach der Notwendigkeit einer Sichtprüfung jedes einzelnen Datenpaares und ggf. der Auflösung der Sicherungsbeziehung.

Im Bereich der großen Wertänderungen ist die Regressionsanalyse nicht in der Lage, das damit verbundene Problem, dass der Verlust der Gesamtposition nicht limitiert ist, zu lösen.[518]

4.2.5.2 Anwendbarkeit

Mit Hilfe der Regressionsanalyse können Sicherungsbeziehungen hinsichtlich ihrer Effektivität beurteilt werden, bei denen ein oder mehrere Risikofaktoren designiert wurden. Wie allerdings bereits in Abschnitt 4.2.5.1.2 dargelegt wurde, ist die Anwendung eines multiplen Regressionsmodells aufgrund der Designationskriterien des IAS 39 für Grund- und Sicherungsgeschäfte nur in dem Fall möglich, in dem mehrere Risikofaktoren eines Grundgeschäftes durch eine Mehrzahl von Derivaten abgesichert wurden.

Bei Vorliegen einer Vielzahl von Grundgeschäften, die im Rahmen eines Gruppen- oder Portfoliohedges designiert werden, ist die Regressionsanalyse lediglich für den Gruppenhedge anwendbar. Aufgrund der Anwendungsvoraussetzungen des Regressionsmodells, hier der Multikollinearität, können die Grundgeschäfte jedoch nur in Gänze als eine Variable oder

---

[514]Vgl. Deloitte (2012), Part C, S. 655; PWC (2011), Rz. 10.179; Kuhn/Scharpf (2006), Rz. 2637.
[515]Vgl. Hailer/Rump (2005), S. 45.
[516]Vgl. Veth (2006), S. 107; ähnlich auch Wiese (2009), S. 249.
[517]Ähnlich auch Kawaller/Steinberg (2002), S. 63.
[518]Vgl. Hailer/Rump (2005), S. 45.

in Form einzelner Mikrohedges in ein einfaches Regressionsmodell integriert werden.[519] Eine Effektivitätseinschätzung eines Portfoliohedges mittels Regression ist zwar mit Blick auf die Definition der abhängigen und unabhängigen Variablen möglich, jedoch liegt im Fall des Portfoliohedges keine statische Sicherungsbeziehung vor, da hier jeweils die Überhänge aus zinstragenden Aktiv- und Passivpositionen als Grundgeschäft designiert werden. Diese permanente Anpassung des designierten Teils lässt es in der Regel nicht zu, eine ausreichende große Datenreihe für eine valide Regressionsanalyse zu generieren. Dieses Problem der Datenbeschaffung trifft auf jede Art einer dynamischen Sicherungsbeziehung zu, so dass die Regressionsanalyse für dynamische Hedges ungeeignet ist.[520]

Hinsichtlich des Kriteriums der Identität der Basiswerte von Grund- und Sicherungsgeschäft ist die Regressionsanalyse insbesondere in den Fällen sinnvoll einsetzbar, in denen die Risikofaktoren des designierten Grund- und Sicherungsgeschäfts nicht identisch sind, da mittels Regression der Erklärungsgehalt, d.h. die Korrelation ermittelt wird. Auch bei einer Identität des Basiswertes kann die Regression eine geeignete Methode der Effektivitätseinschätzung darstellen, wenn beispielsweise die wertbestimmenden Vertragsparameter des Grund- und Sicherungsgeschäfts (z.B. Zinsperioden) nicht identisch sind.

Aufgrund der fehlenden Normierung der Umsetzung in IAS 39, obliegt es dem Bilanzierenden, Schwellenwerte für die Gütemaße R^2 und den T-Test sowie einen noch akzeptablen Ordinatenabstand $\hat{\alpha}$ festzulegen. Wie bereits in Abschnitt 4.2.5.1.2 ausgeführt wurde, existieren für die Gütemaße in der Kommentarliteratur teilweise stark voneinander abweichende Schwellenwerte. Für den Ordinatenabstand hingegen wird lediglich die unbestimmte Anforderung nach einem hinreichend kleinen Wert gestellt. Insofern könnte dieselbe Sicherungsbeziehung durch zwei Bilanzierende unterschiedlich hinsichtlich ihrer Effektivität eingeschätzt werden, was eine Vergleichbarkeit von Jahresabschlüssen erschwert.

Die Regression fragt, zu welchem Anteil die unabhängige Variable in der Lage ist, die abhängige Variable zu erklären. Nach der hier vertretenen Auffassung stellt die Wertänderung des Sicherungsgeschäfts die unabhängige und die Wertänderung des Grundgeschäfts die abhängige Variable dar. Gleichzeitig werden die Wertänderungen in Geldeinheiten ausgedrückt, so dass der nicht ineffektive Teil der Sicherungsbeziehung daraus abgeleitet werden kann. Dies erfolgt, indem die über den Betrachtungszeitraum kumulierte Wertänderung des Sicherungsgeschäfts mit der Differenz aus 1−Regressionskoeffizient multipliziert wird. Ist der Regressi-

---

[519]Für ein Beispiel der Effektivitätseinschätzung eines Gruppenhedges mittels Regressionsanalyse vgl. Deloitte (2012), Part C, S. 753 ff.
[520]Vgl. Barz et al. (2008), S. 541.

onskoeffizient < 1, z.B. $0, 9$, sind 90% des Wertänderungsbetrages des Sicherungsgeschäfts in der Lage, den Wertänderungsbetrag des Grundgeschäfts zu erklären, also zu kompensieren. Damit resultiert die Ineffektivität aus einem quasi spekulativen Element des Sicherungsgeschäfts in Höhe von $1 - 0, 9 = 0, 1$. Im Fall, dass der Regressionskoeffizient > 1 ist, ist das Sicherungsgeschäft nicht vollständig in der Lage, die Wertänderungen des Grundgeschäfts zu kompensieren. Der ineffektive Teil der Sicherungsbeziehung ermittelt sich hierbei durch Multiplikation des über den Betrachtungszeitraum kumulierten Wertänderungsbetrages des Grundgeschäfts mit der Differenz aus Regressionskoeffizient und 1. Der Wert 1 repräsentiert hier die perfekte Absicherung.

4.2.6 Schwankungsbasierte Risikoreduktionsmethoden

4.2.6.1 Methodendarstellung

4.2.6.1.1 Grundidee

Ziel dieser Methode ist es, das Ausmaß der Risikoreduktion durch das Eingehen einer Sicherungsbeziehung zu quantifizieren, indem das Risiko der Gesamtposition, also des Grund- und Sicherungsgeschäfts, mit dem Risiko der ungesicherten Position verglichen wird. Allgemein kann diese Methode formal ausgedrückt werden als:[521]

$$RRR = 1 - \frac{Risiko\ der\ Gesamtposition}{Risiko\ des\ Grundgeschäfts} \tag{42}$$

mit: RRR relative risk reduction (Relative Risikoreduktion)

Dabei drückt der erste Summand ($1 \hat{=} \frac{Risiko\ des\ Grundgeschäfts}{Risiko\ des\ Grundgeschäfts}$) das Risiko des ungesicherten Grundgeschäfts aus, von dem das nach Absicherung verbleibende relative Risiko der Sicherungsbeziehung subtrahiert wird, so dass im Ergebnis die Stärke der erreichten Risikoreduktion ausgedrückt wird. Je stärker die Sicherungsbeziehung in der Lage ist, das Risiko der Gesamtposition in Relation zum ungesicherten Grundgeschäft zu minimieren, desto größer ist die Maßzahl RRR. Grundsätzlich kann die Maßzahl RRR nur Werte im Intervall $[0, 1]$ annehmen. Ein Ergebnis $RRR < 0$ bedeutete eine Erhöhung der Gesamtposition im Vergleich zum ungesicherten Grundgeschäft, was dem Gedanke des Hedging widerspräche.

---

[521]Vgl. Coughlan et al. (2003), S. 44.

Da das Risiko sowohl positive als auch negative Abweichungen vom Zielwert darstellt[522], können in Abhängigkeit von der verwendeten Maßzahl für Risiko im Bruch unterschiedliche Vorzeichen auftreten, so dass im Ergebnis rechnerische Werte außerhalb des Intervalls $[0, 1]$ möglich wären. Da das Ziel des Hedgings die Vermeidung von Unsicherheit ist, sind positive und negative Abweichungen gleichermaßen unerwünscht. Folglich kann die Maßzahl RRR zur Vermeidung des vorab genannten mathematischen Effekts durch Verwendung von Betragsgrößen ermittelt werden, formal:

$$RRR = 1 - \frac{|Risiko\ der\ Gesamtposition|}{|Risiko\ des\ Grundgeschäfts|} \qquad (43)$$

Welchen Wert RRR mindestens annehmen muss, um im Sinne des IAS 39 von einer effektiven Sicherungsbeziehung zu sprechen, ist in der Literatur umstritten.[523] Die divergierenden Meinungen basieren auf den unterschiedlichen verwendeten Messwerten, die sowohl den direkten in Geldeinheiten ausgedrückten Wertänderungen des Grund- und Sicherungsgeschäfts entsprechen, als auch deren Streuung um den Mittelwert. Als Streuungsmaße kommen Varianz und Standardabweichung sowie der Value at Risk in Frage.[524] Insofern werden zuerst mögliche Risikomaße dargestellt, um im Anschluss die Diskussion um den Schwellenwert des Risikoreduktionsmaßes erneut aufzugreifen.

4.2.6.1.2 Variability reduction measure

Bei dieser Methode wird das Risiko als die Veränderlichkeit der Marktwerte resp. Zahlungsströme der Grund- und Sicherungsposition (ΔGG bzw. ΔSG) in Geldeinheiten ausgedrückt. Dabei wird die quadrierte Abweichung des Grundgeschäfts vom perfekten Hedge (mit einer quadrierten Abweichung von Null) gemessen, formal:[525]

$$RRR_{VR} = 1 - \frac{\sum_{t=1}^{n}(-HR * \Delta SG + \Delta GG)^2}{\sum_{t=1}^{n}\Delta GG^2} \qquad (44)$$

---

[522]Vgl. Abschnitt 2.2.

[523]Für einen Wert von mindestens 80% entsprechend den Regelungen in IAS 39.AG105 plädierend vgl. Plattner (2007), S. 131; Hailer/Rump (2005), S. 45 f.; Coughlan et al. (2003), S. 45 hingegen argumentieren aufgrund der verwendeten Risikomaße für eine Mindestgrenze von 40%.

[524]Vgl. Coughlan et al. (2003), S. 44.

[525]Vgl. Finnerty/Grant (2002), S. 103.

mit: RRR_{VR} Variability Reduction

HR   Hedge Ratio

t   Zeit

Für Zwecke der Effektivitätseinschätzung im Rahmen des Hedge Accountings entspricht HR der für die Designation von Grund- und Sicherungsgeschäft gewählten Hedge Ratio. Die Verwendung der Wertänderungen von Grund- und Sicherungsgeschäft statt der Varianz oder Standardabweichung als Risikomaß zeigt auch in Fällen, in denen es weitgehend konstante periodische Wertänderung von Grund- und Sicherungsgeschäft gibt, die sich jedoch nicht ausgleichen, eine Ineffektivität.[526] Mit Hilfe der Quadrierung werden größere Wertänderungen stärker gewichtet, gleichzeitig wird damit auch das Problem gegenläufiger Vorzeichen der Wertänderungen von Grundgeschäft und Sicherungsbeziehung gelöst. Dieses Vorgehen führt jedoch bei sehr kleinen und sehr großen Wertänderungen zu missverständlichen Ergebnissen. Sind nur sehr geringe Wertänderungen bei Grund- und Sicherungsgeschäft zu beobachten, die sich kaum kompensieren, zeigt das rechnerische Ergebnis trotzdem eine hohe Effektivität an, da das Messergebnis nahe 1 liegt. Umgekehrt im Fall großer Wertänderungen, die sich weitgehend kompensieren, bei denen der nicht kompensierte Teil der Wertänderung des Grundgeschäfts allerdings noch eine beträchtliche Höhe aufweist. Damit ist das Problem der großen und kleinen Zahlen, das bereits in Abschnitt 4.2.3.2 erörtert wurde, nicht gelöst.[527] Die alternative Vorgehensweise der Verwendung von Betragsgrößen statt einer Quadrierung löst zwar das Problem der großen und kleinen Zahlen nicht, verschärft es aber auch nicht wie der Quadrierungsansatz. Darüber hinaus führt die Quadrierung dazu, dass gegebenenfalls gleichlaufende Wertänderungen von Grund- und Sicherungsgeschäft nicht berücksichtigt werden. Ein daraus resultierender fehlender Kompensationseffekt müsste dann durch Sichtprüfung der Datenpaare aufgedeckt werden.

Für die Ermittlungsvariante mittels Quadrierung der Wertänderungen schlagen FINNERTY/GRANT hinsichtlich der einzuhaltenden Effektivitätsgrenzen eine 80%-Schwelle vor. Die Einhaltung dieses Schwellenwertes mit Hilfe der VR-Methode führt jedoch nicht gleichzeitig zu einem Einhalten des 80/125%-Intervalls auf Basis der Dollar Offset-Methode.[528] Um eine mit dem IAS 39-Intervall vergleichbare Effektivitätsschwelle für die VR-Methode zu erhalten, schlägt PLATTNER einen Grenzwert von 96% vor, den er durch Einsetzen der Beziehungen zwischen Grund- und Sicherungsgeschäft für die obere und untere Intervallgrenze der Dollar

---

[526]Vgl. Finnerty/Grant (2002), S. 103.
[527]Vgl. für das Problem der kleinen Zahlen Hailer/Rump (2005), S. 46.
[528]Vgl. Finnerty/Grant (2002), S. 103 f. mit einem Beispiel.

Offset Ratio-Methode erhält:[529]

$$
\begin{aligned}
\text{obere Intervallgrenze:} \quad & \Delta GG = -1,25\Delta SG \leftrightarrow 0,8\Delta GG = -\Delta SG \\
& \Delta GP = \Delta GG + \Delta SG = 0,2\Delta GG \\
\rightarrow \quad & VR = 1 - \frac{(0,2\Delta GG)^2}{(\Delta GG)^2} = 0,96 \\
\text{untere Intervallgrenze:} \quad & \Delta GG = -\Delta 0,8SG \leftrightarrow 1,25\Delta GG = -\Delta SG \\
& \Delta GP = \Delta GG + \Delta SG = -0,25\Delta GG \\
\rightarrow \quad & VR = 1 - \frac{(-0,25\Delta GG)^2}{(\Delta GG)^2} = 0,9375
\end{aligned}
\tag{45}
$$

mit: ΔGG kumulierte Wert- oder Zahlungsstromänderungen des Grundgeschäfts

ΔSG kumulierte Wert- oder Zahlungsstromänderungen des Sicherungsgeschäfts

ΔGP kumulierte Wert- oder Zahlungsstromänderungen der Gesamtposition

Im Fall der Berechnungsalternative mittels Betragsgrößen ergibt sich als eine dem 80/125%-Intervall äquivalente Effektivitätsschwelle:

$$
\begin{aligned}
\text{obere Intervallgrenze:} \quad & \Delta GG = -1,25\Delta SG \leftrightarrow 0,8\Delta GG = -\Delta SG \\
& \Delta GP = \Delta GG + \Delta SG = 0,2\Delta GG \\
\rightarrow \quad & VR = 1 - \frac{|0,2\Delta GG|}{|\Delta GG|} = 0,80 \\
\text{untere Intervallgrenze:} \quad & \Delta GG = -\Delta 0,8SG \leftrightarrow 1,25\Delta GG = -\Delta SG \\
& \Delta GP = \Delta GG + \Delta SG = -0,25\Delta GG \\
\rightarrow \quad & VR = 1 - \frac{|-0,25\Delta GG|}{|\Delta GG|} = 0,75
\end{aligned}
\tag{46}
$$

Um ein mit der Dollar Offset-Methode übereinstimmendes Effektivitätsergebnis zu erzielen, muss der Grenzwert bei der VR-Methode bei 96% bzw. 80% gewählt werden. Ein Grenzwert von 93,75% bzw. 75% scheidet aufgrund der fehlenden Symmetrie der Messmethode aus. Allerdings ist die Einhaltung dieser Grenze etwas restriktiver im Vergleich zur Dollar Offset-Methode, da hier bei der oberen Intervallgrenze ein DOR-Effektivität von 120% erzielt werden muss, um die VR-Grenze von 96% bzw. 80% zu erreichen.[530]

4.2.6.1.3 Varianz- und Volatilitätsreduktionsanalyse

Die Schwankung von Wertentwicklungen des Grund- und Sicherungsgeschäfts kann durch die statistischen Streuungsmaße Varianz (σ^2) und Standardabweichung (σ) gemessen wer-

---

[529]Vgl. Plattner (2007), S. 165 f.

[530]$VR = 1 - \frac{(x\Delta GG)^2}{(\Delta GG)^2} \geq 0,96 \rightarrow x = \pm 0,2; \Delta GP = \Delta GG + \Delta SG$ mit $\Delta GP = -0,2 * \Delta GG \rightarrow -\Delta SG = 1,2 * \Delta GG \rightarrow DOR = 1,2$

den. Wie bereits der Notation zu entnehmen ist, entspricht die Varianz der quadrierten Standardabweichung, so dass die Varianz größere Abweichungen vom Mittelwert stärker gewichtet als kleinere.[531]

Die Varianz und die Standardabweichung ermitteln sich mit Hilfe folgender Formel, wobei statt der Zeitwerte (FV) auch Zahlungsströme (CF) verwendet werden können:

$$
\begin{aligned}
\sigma^2 &= \frac{1}{n} \sum_{t=0}^{n} (\Delta FV_t - \overline{\Delta FV})^2) \\
\sigma &= \sqrt{\frac{1}{n} \sum_{t=0}^{n} (\Delta FV_t - \overline{\Delta FV})^2)}
\end{aligned}
\tag{47}
$$

mit: ΔFV_t Zeitwertänderungen der Periode t

 $\overline{\Delta FV}$ Mittelwert der beobachteten Zeitwertänderungen

 n Anzahl der Stichprobe

Die Verwendung der Varianzreduktion als Risikomaß geht zurück auf EDERINGTON.[532] Da EDERINGTON auf die Varianz einer Sicherungsbeziehung mit optimaler Hedge Ratio rekurriert, schlagen CHARNES/KOCH/BERKMAN vor, statt der Minimumvarianz der Sicherungsbeziehung die Varianz der tatsächlich begründeten Sicherungsbeziehung zu nutzen, da die tatsächlich gewählte Hedge Ratio von der varianzminimalen Hedge Ratio abweichen kann.[533] Formal ergibt sich als Maß für die Hedge Effektivität einer Sicherungsbeziehung somit:

$$
RRR_{\sigma^2} = 1 - \frac{\sigma^2_{\Delta SB}}{\sigma^2_{\Delta GG}}
\tag{48}
$$

mit: RRR_{σ^2} Varianzreduktionsmaß

 $\sigma^2_{\Delta SB}$ Varianz der Fair Value- oder Cash Flow-Änderungen der designierten Sicherungsbeziehung

 $\sigma^2_{\Delta GG}$ Varianz der Fair Value- oder Cash Flow-Änderungen des designierten Grundgeschäfts

Als Weiterentwicklung dieses Risikomaßes wird ein Vergleich der mit der gewählten Hedge Ratio erreichten Risikoreduktion mit der erreichbaren Risikoreduktion bei Verwendung der optimalen Hedge Ratio vorgeschlagen. Gleichzeitig erlaubt dieses Vorgehen auch einen Ab-

---

[531]Vgl. Wiese (2009), S. 256.
[532]Vgl. Ederington (1979), S. 164.
[533]Vgl. Charnes et al. (2003), S. 101.

gleich mit den IAS 39-Effektivitätsschwellen.[534] Allerdings lässt diese Methode außer Acht, dass eine varianzminimale Hedge Ratio nicht zwingend zu einer weitgehenden gegenläufigen Wertentwicklung von Grund- und Sicherungsgeschäft führen muss. Insofern scheint diese weiterentwickelte Form der Effektivitätsmessung nicht der Intention des IAS 39 zu entsprechen.

Die Verwendung der Standardabweichung als Risikomaß führt zur Volatilitätsreduktionsmethode („Volatility Reduction Measure" (VRM)), die von KALOTAY/ABREO entwickelt wurde. Eine Effektivitätsmessung mittels Volatilitätsreduktionsmethode erfolgt somit mittels folgender Gleichung:[535]

$$RRR_\sigma = 1 - \frac{\sigma_{\Delta SB}}{\sigma_{\Delta GG}} = 1 - \frac{\sigma_{\Delta GG + \Delta SG}}{\sigma_{\Delta GG}} \qquad (49)$$

mit: RRR_σ Volatilitätsreduktionsmaß (volatility reduction measure)

$\sigma_{\Delta SB}$ Standardabweichung der Fair Value- oder Cash Flow-Änderungen der designierten Sicherungsbeziehung

$\sigma_{\Delta GG}$ Standardabweichung der Fair Value- oder Cash Flow-Änderungen des designierten Grundgeschäfts

Die Standardabweichung (Volatilität) wird im Kontext des Portfoliomanagements und Treasurys häufig verwendet und ist in monetären Einheiten ausdrückbar.[536] Bei der Verwendung der Volatilitätsreduktionsmethode ist jedoch ggf. deren patentrechtlicher Schutz zu beachten.[537] Vor diesem Hintergrund wird die Varianzreduktionsmethode als praxisrelevante Methode betrachtet.[538]

Um ein aussagekräftiges Ergebnis zu erhalten, sind sowohl bei Verwendung der Varianz als auch der Standardabweichung als Risikomaß eine ausreichende Anzahl von Messwerten (n) erforderlich. Ähnlich der Regressionsanalyse werden auch hier mindestens 30, idealerweise 40 bis 60 Messdaten gefordert.[539]

---

[534]Vgl. Charnes et al. (2003), S. 102.

[535]Vgl. Hailer/Rump (2005), S. 47; Kalotay/Abreo (2001), S. 96.

[536]Vgl. Wiese (2009), S. 258; Charnes et al. (2003), S. 102; Coughlan et al. (2003), S. 45; Kalotay/Abreo (2001), S. 96.

[537]Vgl. Patent Application No. US 2002/0032624; gem. der USPTO-Patentdatenbank ist noch kein Patent erteilt worden, vgl. USPTO (2012).

[538]Vgl. Barz et al. (2008), S. 561; Schmidt et al. (2007), S. 97; Kuhn/Scharpf (2006), Rz. 2592. Die Volatilitätsmethode als praxisrelevanter erachtend Wiese (2009), S. 256 m.w.N.

[539]Vgl. Wiese, 2009, S. 254.

Zur Frage, welches Messergebnis das Effektivitätserfordernis des IAS 39 erfüllt, gibt es ebenfalls verschiedene Meinungen. Im Schrifttum[540] wird teilweise das 80-125%-Kriterium übernommen, wobei das Messergebnis methodenbedingt nicht größer als 1, also 100%, sein kann. Der Quotient $\frac{\sigma_{\Delta SB}}{\sigma_{\Delta GG}} = \frac{\sigma_{\Delta GG + \Delta SG}}{\sigma_{\Delta GG}}$ bzw. $\frac{\sigma^2_{\Delta SB}}{\sigma^2_{\Delta GG}} = \frac{\sigma^2_{\Delta GG + \Delta SG}}{\sigma^2_{\Delta GG}}$ ist aufgrund der Quadrierung der Wertdifferenzen in der Berechnung der Standardabweichung bzw. Varianz immer zwingend positiv. Da mit der Sicherungsbeziehung eine Risikoreduzierung erfolgt, kann der Quotient auch nicht größer 1 werden. Folglich wird für beide Ansätze vorgeschlagen, dass ein Risikoreduktionswert zwischen 80 und 100% dem IAS 39-Intervall entspricht.[541]

Dieser Gleichsetzung der Effektivitätsschwellen beim Volatilitäts- und Varianzansatz widerspricht, dass Varianz und Standardabweichung zwei äquivalente statistische Maßzahlen darstellen[542], die durch Quadrierung ineinander überführt werden können. Überführt man das Varianzreduktionsmaß (gem. Gleichung 48) in das Volatilitätsreduktionsmaß (gem. Gleichung 49) ergibt sich für letzteres eine Effektivitätsschwelle von 55%:

$$RRR_{\sigma^2} = 1 - \frac{\sigma^2_{\Delta SB}}{\sigma^2_{\Delta GG}} \geq 80\%$$

$$\frac{\sigma^2_{\Delta SB}}{\sigma^2_{\Delta GG}} \leq 20\%$$

$$\sqrt{\frac{\sigma^2_{\Delta SB}}{\sigma^2_{\Delta GG}}} \leq \sqrt{20\%} \qquad (50)$$

$$\frac{\sigma_{\Delta SB}}{\sigma_{\Delta GG}} \leq 45\%$$

$$RRR_{\sigma} = 1 - \frac{\sigma_{\Delta SB}}{\sigma_{\Delta GG}} \geq 55\%$$

Von COUGHLAN ET AL. wird ein noch geringerer Schwellenwert von 40% für das Volatilitätsreduktionsmaß vorgeschlagen, das mit der Übereinstimmung mit einer 80%igen Korrelation der Wertänderungen von Grund- und Sicherungsgeschäft begründet wird.[543]

Diese beiden Methoden der Effektivitätsmessung können ebenfalls nicht das Problem der großen und kleinen Zahlen lösen.[544] Das heißt, dass bei großen Wertänderungen eine Ef-

---

[540]Vgl. Paa in ThieleIFRS (2012), IAS 39, Rz. 3500; Kuhn/Scharpf (2006), Rz. 2620; Hailer/Rump (2005), S. 47.

[541]Vgl. Wiese (2009), S. 256, 258 m.w.N.; Barz et al. (2008), S. 562; Patent-Anmeldung der VRM, No. US 2002/0032624, Rz. 0032.

[542]Vgl. Charnes et al. (2003), S. 102.

[543]Vgl. Coughlan et al. (2003), S. 45 i.V.m. S. 10.

[544]Vgl. Hailer/Rump (2005), S. 47.

fektivität bestätigt wird, obwohl der nicht abgesicherte Teil der Sicherungsbeziehung einen erheblichen Absolutbetrag ausmacht et vice versa.

4.2.6.1.4 Value at Risk

Die Volatilität misst das durchschnittliche Risiko eines Wertpapiers oder Portfolios. Risikomanager sind jedoch primär an den möglichen Verlust- denn Gewinnpotentialen von Vermögenswerten oder Verbindlichkeiten interessiert.[545] Die statistische Maßzahl Value at Risk (VaR) „gibt [...] denjenigen (potentiellen) Wertverlust eines Portfolios [oder Wertpapiers, Anm. d. Verf.] an, der mit einer vorgegebenen, hohen Wahrscheinlichkeit [...] innerhalb eines festgelegten Zeitraums [...] nicht überschritten wird."[546] Die Höhe des VaR wird maßgeblich von der unterstellten Verteilungsannahme für das betrachtete Finanzinstrument (exakter seine Risikofaktoren) beeinflusst. In Abhängigkeit von der Erzeugung der notwendigen Wahrscheinlichkeitsverteilung werden analytische Modelle, insbesondere der Varianz-Kovarianz-Ansatz, sowie Simulationsmodelle mit den Verfahren der Historischen und der Monte-Carlo-Simulation unterschieden.[547]

Der Varianz-Kovarianz-Ansatz geht von einer Standard-Normalverteilung mit einem Erwartungswert $\mu = 0$ und einer Standardabweichung $\sigma = 1$ des Finanzinstruments resp. des Risikofaktors aus. Damit kann die Wertetabelle der Verteilungsfunktion der Standardnormalverteilung genutzt werden, um Wahrscheinlichkeitsaussagen über jede beliebige Normalverteilung zu treffen. Der VaR für ein einzelnes Finanzinstrument mit nur einem relevanten Risikofaktor ermittelt sich formal[548]:

$$VaR = \mu - Z * \sigma \qquad (51)$$

mit: μ Mittelwert der Wertänderungen

      σ Standardabweichung der Wertänderungen

      Z (1-α)-Quantil der Standardnormalverteilung mit dem gegebenen

        Signifikanzniveau α

Die Simulationsverfahren generieren Wertausprägungen der betrachteten Finanzinstrumente entweder aus der Ableitung der historisch beobachtbaren Änderungen der Risikofaktoren[549],

---

[545]Vgl. Martellini et al. (2003), S. 298.
[546]Scharpf/Luz (2000), S. 142.
[547]Vgl. Horsch/Schulte (2010), S. 17; Oehler/Unser (2002), S. 155.
[548]Vgl. Auer (2002), S. 32, der auch weiterführende Ansätze für Portfolien und mehrere Risikofaktoren darstellt.
[549]Zur detaillierten Darstellung der Methode, vgl. Abschnitt 4.3.3.2.

die auf den Wert des Finanzinstruments zum Beurteilungszeitpunkt angewendet werden, oder mittels Zufallsziehung, wobei die historischen Zeitreihen der Risikofaktoren bei der Aufbereitung der Zufallszahlen[550] berücksichtigt werden. Die so erhaltenen Werte werden anschließend aufsteigend geordnet. Der Value at Risk kann aus dieser Verteilung der Wertänderungen als das α-Quantil abgelesen werden, d.h. bei einem Signifikanzniveau von 95% und einer Anzahl von 1.000 Beobachtungen entspricht der Value at Risk dem fünfzigstschlechtesten Wert der Verteilung.[551]

Da i.d.R. in einem ersten Schritt der VaR für eine Haltedauer von einem Tag bestimmt wird[552], kann dieser für einen längeren Zeitraum nach folgender Relation umgerechnet werden[553]:

$$VaR_{y\ Tage} = VaR_{x\ Tage} * \sqrt{\frac{y\ Tage}{x\ Tage}} \tag{52}$$

$$\text{wobei } y > x$$

Die Historische Simulation sowie der Varianz-Kovarianz-Ansatz erfordern einen im Vergleich zum Monte-Carlo-Ansatz geringen Rechenaufwand; die Monte-Carlo-Simulation ist den beiden anderen Verfahren aufgrund des Verzichts einer speziellen Verteilungsannahme überlegen. Sowohl dem analytischen Ansatz als auch den Simulationsansätzen sind diverse Schwächen inhärent. Beim analytischen (Varianz-Kovarianz-) Ansatz wird insbesondere die Normalverteilungsannahme kritisiert. Die Historische Simulation geht ebenfalls von einer konstanten, aus der Historie ermittelten, Verteilungsannahme aus. Die Monte-Carlo-Simulation ist hingegen mit einem hohen Rechenaufwand verbunden, da i.d.R. mindestens 1.000 Zufallsziehungen erforderlich sind, um Zufallsfehler zu vermeiden.[554]

Unabhängig von der Auswahl des konkreten VaR-Konzepts erfolgt die Ermittlung der Effektivität einer Sicherungsbeziehung, indem der VaR der Gesamtposition mit dem VaR der ungesicherten Position verglichen wird:

$$RRR_{VaR} = 1 - \frac{VaR_{SB}}{VaR_{GG}} \tag{53}$$

---

[550]Vgl. Auer (2002), S. 63.
[551]Vgl. Hull (2009), S. 455; Oehler/Unser (2002), S. 160 f.
[552]Vgl. Hull (2009), S. 453.
[553]Vgl. Horsch/Schulte (2010), S. 26.
[554]Vgl. zu einer ausführlichen Darstellung der Stärken und Schwächen der drei Methoden Horsch/Schulte (2010), S. 25-33; Oehler/Unser (2002), S. 157-161; Auer (2002), S. 92.

mit: RRR_{VaR} Risikoreduktion mittels Value at Risk

  VaR_{SB} Value at Risk der designierten Sicherungsbeziehung

  VaR_{GG} Value at Risk des designierten Grundgeschäfts

Wie der eingangs dargelegten Definition des Value at Risk zu entnehmen ist, wird die Höhe dieser Risikomaßzahl neben der Wahl des VaR-Konzeptes auch von den Parametern Haltedauer und Konfidenzniveau bestimmt. Hinsichtlich der für die Effektivitätsmessung angemessenen Haltedauer wird - in Anlehnung an die für Finanzdienstleistungsinstitute geltenden aufsichtsrechtlichen Regelungen[555] - einheitlich ein Zeitraum von zehn Tagen angenommen.[556] Für das zu wählende Konfidenzniveau werden Werte zwischen 95% und 99% vorgeschlagen.[557]

Der Value at Risk stellt konzeptionell ein Down-Side-Riskomaß dar, das lediglich den potentiellen Verlust einer Position misst. Die Definition der Effektivität in IAS 39.9 stellt jedoch klar, dass der Grad der Kompensation der Wert- oder Zahlungsstromänderung von Grund- und Sicherungsgeschäft, mithin also sowohl Gewinne als auch Verluste, zu betrachten sind. Ein Verlust oder Gewinn der Sicherungsbeziehung hat gleiche Ursachen: entweder eine unvollständige Kompensation der Grundgeschäftänderungen durch das Sicherungsgeschäft oder eine Überkompensation durch das Sicherungsgeschäft, das somit spekulative Elemente enthält. Insofern schlägt PLATTNER[558] zur Berücksichtigung beider Risikopositionen vor, das Konfidenzintervall um eine Gewinnwahrscheinlichkeit zu reduzieren, die der Höhe der bereits gewählten Verlustwahrscheinlichkeit entspricht. Im Fall einer Verlustwahrscheinlichkeit von 1% ist das Konfidenzintervall von ursprünglich 99% auf 98% zu reduzieren. Analog entspricht ein Konfidenzintervall von 5% bei einer einseitigen Betrachtung einem Konfidenzintervall von 90% bei Berücksichtigung der Verlust- und Gewinnpotentiale.

Diese zweiseitige Betrachtung erfordert eine entsprechende Anpassung der Ermittlungsmethodik. Im Fall der analytischen Methode wird das Verlustpotential vom Gewinnpotential subtrahiert und damit die im Konfidenzintervall maximal mögliche Wertschwankung ermit-

---

[555]Vgl. § 10 KWG i.V.m. SolvV.
[556]Vgl. Wiese (2009), S. 166; Glaum/Klöcker (2009), S. 337 m.w.N.; Scharpf/Luz (2000), S. 143.
[557]Vgl. Wiese (2009), S. 166; Scharpf/Luz (2000), S. 144.
[558]Vgl. Plattner (2007), S. 136 f.

telt. Formal ergibt sich auf Basis der Gleichung (51) damit:

$$VaR_{Verlust} = \mu - Z * \sigma$$
$$VaR_{Gewinn} = \mu + Z * \sigma$$
$$VaR_{zweiseitig} = VaR_{Gewinn} - VaR_{Verlust}$$
$$VaR_{zweiseitig} = 2 * Z * \sigma$$

$$(54)$$

mit: $VaR_{Verlust}$ Verlustpotential
        VaR_{Gewinn} Gewinnpotential

Bei Anwendung der Simulationsmethoden wird der schlechteste und der beste Wert der Verteilung gesucht, der dem Quantil der gewählten Verlust- und Gewinnwahrscheinlichkeit entspricht. Im Fall von 1.000 Beobachtungen und einem Konfidenzintervall von 98% werden der zehntbeste und der zehntschlechteste Wert abgelesen und diese Werte dann voneinander subtrahiert. Dadurch erhält man ebenfalls die maximal mögliche Wertschwankung des Grundgeschäfts bzw. der Sicherungsbeziehung.

Da die Vorzeichen des so ermittelten Risikopotentials von Grundgeschäft und Sicherungsbeziehung voneinander abweichen können, d.h. das Grundgeschäft weist einen Verlust aus, während die Sicherungsbeziehung einen wahrscheinlichen Gewinn verzeichnet, müssen die beiden Werte wiederum als Beträge in die allgemeine Risikoreduktionsformel eingehen. Werden die so ermittelten Werte des Value at Risk der Sicherungsbeziehung und des Grundgeschäfts miteinander ins Verhältnis gesetzt, gilt eine Sicherungsbeziehung als effektiv i.s.d. IAS 39, wenn die Maßzahl RRR_{VaR} nicht kleiner als 0,8 ist[559], d.h. durch die Sicherungsbeziehung wurde das Risiko des Grundgeschäfts um mindestens 80% reduziert.

4.2.6.2 Anwendbarkeit

Die dargestellten Risikoreduktionsverfahren basieren auf dem Vergleich der Schwankungen von Grundgeschäft zur Gesamtposition bezogen auf jeweils einen Risikofaktor. Eine Ausnahme stellt der VaR dar, bei dem mittels einer Matrizenlösung die Wert- oder Zahlungsstromänderung bezüglich mehrerer Risikofaktoren in einer Maßzahl verdichtet werden kann.[560]

Insofern sind die Verfahren für Gruppen- und Portfoliohedges einsetzbar, da hierbei homogene bzw. identische Risiken der Grundgeschäfte abgesichert werden. Wird ein einzel-

---

[559]Vgl. Barz et al. (2008), S. 561; Plattner (2007), S. 136; Schmidt et al. (2007), S. 99.
[560]Vgl. Auer (2002), S. 32 ff.

nes Grundgeschäft bezüglich mehrerer Risiken mit mehreren Sicherungsgeschäften in eine Sicherungsbeziehung designiert, sind entweder die Wert- bzw. Zahlungsstromänderungen des Grundgeschäfts auf die einzelnen Risiken zu allokieren, oder der VaR in Matrizenform ist als Risikomaß heranzuziehen.

Eine Identität der Basiswerte von Grund- und Sicherungsgeschäften ist nicht notwendig, da die Risikoreduktionsverfahren Schwankungsmaße nutzen. Somit ist von Interesse, ob die designierten Geschäfte ähnlichen Wertschwankungen unterliegen, die nicht nur zufälliger Natur sind.

Die Volatilitäts- und die Varianzreduktionsmethode benötigen zur validen Ermittlung der statistischen Streuungsmaße eine hinreichende Anzahl an Datenpunkten. Wie bereits erörtert, wird eine Mindestanzahl von 30, besser noch 40 bis 60 Datenpunkten gefordert.[561] Da dynamische Sicherungsbeziehung durch eine laufende Anpassung der designierten Grund- und Sicherungsgeschäfte gekennzeichnet sind, dürfte eine hinreichend große Datenreihe nur schwer vorliegen bzw. zu generieren sein. Insofern sind die Volatilitäts- und die Varianzreduktionsmethode nur für statische Sicherungsbeziehungen einsetzbar. Die Variability Reduction Method greift direkt auf die Wertänderungsbeträge von Grund- und Sicherungsgeschäft zurück, um damit die erreichten Risikoreduktion zu ermitteln. Dabei ist es unerheblich, wieviele Betrachtungszeitpunkte hierbei zugrunde liegen, so dass die Methode sowohl bei statischen als auch dynamischen Sicherungsbeziehungen eingesetzt werden kann.

Der Value at Risk wird in der Regel auf Basis der Wertänderungen innerhalb eines Handelstages ermittelt und dann auf einen längeren Betrachtungszeitraum transformiert. Damit ist jedoch auch das Vorliegen einer statischen Sicherungsbeziehung notwendig; anderenfalls müsste der VaR bei jeder Änderungen der designierten Sicherungsbeziehung neu ermittelt werden.

Wie anhand der Varianz- und Volatilitätsreduktionsanalyse gezeigt wurde, ist der Effektivitätskorridor des IAS 39 nicht auf alle Verfahren sinnvoll anwendbar. In der Folge bildeten sich in der Literatur verschiedene Auffassung zu notwendigen Schwellenwerten heraus, wobei sich keine Meinung mehrheitlich manifestiert hat. Ebenso gibt es bei der Volatility Reduction Method verschiedene Auffassungen, die eine Festlegung der Schwellenwerte in das Ermessen des Bilanzierenden stellen und somit die Vergleichbarkeit erschweren. Einzig für den auf Basis des Value at Risk ermittelten Risikoreduktionsgrad gibt es in der Literatur einen Konsens.

---

[561]Vgl. Abschnitt 4.2.5.1.2.

Insofern ist eine Normierung der erreichten Risikoreduktion wünschenswert. Im Rahmen der Arbeit wird hierfür die Quantifizierung des verbleibenden Risikos der Sicherungsbeziehung in Geldeinheiten vorgeschlagen. Die Ermittlung des Betrages ergibt sich dabei aus der Grundform der Risikoreduktionsmethoden. Da diese Methoden das nach Absicherung verbleibende Risiko in Relation zum Risiko des Grundgeschäfts vom Risiko der ungesicherten Position subtrahieren, entspricht der ineffiziente Teil der Sicherungsbeziehung dem Risiko der Sicherungsbeziehung. Allerdings ist zu berücksichtigen, dass in dem Fall nicht die Betragsgröße verwendet wird, da für den Bilanzadressaten auch von Interesse ist, ob der ineffektive Teil der Sicherungsbeziehung zu einem Aufwand oder Ertrag für das Unternehmen führt.

Betrachtet man die einzelnen Risikomaße, die im Zusammenhang mit den Risikoreduktionsmethoden diskutiert wurden, stellt einzig die Varianz kein in Geldeinheiten ausgedrücktes Risikomaß dar. Zwar kann die Varianz in die Volatilität transformiert werden, jedoch wurde diese als separates Risikomaß ebenfalls betrachtet. Die Volatilität wiederum gibt die Abweichung der Wertänderungen von ihrem Mittelwert an, so dass das verbleibende Risiko der Sicherungsbeziehung nicht direkt aus der Volatilität, also aus dem Zähler der Risikoreduktionsformel, abgelesen werden kann. Vielmehr ist der Mittelwert der Wertänderungen zum Abweichungsmaß zu addieren, um damit das verbleibende Verlust- oder Gewinnrisiko der Gesamtposition nach Absicherung zu bestimmen. Eine direkte Ableitung der Ineffektivität aus den verwendeten Risikomaßen ist hingegen bei der Variability Reduction Method und dem Value at Risk möglich.

4.3 Methoden der Datenprognose

4.3.1 Notwendigkeit und Methodenüberblick

Der prospektive Effektivitätstest stellt die Frage nach der Wirksamkeit der Sicherungsbeziehung in der Zukunft. Um diese zukünftige Effektivität einschätzen zu können, müssen Prognosen über die künftigen Wertentwicklungen des designierten Grund- und Sicherungsgeschäfts getroffen werden. Hierfür stehen folgende Möglichkeiten der Datenbeschaffung zur Verfügung: die historische Betrachtung, Simulationsmethoden, stochastische Modelle der Zeitreihenprognose und Szenarioanalysen. Dabei können diese Verfahren auch miteinander kombiniert werden, indem die Generierung von Szenarien bspw. auf die übrigen Prognosemethoden zurückgreift.

Im Folgenden wird der Fokus auf der Darstellung der Historischen Simulation liegen, da diese die Grundlage für die Fallstudie bildet. Zudem wird die Datenbeschaffung mittels Historischer

Betrachtung erörtert, da diese häufig als Grundlage für die Effektivitätseinschätzung bei noch fehlenden Datenreihen für die Anwendung der Regressionsanalyse genannt wird.[562] Hinsichtlich der übrigen Prognoseverfahren, insbesondere der Zeitreihenprognose, wird auf die einschlägige Literatur verwiesen.[563]

4.3.2 Historische Betrachtung

Für die prospektive Effektivitätseinschätzung können neben simulierten Wertentwicklungen auch Vergangenheitswerte zu Grunde gelegt werden. Durch den Vergleich historischer Änderungsbeträge wird beurteilt, ob diese Sicherungsbeziehung wirksam gewesen wäre (IAS 39.AG105(a)) und daraus werden dann Schlussfolgerungen hinsichtlich des künftigen Ausgleichs der Änderungen des Grund- und Sicherungsgeschäfts gezogen.[564] Dieses Vorgehen wird auch als Historische Betrachtung oder Historischer Abgleich bezeichnet und in der Literatur meist als eigenständige Methode der Effektivitätsmessung dargestellt.[565] Nach dem Wortlaut des IAS 39.AG105(a) lässt sich dieses Vorgehen methodisch jedoch den Dollar Offset-Verfahren oder der Regressionsanalyse zuordnen.[566] Der Begriff „Historische Betrachtung" bezieht sich somit lediglich auf die Art der Datenbeschaffung.

Die Verwendung historischen Datenmaterials als Prognosewerte ist mit diversen Problemen verbunden. Zum einen unterliegt historisches Datenmaterial häufig Restriktionen hinsichtlich der Verfügbarkeit sowie Prognosegüte.[567] So müssen die betrachteten Geschäfte der Vergangenheit mit den tatsächlich designierten Geschäften übereinstimmen. Dies ist mit Blick auf die kontinuierliche Entwicklung von Finanzderivaten fraglich. Auch sollten sich die Grundgeschäfte nur in sehr seltenen Fällen in ihren wertbeeinflussenden Faktoren, wie Laufzeit, Fälligkeiten/Zahlungstermine, gesicherte Risiken etc. weitestgehend gleichen. Des Weiteren werden ein Großteil der Finanzderivate als sogenannte OTC-Derivate gehandelt, d.h. für diese sind keine Marktpreise verfügbar. Selbst wenn Daten vergleichbarer Geschäfte verfügbar wären oder ermittelt werden könnten, müssten künftige Sicherungsbeziehungen antizipiert

---

[562]Vgl. Deloitte (2012), Part C, S. 655; PWC (2011), Rz. 10.179; Barz et al. (2008), S. 561; Kuhn/Scharpf (2006), Rz. 2637.

[563]Vgl. Neusser (2011); Schlittgen (2001).

[564]Vgl. Barz et al. (2008), S. 561.

[565]Vgl. Wiese (2009), S. 145; Cortez/Schön (2009), S. 418; Schmidt et al. (2007), S. 97; Kuhn/Scharpf (2006), Rz. 2600.

[566]Vgl. Barz et al. (2008), S. S. 561; Lediglich der Dollar Offset-Methode zuordnend vgl. Deloitte (2012), Part C, S. 568; Eiselt/Wrede (2009), S. 519.

[567]Vgl. auch Cortez/Schön (2009), S. 418.

werden, um bereits historische Daten zu sammeln, anderenfalls wäre die Datenbeschaffung mit einem unverhältnismäßg hohen Aufwand verbunden.[568]

Um aus den Wertentwicklungen der Vergangenheit Rückschlüsse auf künftige Entwicklungen ableiten zu können, ist zudem eine ausreichend große Zahl von Beobachtungszeitpunkten notwendig. Damit sollen mögliche Ausreißer geglättet werden. Die Anzahl der Datenpunkte wird dabei bestimmt von der Länge des betrachteten Zeitraums sowie der Beobachtungsfrequenz innerhalb dieses Zeitraums. Diese beiden Aspekte stehen dabei hinsichtlich der Prognosegüte in einer Wechselbeziehung. Ein zu langer Beobachtungszeitraum kann aufgrund geänderter Marktstrukturen keine Relevanz für künftige Wertentwicklungen aufweisen; eine zu hohe Beobachtungsfrequenz hingegen kann ebenfalls irreführende Ergebnisse liefern, da kurzfristige Daten stärker als langfristige Daten auf Störfaktoren (noise) reagieren.[569]

Bei der Verwendung historischer Daten wird eine weitgehend unveränderte Wertentwicklung angenommen. Dies könnte bei Werten, die bestimmten Entwicklungszyklen unterliegen, zu Ergebnisverzerrungen führen. Zudem bleiben mögliche wertbeeinflussende exogene Schocks, z.B. durch politische oder ökologische Ereignisse, unberücksichtigt. Die Historische Betrachtung ist jedoch ein vergleichbar leicht anwendbares Instrument der Daten„prognose", da keine speziellen mathematischen Kenntnisse oder Software notwendig sind.

Die Verwendung historischer Daten als Prognosewerte wird neben den oben geschilderten Problemen noch aus einem weiteren Grund von der Verfasserin abgelehnt. Die prospektive Effektivitätsmessung hat mindestens zu jedem Abschluss- und Zwischenabschlussstichtag (IAS 39.AG106)[570] zu erfolgen. Eine retrospektive Effektivitätsmessung mittels Regressionsanalyse darf hierbei unter Verwendung von Daten erfolgen, die vor Begründung der Sicherungsbeziehung liegen.[571] Im Laufe der Sicherungsbeziehung werden dann die jeweils ältesten durch aktuelle Werte ersetzt.[572] Dieses Vorgehen würde jedoch zu jedem Zeitpunkt ein identische Einschätzung von retrospektiver und prospektiver Effektivität bedeuten. Da dies nicht mit der Intention der Effektivitätseinschätzung im Einklang steht, erscheint die Verwendung von Prognosedaten für den prospektiven Effektivitätstest plausibel.

---

[568]Vgl. zur ausführlichen Beurteilung Wiese (2009), S. 145 ff.

[569]Vgl. Coughlan et al. (2003), S. 35 f.; Kawaller/Steinberg (2002), S. 63.

[570]Vgl. KPMG (2009), Rz. 3.7.460.10; Kuhn/Scharpf (2006), Rz. 2470.

[571]Vgl. Varain in MünchKommBilR (2010), IAS 39, Rz. 491; KPMG (2009), Rz. 3.7.500.70; Kuhn/Scharpf (2006), Ez. 2637.

[572]Vgl. Deloitte (2012), Part C, S. 656; Kuhn/Scharpf (2006), Rz. 2637.

4.3.3 Simulation

4.3.3.1 Simulationsansätze

Eine Datenbeschaffung durch Simulationsprozesse versucht, die dem historischen Datenmaterial inhärenten Probleme zu lösen. Die am häufigsten in der Literatur betrachteten Simulationsverfahren sind der Varianz-Kovarianz-Ansatz, die Historische Simulation sowie die Monte-Carlo-Simulation. Obwohl diese Simulationsverfahren vor allem im Zusammenhang mit der Ermittlung des Value at Risk (VaR) Erwähnung finden und dort der Simulation möglicher Zustände im Zeitpunkt $t + 1$ dienen[573], ist die Historische Simulation auch modifiziert als Zeitreihenprognose auf andere Verfahren der Effektivitätsbeurteilung anwendbar.[574] Aufgrund der Bedeutung der Simulationsansätze für die Value at Risk-Ermittlung wurden die Szenariosimulationen mittels Varianz-Kovarianz-Ansatz und Monte-Carlo-Simulation im Abschnitt 4.2.6.1.4 kurz dargestellt.

4.3.3.2 Historische Simulation

Die Historische Simulation betrachtet die Veränderungen von Zeitreihen historischer Marktdaten, um auf deren Basis künftige Wertänderungen der aktuellen Marktverhältnisse zu prognostizieren.[575] Grundsätzlich lassen sich aus Werten der Vergangenheit keine Rückschlüsse auf die Zukunft folgern, jedoch ist es anerkannt, dass mangels Kenntnis der Zukunft die Werte der Vergangenheit Anhaltspunkt für die künftige Entwicklung sein können.[576]

Es wird angenommen, dass die Wertänderungen im Zeitraum $t - n$ bis t einen guten Indikator für die Wertänderungen im Zeitraum $t + 1$ bis $t + n$ darstellen. Grundsätzlich kann die Wertänderung aus den absoluten oder den relativen Wertänderungen ermittelt werden. Beim Differenzenansatz werden die absoluten Wertänderungen als repräsentativ für künftige Änderungen der Marktdaten angesehen, wohingegen beim Ratenansatz die absoluten Wertänderungen in Relation zum aktuellen Marktwertniveau gesetzt werden. Damit relativiert der Ratenansatz die Höhe der absoluten Wertänderungen. Im Folgenden wird das Vorgehen beim Ratenansatz skizziert.Die verwendeten Notationen und Zeiträume sind in Abbildung 17 zusammengefasst.

---

[573]Vgl. Hull (2009), S. 451.
[574]Vgl. Gantenbein/Spremann (2007), S. 131 ff.
[575]Vgl. Plattner (2007), S. 96; Auer (2002), S. 54.
[576]Vgl. bspw. IDW S 1, Rz. 72.

Abbildung 17: Vorgehen der Szenario- und Zeitreihensimulation

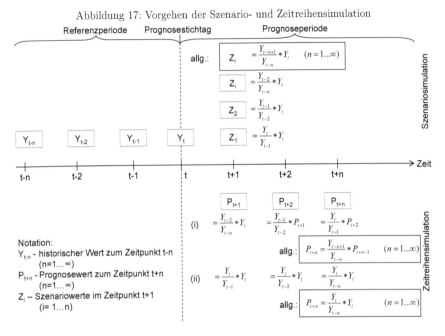

Quelle: Eigene Darstellung.

Unabhängig davon, ob die Historische Simulation als Prognoseinstrument einer künftigen Zeitreihe von $t + 1$ bis $t + n$ (Zeitreihensimulation) oder künftiger Wertausprägungen im Zeitpunkt $t + 1$ (Szenariosimulation) dient, werden in einem ersten Schritt die relativen Veränderungen der Marktwerte in der Vergangenheit ermittelt. Hierzu bedient man sich häufig des natürlichen Logarithmus nach folgendem Schema:[577]

$$r_t = ln(\frac{Y_{t-n+1}}{Y_{t-n}})$$ (55)

mit: r_t relative Veränderung

     Y_{t-n} Wert zum Zeitpunkt $t - n$ $(n = 0...\infty)$

---

[577]Vgl. Plattner (2007), S. 96 ff.; Coughlan et al. (2003), S. 37.

Anschließend werden beim Zeitpunktansatz (Szenariosimulation) die so ermittelten Veränderungen auf das aktuelle Marktniveau (Y_t) angewendet, d.h.:[578]

$$Z_i = e^{r_t} * Y_t \qquad (56)$$

mit: Z_i Szenariowert im Zeitpunkt $t+1$ $(i = 1...\infty)$
Y_t aktuelles Marktniveau

Dieses Vorgehen dient der Ermittlung möglicher künftiger Marktwertszenarien im Zeitpunkt $t+1$. Die Verteilung der Werte dient der Ermittlung des Value at Risk. Die Verwendung der Szenariowerte wird folglich im Rahmen der Effektivitätseinschätzung mittels VaR betrachtet.[579]

Da der Logarithmus zur Basis e die Umkehrfunktion der natürlichen Exponentialfunktion darstellt, können die Werte sowohl beim Szenario- als auch beim Zeitreihenansatz verkürzt prognostiziert werden. Die nachfolgende formale Darstellung greift den Szenarioansatz auf:[580]

$$Z_i = \frac{Y_{t-n+1}}{Y_{t-n}} * Y_t \qquad (57)$$

Um eine Wertentwicklung über mehrere Perioden mit Hilfe der Historischen Simulation zu prognostizieren, wird vorgeschlagen[581], die periodische Änderung der ältesten Vergangenheit auf das aktuelle Marktniveau und die jeweils jüngeren historischen Wertänderungen auf die bereits ermittelten Prognosewerte anzuwenden. Somit ergibt sich folgende allgemeine Formel, die entsprechende Herleitung kann der Abbildung 17-Zeitreihensimulation (i) entnommen werden.

$$P_{t+n} = e^{r_t} * P_{t+n-1} \qquad (58)$$

mit: P_{t+n} Prognosewert zum Zeitpunkt $t+n$ $(n = 1...\infty)$
P_{t+n-1} aktuelles Marktniveau für $n = 1$ $(P_t \hat{=} Y_t)$
Prognosewert zum Zeitpunkt $t+n-1$ $(n = 2...\infty)$

---

[578]Vgl. Plattner (2007), S. 97; Coughlan et al. (2003), S. 37.
[579]Vgl. Abschnitt 4.2.6.1.4.
[580]Vgl. Hull (2009), S. 455; Auer (2002), S. 60.
[581]Vgl. Plattner (2007), S. 97; Coughlan et al. (2003), S. 37.

bzw. durch Zusammenfassen der Gleichungen (55) und (58):

$$P_{t+n} = \frac{Y_{t-n+1}}{Y_{t-n}} * P_{t+n-1} \qquad (59)$$

Im Ergebnis erhält man eine Fortschreibung der Marktentwicklung über eine mit der betrachteten Vergangenheitsperiode laufzeitgleichen Zukunftsperiode. Die Anwendung der Historischen Simulation zur Zeitreihenprognose nach dem vorstehend dargestellten Vorgehen führt zur Trendunterstützung.[582]

Aus diesem Grund wird alternativ vorgeschlagen, die historische Zeitreihe in Teilperioden zu zerlegen, deren Änderungen dann als beste Näherung für eine laufzeitgleiche Teilperiode in der Zukunft dient. Konkret wird hierbei angenommen, dass die Preisänderung zwischen den beiden jüngsten Handelstagen die bestmögliche Prognose der Preisänderung zwischen den beiden kommenden Handelstagen darstellt. Analog werden die historischen Teilperioden immer größer gewählt, um damit die Preisentwicklung fortzuschreiben. Es wird somit von einer laufzeitbezogen konstanten Rendite ausgegangen. Formal ergibt sich damit folgendes Ermittlungsschema, die entsprechende Herleitung ist der Abbildung 17-Zeitreihensimulation (ii) zu entnehmen:

$$P_{t+n} = \frac{Y_t}{Y_{t-n}} * Y_t \qquad (60)$$

Während dieses Vorgehen für kurze Teilperioden sinnvoll erscheint, ist bei längeren Teilperioden die Prognoseeignung eingeschränkt, da nur in der kurzen Frist von einem relativ stabilen Marktumfeld ausgegangen werden kann.

Die mit dieser Simulationsmethode verbundenen Probleme sind teilweise identisch mit denen der Historischen Betrachtung. Die Verfügbarkeit historischer Daten als Ausgangsdatensatz für die Prognose kann aufgrund fehlender Marktpreise oder fehlender Antizipation einer künftigen Sicherungsbeziehung eingeschränkt sein. Aufgrund der Fortschreibung der Werte auf Basis der Vergangenheit werden auch dort stattgefundene Marktstrukturänderungen oder exogene Schocks mit nur kurzfristigen Auswirkungen auf die Marktwerte fortgeschrieben. Umgekehrt werden mögliche erwartete Änderungen der Preisentwicklung nicht berücksichtigt. In Abhängigkeit von der Länge der Betrachtungsperiode führen eventuelle langfristige zyklische Marktwertentwicklungen zu Verzerrungen in der Prognose. In Zeiten eines stabilen Marktumfeldes stellt die Historische Simulation ein gut nachvollziehbares und handhabba-

---

[582]Vgl. Plattner (2007), S. 97.

res Prognoseinstrument dar. Der wesentliche Unterschied zur Historischen Betrachtung und damit der Grund für die Verwendung der Simulation im Rahmen der Fallstudie liegt in der fehlenden und bereits kritisierten Identität der Ergebnisse des retrospektiven und prospektiven Effektivitätstests mittels Regressionsansatz auf Basis der Historischen Betrachtung.

4.4 Methodenvergleich anhand einer Fallstudie

4.4.1 Problemstellung

Für Unternehmen der Luftfahrtindustrie stellen die Ausgaben für Treibstoff eine bedeutende Aufwandsposition dar, die das Geschäftsergebnis bei unerwarteter Preisentwicklung deutlich beeinflussen können. Zur Begrenzung dieses Preisrisikos werden entsprechende derivative Sicherungsgeschäfte (Forwards, Optionen, Swaps) mehrheitlich in Rohöl abgeschlossen.[583]

Das Unternehmen A mit der funktionalen Währung EUR erwartet eine Fortsetzung der volatilen Entwicklung des Treibstoffpreises und sichert ihren monatlichen Treibstoffbedarf durch Abschluss von Termingeschäften. Das Unternehmen benötigt in zwölf Monaten 3.500 Tsd. Tonnen Kerosin. Dies entspricht einem Bedarf von 25.655 Tsd. Barrel.[584] Der aktuelle Kerosinpreis liegt bei 86,31 USD/Barrel. Die Risikosteuerung im Unternehmen sieht eine vollständige Risikominimierung vor. Demzufolge sichert das Unternehmen sein Treibstoff-Exposure durch Abschluss eines 12-Monats-Forwards über 23.038 Tsd. Barrel Rohöl mit einem Bezugspreis von 83,81 USD/Barrel, bei dem bei Vertragsabschluss keine Kosten entstehen. Der Terminkurs ermittelt sich aus der Verzinsung des Spotpreises, wobei neben dem Zinssatz (hier 4%) noch Lagerhaltungskosten (hier 2%) und Verfügbarkeitskosten (hier 1%) berücksichtigt werden. Formal ergibt sich:[585]

$$F_t = S_t * e^{(i+u-c)*t}$$
$$83,81 = 79,72 * e^{(0,04+0,02-0,01)*\frac{365}{365}}$$

(61)

---

[583]Vgl. z.B. Lufthansa (2011), S. 196.
[584]1 Tonne entspricht 7,33 Barrel Rohöl; vgl. BP (2012).
[585]Vgl. Hull (2009), S. 118.

mit: F_t Terminkurs

     S_t Spotpreis

     i   Zinssatz

     u   Lagerhaltungskosten, hier Annahme der Proportionalität zum Waren-
preis

     c   Verfügbarkeitskosten (convenience yield)

     t   Laufzeit als Jahresanteil

Im Rahmen des Hedge Accountings designiert das Unternehmen zur Erhöhung der Hedge-Effektivität lediglich die Spotkomponente des Termingeschäftes als Sicherungsgeschäft; die Zeitwertkomponente wird mithin ausgeklammert.[586] Das aus dem Geschäft resultierende Währungsrisiko wird durch entsprechende Erlöse in Fremdwährung gesteuert, d.h. hierfür ist keine Absicherung durch derivative Finanzinstrumente notwendig. Eine entsprechende bilanzielle Abbildung dieser ökonomischen Sicherungsmaßnahme ist aufgrund des Designationsverbotes von geplanten Transaktionen als Sicherungsgeschäft[587] nicht zu thematisieren. Für die prospektive Effektivitätsmessung scheidet die Anwendung des Critical Term Match aufgrund der fehlenden Identität der Basiswerte sowie der Mengen aus. Insofern muss das Unternehmen zur Anwendung der übrigen Effektivitätsmessmethoden die künftige Preisentwicklung schätzen und bedient sich hierbei der Historischen Simulation.

Die Fallstudie umfasst folgende Teilschritte:

1. Analyse der Vergangenheitswerte mittels Regression zwecks Festlegung der Hedge Ratio (Abschnitt 4.4.3)

2. Prognose der künftigen Wertentwicklung von Grund- und Sicherungsgeschäft mittels Historischer Simulation (Abschnitt 4.4.4)

3. Ermittlung der prospektiven Effektivität mittels verschiedener Verfahren (Abschnitt 4.4.5)

4. Ergebnisvergleich der Verfahren zur Beurteilung der Effektivität (Abschnitt 4.4.6)

---

[586]Zulässige Ausnahme vom Grundsatz der Designation von Derivaten in ihrer Gesamtheit vgl. IAS 39.74.

[587]Vgl. Abschnitt 3.4.2.

4.4.2 Datengrundlage

Die Fallstudie basiert auf den tatsächlichen täglichen Preisentwicklungen von Kerosin und Rohöl im Zeitraum von April 1990 bis Februar 2012. Die Verwendung historisch beobacht-barer statt fiktiver Preise wurde gewählt, um zum einen die noch durchzuführende Prognose der Preisentwicklung zu verifizieren und um zum anderen den Einfluss der Verfasserin auf die Ausprägung der Werte gering zu halten. Die Frequenz der verwendeten Daten soll die Zuverlässigkeit der Messergebnisse erhöhen, da insbesondere die statistischen Methoden der Effektivitätseinschätzung eine Mindestanzahl von 30 verwendeten Datenpunkten fordern.[588] Die Wahl des Zeitfensters ist beeinflusst von der Verfügbarkeit historischer Daten. Die nach-folgende Graphik 18 veranschaulicht die - zur Wahrung der Übersichtlichkeit - wöchentliche Spotpreisentwicklung von Kerosin und Rohöl.

Abbildung 18: Entwicklung der Spotpreise von Kerosin und Rohöl April 1990 bis Februar 2012

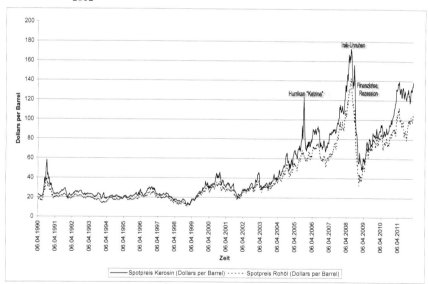

Quelle: Eigene Darstellung auf Basis der Daten vgl. EIA (2012).

---

[588]Vgl. Abschnitte 4.2.5.1.2 und 4.2.6.1.3.

Die Preisentwicklungen von Kerosin und Rohöl verlaufen in den Jahren 1990 bis 2004 gleich-förmig und weitgehend stabil. Deutliche Preisverwerfungen sind ab dem Jahr 2005 zu be-obachten, die nicht nur die Höhe der Wertänderungen sondern auch den Gleichlauf beider Preiskurven umfassen. Eine Betrachtung des ökologischen, ökonomischen und politischen Umfelds liefert als Erklärung exogene Schocks, wie den Hurrikan „Katrina" im August 2005 und Unruhen und Krisen in den ölreichen Ländern Iran und Irak in 2008, die zu einem signifi-kanten Preisanstieg führten. Die Finanzkrise in der zweiten Jahreshälfte 2008 ließ den Ölpreis stark sinken. Im Laufe des Jahres 2009 wurde eine rasche Erholung der Weltwirtschaft er-wartet, die, zusammen mit den Produktionskürzungen der Ölförderländer und der Nachfrage nach Energie durch die Chinesische Volksrepublik den Ölpreis wieder steigen ließen.[589]

Für die Fallstudie wird als Entscheidungszeitpunkt der 28. Februar 2010 zugrunde gelegt. Der Zeitraum 2005 bis 2008 wird aufgrund der wirtschaftlichen Unsicherheiten, die eine zuverlässige Prognose der Preisentwicklung erschweren, als Referenzperiode für die Fallstudie verworfen. Die relativ stabilen Perioden 1990 bis 2004 könnten zugrunde gelegt werden, allerdings ist hier die Verfügbarkeit entsprechender Gutachten der künftigen Entwicklung der Weltwirtschaft und des Ölpreises eingeschränkt. Somit stellt der Zeitraum März 2009 bis Februar 2010 die Grundlage für die Prognose der Wertentwicklung im Zeitraum März 2010 bis Februar 2011 dar. Die Prognose der Weltenergiebehörde IEA (International Energy Agency) geht für das Jahr 2010 davon aus, dass die kurzfristige Preisvolatilität von Rohöl unverändert hoch bleibt[590], was sich mit der Annahme des Unternehmens A im Ausgangssachverhalt deckt.

4.4.3 Analyse der Vergangenheitswerte der Referenzperiode

4.4.3.1 Festlegung der Hedge Ratio für Zwecke der Risikosteuerung

Unabhängig von der bilanziellen Designation als Sicherungsbeziehung legt das Unterneh-men im ersten Schritt die Hedge Ratio, d.h. das Verhältnis vom Volumen der zu kaufenden Termingeschäfte zum Volumen des abzusichernden Geschäfts - hier des Kerosinbedarfs von 3.500 Tonnen - fest. Hedging dient der Risikominierung, so dass die Hedge Ratio als der Wert ermittelt wird, der die Varianz der Gesamtposition minimiert. Formal ermittelt sich

---

[589]Vgl. IEA (2009), S. 19, 40.
[590]Vgl. IEA (2010), S. 48.

basierend auf Überlegungen der Portfoliotheorie die Varianz der Gesamtposition als[591]

$$\sigma_{\Delta GP}^2 = \sigma_{\Delta S}^2 + HR^2 * \sigma_{\Delta F}^2 + 2 * HR * cov(\Delta S, \Delta F) \qquad (62)$$

mit: $\sigma_{\Delta GP}^2$ Varianz der Wertänderungen der Gesamtposition

$\sigma_{\Delta S}^2$ Varianz der Wertänderungen der Spot-/Kassa-Position

$\sigma_{\Delta F}^2$ Varianz der Wertänderungen der Future-/Termin-Position

$cov(\Delta S, \Delta F)$ Kovarianz der Wertänderungen von Spot- und Future-Position

HR Hedge Ratio

Setzt man die partielle Ableitung obiger Gleichung nach der Hedge Ratio ($\frac{\delta \sigma_{\Delta GP}^2}{\delta HR}$) Null, erhält man als Formel zur Ermittlung der optimalen, i.s. einer varianzminimalen Hedge Ratio (HR_{opt})

$$HR_{opt} = -\frac{\rho_{\Delta S, \Delta F} * \sigma_{\Delta S}}{\sigma_{\Delta F}} \qquad (63)$$

mit: $\rho_{\Delta S, \Delta F}$ Korrelationskoeffizient der Wertänderungen der

Spot- mit Wertänderungen der Future-Position

Der Korrelationskoeffizient kann entweder als der Quotient aus Kovarianz und dem Produkt der Standardabweichungen, formal[592]

$$\rho_{\Delta S, \Delta F} = \frac{cov(\Delta S, \Delta F)}{\sigma_{\Delta S} * \sigma_{\Delta F}}$$

$$\text{wobei } cov(\Delta S, \Delta F) = \frac{1}{n} \sum_{t=1}^{n} (\Delta S_t - \overline{\Delta S}) * (\Delta F_t - \overline{\Delta F}) \qquad (64)$$

mit: n Anzahl der Beobachtungen

ΔS_t Wertänderung der Spotposition im Zeitpunkt t gegenüber Vorperiode

ΔF_t Wertänderung der Futureposition im Zeitpunkt t gegenüber Vorperiode

$\overline{\Delta S}$ Mittelwert der Wertänderungen der Spotpositionen

$\overline{\Delta F}$ Mittelwert der Wertänderungen der Futurepositionen

oder mit Hilfe der Regressionsanalyse ermittelt werden. Die Analyseergebnisse liefern den Korrelationskoeffizienten, aus dem dann unter Nutzung der Gleichung (63) die Hedge Ratio ermittelt werden kann. Die optimale Hedge Ratio kann aber auch direkt aus der Ergebnista-

---

[591]Vgl. zu nachfolgender formalen Darstellung Oehler/Unser (2002), S. 168 f.

[592]Vgl. Hull (2009), S. 491.

belle der Regressionsanalyse abgelesen werden, da sie dem Regressionskoeffizienten, d.h. der Steigung der Regressionsgeraden entspricht.[593]

Grundsätzlich ist an diesem Vorgehen problematisch, dass der auf Vergangenheitswerten basierende Parameter auf die zukünftige Entwicklung übertragen wird. Sind die ermittelten Varianzen und die Korrelation nicht stabil in der Zukunft, wird kein risikominimaler Hedge erzielt.[594] Aufgrund der Prognose einer unverändert hohen kurzfristigen Preisvolatilität erscheint dem Unternehmen die Wahl der so ermittelten Hedge Ratio als zutreffend.

Ein weiteres Problem bei der Ermittlung der Hedge Ratio stellt die fehlende Verfügbarkeit von Futurepreisen mit gleicher Vertragslaufzeit wie die des vom Unternehmen abgeschlossenen Futures dar. Diese fehlende Fristenkongruenz führt - neben dem aus den nicht vollständig gleichlaufenden Preisentwicklungen von Kerosin und Rohöl resultierenden Basisrisiko - zu einem zusätzlichen Basisrisiko der Hedge-Position.[595]

Von diesen Problemen abstrahierend, wird für Zwecke der Fallstudie die tägliche Entwicklung des Spotpreises von Kerosin und des Futurepreises von Rohöl mit einer Restlaufzeit von einem Monat von März 2009 bis Februar 2010 zugrunde gelegt. Zu beachten ist, dass die Preisnotierungen von Kerosin in Dollars per Gallon und die von Rohöl in Dollars per Barrel erfolgen, so dass der Kerosinpreis in Dollars per Barrel transformiert wurde. Beide Preishistorien umfassen 251 Handelstage und sind im Anhang E vollständig wiedergegeben. Für die Regressionsanalyse wurde die entsprechende Excel-Analysefunktion verwendet und liefert nachfolgende verkürzt dargestellte Ergebnisse (Abbildung 19).

Der Regressionskoeffizient, der der optimalen Hedge Ratio entspricht, beträgt hier - auf drei Nachkommastellen gerundet - 0,898. Somit sollte das Unternehmen zur Preissicherung eines Barrels Kerosin Termingeschäfte über 0,898 Barrel Rohöl abschließen. Allerdings sieht die Standardisierung der Futures eine Menge von 1.000 Barrel pro Kontrakt vor.[596] Insofern muss der Kerosinbedarf von Tonnen in Barrel umgerechnet, danach das benötigte Volumen an Rohölsicherungsgeschäften berechnet und abschließend dieses Futurevolumen in Kontraktgrößen umgerechnet werden. Das Unternehmen hat einen Absicherungsbedarf von 3.500 Tsd. Tonnen Kerosin, dies entspricht 25.655 Tsd. Barrel Kerosin.[597] Dieser Kerosinbedarf multipliziert mit der Hedge Ratio von 0,898 ergibt einen Absicherungsbedarf von 23.038

---

[593]Vgl. Oehler/Unser (2002), S. 169.
[594]Vgl. Rudolph/Schäfer (2005), S. 129; Oehler/Unser (2002), S. 169.
[595]Vgl. Rudolph/Schäfer (2005), S. 130.
[596]Vgl. New York Merchantile Exchange (2012).
[597]Vgl. zur Umrechnung BP (2012).

Abbildung 19: Ermittlung der ökonomischen Hedge Ratio mittels Regression

Regressions-Statistik	
Multipler Korrelationskoeffizient	0,867266
Bestimmtheitsmaß	0,752151
Adjustiertes Bestimmtheitsmaß	0,751155
Standardfehler	0,860211
Beobachtungen	251

ANOVA

	Freiheitsgrade (df)	Quadratsummen (SS)	Mittlere Quadrat-summe (MS)	Prüfgröße (F)	F krit
Regression	1	559,1474499	559,1474499	755,6426331	2,1931E-77
Residuen	249	184,2507409	0,739962815		
Gesamt	250	743,3981908			

	Koeffizienten	Standardfehler	t-Statistik	P-Wert
Schnittpunkt	0,007305	0,054485772	0,134064502	0,893459864
X Variable 1	0,898182	0,032674278	27,48895475	2,1931E-77

Quelle: Eigene Darstellung auf Basis der Daten vgl. EIA (2012).

Tsd. Barrel Rohöl. Bezogen auf die Kontraktgröße der gehandelten Futures entspricht dies 23.038 Kontrakten, die einzugehen sind.

4.4.3.2 Festlegung der Hedge Ratio für Zwecke des Hedge Accountings

Das Unternehmen designiert lediglich die Spotkomponente des Rohöl-Termingeschäfts als Sicherungsgeschäft. Folglich kann die Hedge Ratio für Zwecke der Designation im Rahmen des Hedge Accountings von der ökonomisch gewünschten Hedge Ratio abweichen. Die Spotkomponente eines Warentermingeschäfts entspricht dem Spotpreis für Rohöl. Zur Festlegung des zu designierenden Volumens des geplanten Kerosin-Einkaufs als Grundgeschäft und des abgeschlossenen Termingeschäfts auf Rohöl als Sicherungsgeschäft werden die historischen Spotpreisentwicklungen von Kerosin und Rohöl für den Zeitraum von März 2009 bis Februar 2010 regressiert. Im Ergebnis liefert die Excel-Analysefunktion eine optimale Hedge Ratio von - auf drei Nachkommastellen gerundet - 0,917.

Da die ökonomische kleiner als die bilanzielle Hedge Ratio ist, kann nur ein prozentualer Anteil des Kerosinbedarfs als Grundgeschäft designiert werden.[598] Folglich wird ein Volumen von 25.123 Tsd. Barrel Kerosin als Grundgeschäft und die Spotkomponente von 23.038 Kontrakten auf den Terminbezug von Rohöl als Sicherungsgeschäft designiert.

---

[598]Die Zulässigkeit der prozentualen Designation ergibt sich aus IAS.AG197A. Vgl. auch Fried-hoff/Berger in KommIFRS (2011), IAS 39, Rz. 200.

Abbildung 20: Ermittlung der bilanziellen Hedge Ratio mittels Regression

Regressions-Statistik	
Multipler Korrelationskoeffizient	0,86509
Bestimmtheitsmaß	0,748381
Adjustiertes Bestimmtheitsmaß	0,747371
Standardfehler	0,866728
Beobachtungen	251

ANOVA

	Freiheitsgrade (df)	Quadratsummen (SS)	Mittlere Quadrat-summe (MS)	Prüfgröße (F)	F krit
Regression	1	556,3452413	556,3452413	740,5922518	1,43971E-76
Residuen	249	187,0529495	0,751216665		
Gesamt	250	743,3981908			

	Koeffizienten	Standardfehler	t-Statistik	P-Wert
Schnittpunkt	0,002261	0,054915301	0,041169217	0,967193985
X Variable 1	0,916855	0,033690783	27,21382464	1,43971E-76

Quelle: Eigene Darstellung auf Basis der Daten vgl. EIA (2012).

4.4.4 Prognose der künftigen Preisentwicklung

Das Unternehmen bedient sich der Historischen Simulation als Methode zur Prognose der künftigen Preisentwicklung. Diese Methode der Zeitreihenprognose stellt ein leicht handhabbares Instrument dar. Verfeinerte statistische Methoden der Zeitreihenmodellierung[599] berücksichtigen bspw. Trends, Zyklen, extreme Wertänderungen i.S. von Ausreißern oder nichtgleichabständige Beobachtungen, wie hier im Falle der Handelstage, die durch Wochenenden und Feiertage unterbrochen sind. Teilweise wurden diese Aspekte bei der Auswahl der Referenzperiode berücksichtigt, wie beispielsweise der von exogenen Schocks geprägte Zeitraum 2005 bis 2008, der als nicht repräsentativ verworfen wurde. Auf eine Anwendung entwickelterer Verfahren der Zeitreihenanalyse und -prognose wurde mit Blick auf den Fokus der Arbeit verzichtet. Es ist Ziel der Arbeit, die unterschiedlichen Ergebnisse der prospektiven Effektivitätstests zu analysieren. Die hierfür notwendigen Prognosewerte wurden nur deshalb auf Basis tatsächlich beobachtbarer Marktdaten abgeleitet, um ein realitätsnahes Datenmaterial zu erhalten, das frei von Einflüssen der Verfasserin bei der Datengenerierung ist.

Hinsichtlich des Vorgehens bei der Historischen Simulation kann, wie bereits in Abschnitt 4.3.3.2 dargelegt, entweder die historische handelstägliche Preisänderung bezogen auf die Preisfeststellung bzw. -prognose des vorherigen Handelstages oder die Veränderung der Teilperioden des Referenzzeitraums bezogen auf den Prognosestichtag zugrundelegt werden. Ersteres Vorgehen führt zu einer Trendverstärkung. Die zweite Vorgehensweise ist für große

---

[599]Vgl. bspw. Neusser (2011); Schlittgen (2001).

Teilperioden problematisch. Es wurden deshalb beide Verfahren auf die Werte der Referenzperiode angewendet und mit den tatsächlichen Marktpreisen verglichen. Die Ergebnisse für
251 Handelstage sind in Abbildung 21 und Abbildung 22 gegenübergestellt.

Abbildung 21: Vergleich der Prognosewerte für Kerosin-Spotpreise mit beobachtbaren Werten März 2010 bis Februar 2011

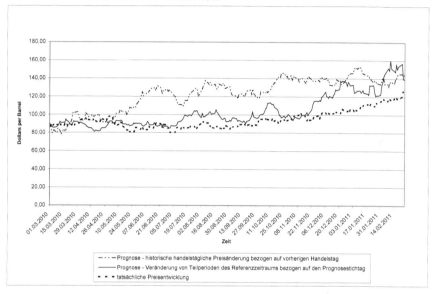

Quelle: Eigene Darstellung.

Bei einem Vergleich mit den tatsächlich beobachteten Werten scheint das zweite Vorgehen
der Teilperiodenbetrachtung näher an der tatsächlichen Wertentwicklung zu liegen. Dies
lässt sich zum einen aus dem graphischen Vergleich sowie zum anderen aus der Korrelation
der prognostizierten mit den beobachteten Werten schließen. Das Problem der fehlenden
Prognosegüte für große Teilperioden lässt sich in beiden Abbildungen erkennen.

Abbildung 22: Vergleich der Prognosewerte für Rohöl-Spotpreise mit beobachtbaren Werten März 2010 bis Februar 2011

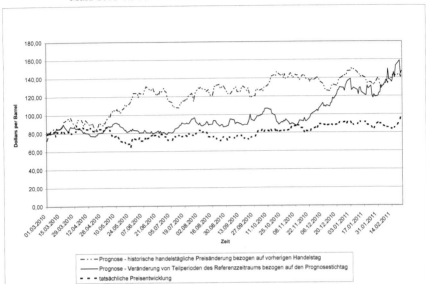

Quelle: Eigene Darstellung.

Allerdings liefert diese Prognosetechnik in Summe näher an den beobachtbaren Preisen liegende Werte, was durch den Korrelationskoeffizienten der jeweiligen Prognosetechnik mit den tatsächlichen Werten unterstrichen wird.

Tabelle 5: Korrelationskoeffizienten der Prognosewerte der Historischen Simulation mit der tatsächlichen Wertentwicklung

Prognosetechnik	Korrelation mit tatsächlichen Werten	
	Kerosin-Spotpreise	Rohöl-Spotpreise
historische handelstägliche Preisänderung	0,5007	0,2717
Preisänderung von Teilperioden	0,8644	0,6861

Quelle: Eigene Darstellung.

Die Fallstudie bedient sich somit der Prognosewerte, die auf Basis der Veränderung historischer Teilperioden bezogen auf den Prognosestichtag (Variante 2) ermittelt wurden.

4.4.5 Ermittlung der prospektiven Effektivität

4.4.5.1 Anwendung der Dollar Offset Ratio-Methode

Für die Ermittlung der prospektiven Effektivität wurden sämtliche quantitativen und in den Abschnitten 4.2.3 bis 4.2.6 beschriebenen Methoden mit Ausnahme der Sensitivitätsverfahren (Duration resp. Basis Point Value) angewendet. Die Dollar Offset Ratio-Methode wurde auf Basis der kumulierten Wertänderungen über den gesamten Prognosezeitraum und Hedgelaufzeit von einem Jahr von Grund- im Verhältnis zum Sicherungsgeschäft ermittelt. Das Grundgeschäft, der geplante Kauf von Kerosin, stellt eine künftige finanzielle Verpflichtung dar, bei der jede Kerosinpreiserhöhung zu einer Erhöhung der Verbindlichkeit und damit zu einem Verlust beim Unternehmen führt. Beim Sicherungsgeschäft hingegen führt jede Spotpreiserhöhung zu einem Gewinn. Das Verhältnis von kumulierter Wertänderung des Grundgeschäfts zu kumulierter Wertänderung des Sicherungsgeschäfts beträgt 85,28%. Das Ermittlungsschema ist in nachfolgender Graphik 23 in Auszügen abgebildet.

Abbildung 23: Ermittlung der prospektiven Effektivität mittels Dollar Offset Ratio

(1) Datum	(2) Prognosedaten Kerosin (USD per bbl)	(3) Crude Oil Spot (USD per bbl)	(4)=(2)*25.123.000 GG (USD) absolut	(5) GG (USD) Änderung (absolut)	(6)=(3)*23.038.000 SG (USD) absolut	(7) SG (USD) Änderung (absolut)
1. Mrz. 10	88,07	81,49	2.212.508.638,11	-44.142.508,11	1.877.329.193,22	42.122.113,22
2. Mrz. 10	86,23	79,69	2.166.257.849,85	46.250.788,25	1.835.898.479,99	-41.430.713,23
3. Mrz. 10	86,56	80,85	2.174.715.664,79	-8.457.814,93	1.862.522.627,90	26.624.147,91
4. Mrz. 10	85,56	79,40	2.149.538.059,41	25.177.605,38	1.829.246.673,90	-33.275.954,00
5. Mrz. 10	85,44	79,67	2.146.431.790,53	3.106.268,87	1.835.438.182,01	6.191.508,11
8. Mrz. 10	86,35	80,48	2.169.421.809,70	-22.990.019,18	1.854.031.958,71	18.593.776,70
9. Mrz. 10	88,33	82,25	2.219.119.719,70	-49.697.909,98	1.894.822.101,45	40.790.142,74
10. Mrz. 10	89,31	82,56	2.243.702.113,37	-24.582.393,67	1.901.960.298,51	7.138.197,06
11. Mrz. 10	92,28	85,75	2.318.414.358,56	-74.712.245,19	1.975.616.027,25	73.655.728,74
12. Mrz. 10	90,68	84,48	2.278.114.722,47	40.299.636,09	1.946.203.692,40	-29.412.334,85
15. Mrz. 10	91,19	85,33	2.290.998.661,77	-12.883.939,30	1.965.801.608,21	19.597.915,81
16. Mrz. 10	90,77	86,22	2.280.446.467,32	10.552.194,45	1.986.337.047,61	20.535.439,40
17. Mrz. 10	94,85	88,43	2.382.883.634,84	-102.437.167,52	2.037.190.813,68	50.853.766,07
18. Mrz. 10	92,62	89,32	2.326.888.980,23	55.994.654,60	2.057.806.096,69	20.615.283,01
19. Mrz. 10	92,62	86,90	2.326.888.980,23	0,00	2.002.090.848,89	-55.715.247,80
22. Mrz. 10	88,33	82,58	2.219.119.719,70	107.769.260,54	1.902.454.570,94	-99.636.277,95
23. Mrz. 10	87,76	82,31	2.204.845.322,69	14.274.397,01	1.896.294.570,38	-6.160.000,55
24. Mrz. 10	90,77	85,41	2.280.446.467,32	-75.601.144,64	1.967.650.904,17	71.356.333,79
25. Mrz. 10	92,86	87,24	2.332.980.312,64	-52.533.845,32	2.009.785.913,24	42.135.009,07
26. Mrz. 10	92,00	86,33	2.311.199.376,12	21.780.936,53	1.988.765.332,51	-21.020.580,73
29. Mrz. 10	92,23	86,30	2.317.208.734,87	-6.009.358,75	1.988.225.200,70	-540.131,81
30. Mrz. 10	90,31	85,11	2.268.835.232,76	48.373.502,10	1.960.799.568,49	-27.425.632,20
31. Mrz. 10	90,26	84,85	2.267.680.609,24	1.154.623,53	1.954.778.421,62	-6.021.146,87
1. Apr. 10	91,43	85,59	2.296.903.297,50	-29.222.688,26	1.971.890.959,99	17.112.538,37
5. Apr. 10	89,22	83,80	2.241.444.867,78	55.458.429,72	1.930.549.891,60	-41.341.068,39
6. Apr. 10	88,42	82,09	2.221.332.201,97	20.112.665,81	1.891.150.914,22	-39.398.977,38
7. Apr. 10	86,77	80,47	2.180.035.419,35	41.296.782,62	1.853.797.211,69	-37.353.702,53
8. Apr. 10	86,56	81,52	2.174.715.664,79	5.319.754,56	1.878.051.613,38	24.254.401,69
9. Apr. 10	85,44	80,09	2.146.431.790,53	28.283.874,25	1.845.153.166,72	-32.898.446,66
12. Apr. 10	85,19	79,78	2.140.246.108,14	6.185.682,39	1.837.972.681,13	-7.180.485,58
26. Jan. 11	120,66	117,97	3.031.287.345,00	102.321.935,70	2.717.893.146,08	-75.713.108,06
27. Jan. 11	121,73	121,66	3.058.333.834,69	-27.046.489,69	2.802.697.239,26	84.804.093,19
28. Jan. 11	121,32	119,10	3.047.874.416,66	10.459.418,04	2.743.870.010,85	-58.827.228,41
31. Jan. 11	122,49	119,80	3.077.342.815,71	-29.468.399,06	2.759.903.935,52	16.033.924,66
1. Feb. 11	132,17	123,28	3.320.411.622,32	-243.068.806,61	2.840.211.518,51	80.307.582,99
2. Feb. 11	135,91	123,50	3.414.553.561,03	-94.141.938,72	2.845.178.853,07	4.967.334,56
3. Feb. 11	142,01	132,07	3.567.648.036,15	-153.094.475,11	3.042.662.173,30	197.483.320,23
4. Feb. 11	144,79	129,78	3.637.544.814,00	-69.896.777,85	2.989.848.964,25	-52.813.209,05
7. Feb. 11	149,93	134,28	3.766.688.416,86	-129.143.602,86	3.093.448.210,00	103.599.245,75
8. Feb. 11	151,60	137,50	3.808.540.510,38	-41.852.093,52	3.167.739.155,76	74.290.945,76
9. Feb. 11	148,80	135,48	3.738.248.655,33	70.291.855,06	3.121.144.825,82	-46.594.329,94
10. Feb. 11	159,65	149,68	4.010.794.236,86	-272.545.581,53	3.448.254.917,08	327.110.091,26
11. Feb. 11	151,21	139,13	3.798.799.997,57	211.994.239,29	3.205.186.159,79	-243.068.757,29
14. Feb. 11	148,55	135,19	3.731.986.932,29	66.813.065,28	3.114.505.504,77	-90.680.655,02
15. Feb. 11	147,07	139,89	3.694.852.733,96	37.134.198,33	3.222.824.208,21	108.318.703,45
16. Feb. 11	156,41	145,96	3.929.446.558,33	-234.593.824,38	3.362.721.722,08	139.897.513,86
17. Feb. 11	150,31	140,36	3.776.264.743,35	153.181.814,99	3.233.500.525,16	-129.221.196,92
18. Feb. 11	153,43	152,88	3.854.664.703,42	-78.399.960,07	3.522.080.918,43	288.580.393,27
22. Feb. 11	156,68	158,60	3.936.389.043,42	-81.724.340,00	3.653.928.220,09	131.847.301,66
23. Feb. 11	140,21	143,95	3.522.523.634,11	413.865.409,31	3.316.260.561,25	-337.667.658,84
24. Feb. 11	139,11	147,18	3.494.895.997,76	27.627.636,35	3.390.757.382,57	74.496.821,32
				-1.326.529.867,76		1.555.550.302,57

(8)=Summe(5)/Summe(7)

Effektivitätstest   Dollar Offset Ratio kumuliert   **85,28**

Quelle: Eigene Darstellung.

Unter Zugrundelegung der retrospektiven Effektivitätsschwellen des IAS 39 für den prospektiven Test ist diese Sicherungsbeziehung als effektiv einzuschätzen. Somit erübrigten sich die Effektivitätsbeurteilung anhand der in den Abschnitten 4.2.3.3 dargestellten Weiterentwicklungen des Dollar Offset Ratios.

Obwohl die Beurteilung der Effektivität auf Basis der kumulierten Wertänderungen erfolgte, wurden die periodischen, d.h. handelstäglichen, Wertänderungen genutzt, um die Kompensationswirkung einer Sichtprüfung zu unterziehen. An 39 von 251 Handelstagen - dies entspricht 15% -, für die die Wertentwicklung prognostiziert wurde, wiesen die Kerosin- und die Rohölpreisentwicklung keine gleichläufige Entwicklung auf, was folglich zu einer fehlenden Kompensation der Wertentwicklungen führt. Die nicht kompensierenden Datenpaare sind in der auszugsweisen Effektivitätsberechnung des Dollar Offset Ratios in Abbildung 23 grau unterlegt. Um die gewählte Prognosemethodik als Fehlerquelle auszuschließen, wurden die tatsächlich beobachtbaren Wertentwicklungen des Kerosin- und Rohöl-Spotpreises ebenfalls einer solchen Sichtprüfung unterzogen. Dabei waren nur an 195 von 251 Handelstagen kompensatorische Wertentwicklungen zu beobachten. Da die Berechnung des Dollar Offset Ratios auf Basis der kumulierten Wertänderungen gerade solche Ausreißer zu glätten versucht[600], beeinträchtigen diese nicht kompensierenden Wertepaare das Messergebnis des Dollar Offset Ratio nicht. Allerdings ist zu prüfen, ob die Ergebnisse anderer Effektivitätsmessmethoden dadurch beeinflusst und ggf. verzerrt werden. Sofern Messergebnisse von nicht kompensierenden Datenpaaren verzerrt werden, werden diese handelstäglichen Veränderungen eliminiert und die Wertänderungen zwischen den vor und nach dem eliminierten Handelstag festgestellten resp. geschätzten Spotpreisen ermittelt.

4.4.5.2 Anwendung der Regressionsanalyse

Als weitere Methode wurde die Regressionsanalyse durchgeführt. Dabei wurden die Wertänderungen des Grundgeschäfts als die abhängige und die Wertänderungen des Sicherungsgeschäfts als die unabhängige Variable definiert. Mit Abbildung 24 sind die Ergebnisse der Excel-Analysefunktion zusammengefasst.

Im Ergebnis liegt ein Regressionkoeffizient von 0,887 vor, der ebenfalls im Effektivitätsintervall des IAS 39 von 80-125% liegt. Wie in Abschnitt 4.2.5 dargelegt wurde, stellt das Bestimmtheitsmaß einen Güteparameter für den ermittelten Regressionskoeffizienten dar, der im vorliegenden Datenfall 0,733 beträgt. Als akzeptable Schwelle für diesen Parame-

---

[600]Vgl. Ausführungen in Abschnitt 4.2.3.2.

Abbildung 24: Ermittlung der prospektiven Effektivität mittels Regression

Regressions-Statistik	
Multipler Korrelationskoeffizient	0,855958
Bestimmtheitsmaß	0,732665
Adjustiertes Bestimmtheitsmaß	0,731591
Standardfehler	38369150
Beobachtungen	251

ANOVA

	Freiheitsgrade (df)	Quadratsummen (SS)	Mittlere Quadrat-summe (MS)	Prüfgröße (F)	F krit
Regression	1	1,00465E+18	1,00465E+18	682,4146551	2,74682E-73
Residuen	249	3,66576E+17	1,47219E+15		
Gesamt	250	1,37122E+18			

	Koeffizienten	Standardfehler	t-Statistik	P-Wert
Schnittpunkt	215052,1	2430973,849	0,088463341	0,929579526
X Variable 1	-0,887472	0,033972748	-26,12306749	2,74682E-73

Quelle: Eigene Darstellung.

ter wird in der Literatur einhellig ein Wert von 0,8 gefordert. Insofern stellt sich hier die Frage, ob die nicht kompensierenden Werteausprägungen die Qualität des Messergebnisses beeinflussen.

Die Regression wurde aus diesem Grund nochmals nach Eliminierung der nicht kompensierenden Datenpaare durchgeführt. Die Analyseergebnisse, insbesondere die für Zwecke der Bilanzierung relevanten Ausprägungen des Regressionskoeffizienten und des Bestimmtheitsmaßes, haben sich deutlich verbessert und liegen oberhalb der geforderten Schwellenwerte. Abbildung 25 fasst die Ergebnisse zusammen.

Abbildung 25: Ermittlung der prospektiven Effektivität mittels Regression ohne nicht kompensierende Datenpaare

Regressions-Statistik	
Multipler Korrelationskoeffizient	0,944074
Bestimmtheitsmaß	0,891275
Adjustiertes Bestimmtheitsmaß	0,890752
Standardfehler	41019954
Beobachtungen	210

ANOVA

	Freiheitsgrade (df)	Quadratsummen (SS)	Mittlere Quadrat-summe (MS)	Prüfgröße (F)	F krit
Regression	1	2,86904E+18	2,86904E+18	1705,083102	3,5107E-102
Residuen	208	3,49988E+17	1,68264E+15		
Gesamt	209	3,21902E+18			

	Koeffizienten	Standardfehler	t-Statistik	P-Wert
Schnittpunkt	86967,22	2848055,942	0,030535644	0,975669146
X Variable 1	-0,920486	0,022291764	-41,29265192	3,5107E-102

Quelle: Eigene Darstellung.

4.4.5.3 Anwendung der Risikoreduktionsmethoden

Bei Anwendung der Variability Reduction Method wurde ein Effektivitätswert von 0,72 ermittelt, der deutlich unter dem geforderten Schwellenwert von 0,96 liegt und somit eine Effektivität der Sicherungsbeziehung verneint. Aufgrund der Quadrierung der Wertdifferenzen des Grundgeschäfts und der Sicherungsbeziehung[601] werden zum einen die nicht kompensierenden Datenpaare gleichgestellt mit den sich kompensierenden Datenpaaren, so dass das Ergebnis dadurch nicht verzerrt wird. Zum anderen werden größere Schwankungen stärker gewichtet. Eine solche Gewichtung kann jedoch dazu führen, dass sich das Problem der großen Zahlen[602], also das Problem, dass bei großen Wertänderungen der Effektivitätstest zwar bestanden wird, der nicht kompensierte Wertänderungsbetrag jedoch absolut eine hohe offene Position darstellt, verschärft. Vor diesem Hintergrund wurde in Abschnitt 4.2.6.1.2 eine Berechnungsalternative zur Risikoreduktion auf Basis der Wertänderungsbeträge vorgestellt, die bei Anwendung auf den Datenbestand der Fallstudie eine Effektivität mit 0,83 bei einem Schwellenwert von 0,8 bestätigt. Da hierbei die sich nicht kompensierenden Datenpaare eine verzerrende Ergebniswirkung haben, wurde diese eliminiert und im Ergebnis erreichte diese Form der Risikoreduktionsmessung einen Wert von 0,91 und die Berechnungsvariante mittels Quadrierung einen Wert von 0,75, also beide eine höhere Effektivität, wobei lediglich die Berechnungsalternative mit Änderungsbeträgen das Vorliegen einer effektiven Sicherungsbeziehung bestätigt.

Der Berechnungsweg sowie die ermittelten Ergebnisse sind auszugsweise in Abbildung 26 wiedergegeben.

---

[601]Vgl. Gleichung 44 auf Seite 146.
[602]Eine detaillierte Erläuterung findet sich in Abschnitt 4.2.3.2.

Abbildung 26: Ermittlung der prospektiven Effektivität mittels Variability Reduction Method

(1) Datum	(5) GG (USD) Änderung (absolut)	(7) SG (USD) Änderung (absolut)	(9)=((5)+(7))^2 quadrierte Abweichung GP	(10)=(5)^2 quadrierte Abweichung GG
	Wertentwicklung des designierten Grund- und Sicherungsgeschäfts			
1. Mrz. 10	-44.142.508,11	42.122.113,22	4.081.995.505.875,67	1.948.561.022.086.260,00
2. Mrz. 10	46.250.788,25	-41.430.713,23	23.233.123.240.943,40	2.139.135.414.124.260,00
3. Mrz. 10	-8.457.814,93	26.624.147,91	330.015.653.803.812,00	71.534.633.450.090,70
4. Mrz. 10	25.177.605,38	-33.275.954,00	65.583.250.300.846,40	633.911.812.723.619,00
5. Mrz. 10	3.106.268,87	6.191.508,11	86.448.656.811.001,30	9.648.906.304.999,02
8. Mrz. 10	-22.990.019,18	18.593.776,70	19.326.947.969.265,20	528.540.981.808.216,00
9. Mrz. 10	-49.697.909,98	40.790.142,74	79.348.317.198.067,20	2.469.882.256.724.040,00
10. Mrz. 10	-24.582.393,67	7.138.197,06	304.299.995.567.624,00	604.294.078.663.093,00
11. Mrz. 10	-74.712.245,19	73.655.728,74	1.116.227.015.314,76	5.581.919.581.362.540,00
12. Mrz. 10	40.299.636,09	-29.412.334,85	118.533.328.351.277,00	1.624.060.668.943.510,00
15. Mrz. 10	-12.883.939,30	19.597.915,81	45.077.480.475.681,10	165.995.892.000.851,00
16. Mrz. 10	10.552.194,45	20.535.439,40	966.440.978.534.976,00	111.348.807.717.792,00
17. Mrz. 10	-102.437.167,52	50.853.766,07	2.660.847.304.540.220,00	10.493.373.288.728.300,00
18. Mrz. 10	55.994.654,60	20.615.283,01	5.869.082.540.639.310,00	3.135.401.344.286.790,00
19. Mrz. 10	0,00	-55.715.247,80	3.104.188.837.147.230,00	0,00
22. Mrz. 10	107.769.260,54	-99.636.277,95	66.145.405.744.849,60	11.614.213.517.073.500,00
23. Mrz. 10	14.274.397,01	-6.160.000,55	65.843.429.844.338,10	203.758.409.982.727,00
24. Mrz. 10	-75.601.144,64	71.356.333,79	18.018.419.151.685,90	5.715.533.070.371.690,00
25. Mrz. 10	-52.533.845,32	42.135.009,07	108.135.795.435.823,00	2.759.804.904.162.420,00
26. Mrz. 10	21.780.936,53	-21.020.580,73	578.140.943.945,21	474.409.196.073.089,00
29. Mrz. 10	-6.009.358,75	-540.131,81	42.895.826.653.760,60	36.112.392.613.240,30
30. Mrz. 10	48.373.502,10	-27.425.632,20	438.813.253.265.512,00	2.339.995.705.673.070,00
31. Mrz. 10	1.154.623,53	-6.021.146,87	23.683.049.461.696,20	1.333.155.491.698,28
1. Apr. 10	-29.222.688,26	17.112.538,37	146.655.730.413.746,00	853.965.509.337.436,00
5. Apr. 10	55.458.429,72	-41.341.068,39	199.299.890.991.215,00	3.075.637.426.820.660,00
6. Apr. 10	20.112.665,81	-39.398.977,38	371.961.813.861.813,00	404.519.326.089.238,00
7. Apr. 10	41.296.782,62	-37.353.702,53	15.547.880.557.494,80	1.705.424.254.745.170,00
8. Apr. 10	5.319.754,56	24.254.401,69	874.630.718.124.158,00	28.299.788.595.808,30
9. Apr. 10	28.283.874,25	-32.898.446,66	21.294.278.514.257,30	799.977.542.760.623,00
12. Apr. 10	6.185.682,39	-7.180.485,58	989.633.389.424,77	38.262.666.672.903,00
26. Jan. 11	102.321.935,70	-75.713.108,06	708.029.708.326.828,00	10.469.778.524.617.900,00
27. Jan. 11	-27.046.489,69	84.804.093,19	3.335.940.761.226.740,00	731.512.604.798.897,00
28. Jan. 11	10.459.418,04	-58.827.228,41	2.339.445.080.089.560,00	109.399.425.721.063,00
31. Jan. 11	-29.468.399,06	16.033.924,66	180.485.102.221.429,00	868.386.542.927.160,00
1. Feb. 11	-243.068.806,61	80.307.582,99	26.491.215.912.119.100,00	59.082.444.744.918.000,00
2. Feb. 11	-94.141.938,72	4.967.334,56	7.952.110.025.843.970,00	8.862.704.625.404.180,00
3. Feb. 11	-153.094.475,11	197.483.320,23	1.970.369.570.325.140,00	23.437.918.310.564.600,00
4. Feb. 11	-69.896.777,85	-52.813.209,05	15.057.740.885.897.700,00	4.885.559.553.863.300,00
7. Feb. 11	-129.143.602,86	103.599.245,75	652.514.180.342.901,00	16.678.070.160.670.200,00
8. Feb. 11	-41.852.093,52	74.290.945,76	1.052.279.134.701.440,00	1.751.597.732.066.220,00
9. Feb. 11	70.291.855,06	-46.594.329,94	561.572.696.702.965,00	4.940.944.887.415.390,00
10. Feb. 11	-272.545.581,53	327.110.091,26	2.977.285.721.905.420,00	74.281.094.012.346.600,00
11. Feb. 11	211.994.239,29	-243.068.757,29	965.625.669.019.836,00	44.941.557.491.447.900,00
14. Feb. 11	66.813.065,28	-90.680.655,02	569.661.839.841.524,00	4.463.985.692.630.720,00
15. Feb. 11	37.134.198,33	108.318.703,45	21.156.546.635.304.900,00	1.378.948.685.701.510,00
16. Feb. 11	-234.593.824,38	139.897.513,86	8.967.391.225.474.140,00	55.034.262.436.347.500,00
17. Feb. 11	153.181.814,99	-129.221.196,92	574.301.602.412.204,00	23.464.668.442.816,00
18. Feb. 11	-78.399.960,07	288.580.393,27	44.175.814.501.423.400,00	6.146.553.738.898.740,00
22. Feb. 11	-81.724.340,00	131.847.301,66	2.512.311.285.720.150,00	6.678.867.748.725.450,00
23. Feb. 11	413.865.409,31	-337.667.658,84	5.806.107.258.796.360,00	171.284.577.214.220,00
24. Feb. 11	27.627.636,35	74.496.821,32	10.429.404.852.693.700,00	763.286.290.065.013,00
	-1.326.529.867,76	1.555.550.302,57	382.936.502.590.253.000,00	1.378.231.579.421.160.000,00

Effektivitätstest Variability Reduction	(11)=1-Summe(9)/Summe(10)	(12)=1-|((5)+(7))|/|(5)|
alle Daten	0,72	0,83
ohne nicht kompensierende Daten	0,75	0,91

Quelle: Eigene Darstellung.

Als weitere Risikomaße im Rahmen der Risikoreduktionsmethoden wurden die Volatilität und die Varianz als zwei äquivalente statistische Kennzahlen verwendet. Die Beurteilung der Effektivität mittels Varianzreduktion erbrachte ein Ergebnis von 0,72, was unter dem Schwellenwert von 0,8 liegt und somit das Vorliegen einer effektiven Sicherungsbeziehung verneint. Das Volatilitätsreduktionsmaß beträgt 0,47 und bestätigt nur dann eine effektive Sicherungsbeziehung, wenn von der allgemein geforderten Effektivitätsschwelle von 0,8 abgewichen wird und der alternativ diskutierte Grenzwert von $0,4^{603}$ zugrunde gelegt werden.

Da die nicht kompensierenden Datenpaare die Effektivitätseinschätzung ebenfalls verzerren, wurden beide Risikoreduktionsmaße nochmals ohne diese Wertepaare ermittelt. Es ergibt sich eine leicht verbesserte Risikoeinschätzung mit $RRR_{\sigma^2} = 0,5$ und $RRR_{\sigma} = 0,75$; jedoch überschreiten beide ebenfalls nicht den überwiegend in der Literatur geforderten Schwellenwert von 0,8. Selbst wenn beim Volatilitätsreduktionsmaß auf den der 80%-Schwelle des Varianzreduktionsmaßes entsprechenden kritischen Wert von 0,55 zurückgegriffen würde, könnte eine effektive Sicherungsbeziehung nicht bestätigt werden. In Abbildung 27 sind die Ergebnisse nochmals dargestellt.

---

[603]Vgl. Abschnitt 4.2.6.1.3.

Abbildung 27: Ermittlung der prospektiven Effektivität mittels Volatilitäts- und Varianzreduktionsmaß

(1) Datum	(5) GG (USD) Änderung (absolut)	(7) SG (USD) Änderung (absolut)	(13)=(5)+(7) Risikoreduktionsmethoden	(14)=1- Stdabw(13)/Stdabw(5) Volatilitätsreduktion	(15)=1- Varianz(13)/Varianz(5) Varianzreduktion
	Wertentwicklung des designierten Grund- und Sicherungsgeschäfts		Effektivitätstest		
1. Mrz. 10	-44.142.508,11	42.122.113,22	-2.020.394,89	0,47	0,72
2. Mrz. 10	46.250.788,25	-41.430.713,23	4.820.075,02		
3. Mrz. 10	-8.457.814,93	26.624.147,91	18.166.332,98	ohne nicht kompensierende Daten	
4. Mrz. 10	25.177.605,38	-33.275.954,00	-8.098.348,62	0,50	0,75
5. Mrz. 10	3.106.268,87	6.191.508,11	9.297.776,98		
8. Mrz. 10	-22.990.019,18	18.593.776,70	-4.396.242,48		
9. Mrz. 10	-49.697.909,98	40.790.142,74	-8.907.767,24		
10. Mrz. 10	-24.582.393,67	7.138.197,06	-17.444.196,62		
11. Mrz. 10	-74.712.245,19	73.655.728,74	-1.056.516,45		
12. Mrz. 10	40.299.636,09	-29.412.334,85	10.887.301,24		
15. Mrz. 10	-12.883.939,30	19.597.915,81	6.713.976,50		
16. Mrz. 10	10.552.194,45	20.535.439,40	31.087.633,85		
17. Mrz. 10	-102.437.167,52	50.853.766,07	-51.583.401,44		
18. Mrz. 10	55.994.654,60	20.615.283,01	76.609.937,61		
19. Mrz. 10	0,00	-55.715.247,80	-55.715.247,80		
22. Mrz. 10	107.769.260,54	-99.636.277,95	8.132.982,59		
23. Mrz. 10	14.274.397,01	-6.160.000,55	8.114.396,46		
24. Mrz. 10	-75.601.144,64	71.356.333,79	-4.244.810,85		
25. Mrz. 10	-52.533.845,32	42.135.009,07	-10.398.836,25		
26. Mrz. 10	21.780.936,53	-21.020.580,73	760.355,80		
29. Mrz. 10	-6.009.358,75	-540.131,81	-6.549.490,56		
30. Mrz. 10	48.373.502,10	-27.425.632,20	20.947.869,90		
31. Mrz. 10	1.154.623,53	-6.021.146,87	-4.866.523,34		
1. Apr. 10	-29.222.688,26	17.112.538,37	-12.110.149,89		
5. Apr. 10	55.458.429,72	-41.341.068,39	14.117.361,33		
6. Apr. 10	20.112.665,81	-39.398.977,38	-19.286.311,57		
7. Apr. 10	41.296.782,62	-37.353.702,53	3.943.080,09		
8. Apr. 10	5.319.754,56	24.254.401,69	29.574.156,25		
9. Apr. 10	28.283.874,25	-32.898.446,66	-4.614.572,41		
12. Apr. 10	6.185.682,39	-7.180.485,58	-994.803,19		
26. Jan. 11	102.321.935,70	-75.713.108,06	26.608.827,64		
27. Jan. 11	-27.046.489,69	84.804.093,19	57.757.603,49		
28. Jan. 11	10.459.418,04	-58.827.228,41	-48.367.810,37		
31. Jan. 11	-29.468.399,06	16.033.924,66	-13.434.474,39		
1. Feb. 11	-243.068.806,61	80.307.582,99	-162.761.223,61		
2. Feb. 11	-94.141.938,72	4.967.334,56	-89.174.604,15		
3. Feb. 11	-153.094.475,11	197.483.320,23	44.388.845,11		
4. Feb. 11	-69.896.777,85	-52.813.209,05	-122.709.986,90		
7. Feb. 11	-129.143.602,86	103.599.245,75	-25.544.357,11		
8. Feb. 11	-41.852.093,52	74.290.945,76	32.438.852,24		
9. Feb. 11	70.291.855,06	-46.594.329,94	23.697.525,12		
10. Feb. 11	-272.545.581,53	327.110.091,26	54.564.509,73		
11. Feb. 11	211.994.239,09	-243.068.757,29	-31.074.518,00		
14. Feb. 11	66.813.065,28	-90.680.655,02	-23.867.589,74		
15. Feb. 11	37.134.198,33	108.318.703,45	145.452.901,78		
16. Feb. 11	-234.593.824,38	139.897.513,86	-94.696.310,52		
17. Feb. 11	153.181.814,99	-129.221.196,92	23.960.618,07		
18. Feb. 11	-78.399.960,07	288.580.393,27	210.180.433,20		
22. Feb. 11	-81.724.340,00	131.847.301,66	50.122.961,66		
23. Feb. 11	413.865.409,31	-337.667.658,84	76.197.750,46		
24. Feb. 11	27.627.636,35	74.496.821,32	102.124.457,66		
	-1.326.529.867,76	1.555.550.302,57			

Quelle: Eigene Darstellung.

Der Value at Risk stellt das dritte Risikomaß im Rahmen der Risikoreduktionsmethoden dar. Bei dessen Anwendung wurde das Verfahren der Historischen Simulation von Szenarien sowie ein Konfidenzniveau von 95% resp. 99% und eine Haltedauer von 10 Tagen resp. 251 Tagen zugrunde gelegt. Zudem wurde das von PLATTNER[604] vorgeschlagene zweiseitige Konfidenzintervall angewendet. In Abbildung 28 sind die Ermittlungsschritte in Auszügen und in Abbildung 29 die Ergebnisse dargestellt.

Unabhängig von der gewählten Haltedauer stellt der Value at Risk des Grundgeschäfts ein Verlustrisiko dar, wohingegen der Value at Risk der Sicherungsbeziehung ein Gewinnpotential aufweist. Auf Basis der Überlegungen zum Risikobegriff wurde angeregt, das Risikoreduktionsmaß grundsätzlich auf Betragsangaben zu beziehen.[605] Damit ergibt sich als Ergebnis bei einem 95%igen Konfidenzniveau mit -0,52 ein Wert außerhalb des zulässigen Intervalls $[0, 1]$. Hintergrund ist, dass der Verlust des Grundgeschäfts kleiner als der Gewinn der Sicherungsbeziehung ist, so dass der Quotient $\frac{VaR_{GG}}{VaR_{SB}} > 1$ ist. Das Ergebnis ist unabhängig von der gewählten Haltedauer, da Zähler und Nenner des Quotienten gleichermaßen aus dem 1-Tages-VaR transformiert werden. Legt man ein Konfidenzniveau von 99% zugrunde, ergibt sich als Maßzahl 0,61, was deutlich unter dem geforderten Schwellenwert von 0,8 liegt. Insofern kann mit dem VaR das Vorliegen einer effektiver Sicherungsbeziehung nicht bestätigt werden. Hintergrund dieser deutlichen Abweichung zwischen den beiden Konfidenzniveaus ist die Verteilung der Wertänderungen von Grundgeschäft und Sicherungsbeziehung. Die bei den vorherigen Risikoreduktionsmethoden problematisierten sich nicht kompensierenden Datenpaare spielen beim Value at Risk keine Rolle, da hier die möglichen Wertänderungsszenarien betrachtet werden, aus denen jeweils Extremwerte zur Berechnung ausgewählt werden.

---

[604]Vgl. Abschnitt 4.2.6.1.4.
[605]Vgl. die Erläuterungen in Abschnitt 4.2.6.

Abbildung 28: Ermittlung der prospektiven Effektivität mittels Value at Risk

(16) Szenario	(17) historische Simulation - Prognosedaten unsortiert	(18)= Delta(17)*25.123.000 Grundgeschäft Wertänderungen bezogen auf designiertes Volumen unsortiert	(20) historische Simulation - Prognosedaten unsortiert	(21)= Delta(20)*23.038.000 Sicherungsgeschäft Wertänderungen bezogen auf designiertes Volumen unsortiert	(22)=(18)+(20) Sicherungsbeziehung Wertänderungen unsortiert	(23) Wertänderungen sortiert
1	77,24	227.978.415,25	72,35	-169.723.320,24	58.255.095,00	143.400.828,34
2	88,14	-273.950.842,03	82,70	238.475.105,62	-35.475.736,41	136.950.319,69
3	88,10	954.444,85	86,83	95.158.402,88	96.112.847,72	119.264.865,49
4	82,95	129.547.509,04	76,66	-234.485.839,45	-104.938.330,41	110.575.365,93
5	91,79	-222.203.567,10	83,18	150.298.983,55	-71.904.583,55	107.598.155,39
6	85,45	159.249.822,39	82,49	-15.848.994,05	143.400.828,34	104.617.733,22
7	84,79	16.561.310,35	77,46	-115.834.854,12	-99.273.543,77	96.112.847,72
8	81,75	76.473.904,75	74,10	-77.501.343,62	-1.027.438,86	91.591.155,26
9	92,60	-272.700.697,34	88,08	321.944.729,25	49.244.031,91	84.410.990,65
10	84,72	198.109.880,10	78,55	-219.497.294,42	-21.387.414,32	81.148.433,50
11	87,27	-64.113.137,25	81,63	71.121.179,04	7.008.041,78	79.555.584,80
12	89,37	-52.890.455,90	82,48	19.531.668,36	-33.358.787,54	76.700.299,95
13	88,00	34.501.137,70	78,34	-95.517.143,55	-61.016.005,85	75.775.824,28
14	90,18	-54.738.303,89	85,25	159.356.037,11	104.617.733,22	69.091.750,74
15	88,76	35.741.999,16	79,86	-124.265.247,89	-88.523.248,74	68.344.638,47
16	93,13	-109.793.260,44	82,04	50.228.941,06	-59.564.319,39	66.018.280,81
17	87,14	150.306.974,47	80,19	-42.708.819,09	107.598.155,39	64.603.139,51
18	86,01	28.380.618,74	78,05	-49.281.292,43	-20.900.673,69	62.196.919,41
19	87,08	-26.762.876,85	82,21	95.854.627,60	69.091.750,74	60.802.675,78
20	83,49	90.150.916,02	77,56	-107.081.290,68	-16.930.374,67	60.306.858,40
21	81,09	60.335.087,87	73,76	-87.591.727,58	-27.256.639,71	58.255.095,00
22	86,63	-139.254.022,58	81,61	180.924.468,63	41.670.446,06	57.357.977,08
23	85,99	16.200.027,60	77,82	-87.214.821,34	-71.014.793,74	54.841.040,61
24	93,87	-197.979.224,13	86,55	200.939.022,52	2.959.798,39	51.070.639,27
25	85,30	215.264.073,72	79,58	-160.423.033,10	54.841.040,61	50.187.309,89
26	85,71	-10.269.691,80	77,56	-46.514.596,65	-56.784.288,45	50.035.589,57
27	84,13	39.641.318,24	76,65	-21.147.481,62	18.493.836,62	49.244.031,91
28	87,61	-87.500.849,22	80,11	79.775.611,39	-7.725.177,84	45.733.177,51
29	87,11	12.781.628,84	84,35	97.793.737,08	110.575.365,93	44.507.756,97
30	84,73	59.568.814,08	76,64	-177.782.137,85	-118.213.323,78	43.283.872,25
231	86,53	-50.904.276,50	79,70	24.835.161,21	-26.069.115,30	-49.385.552,28
232	85,50	25.882.059,58	78,89	-18.710.296,06	7.171.763,52	-51.073.518,54
233	88,30	-70.195.972,03	81,43	58.537.573,14	-11.658.398,89	-51.310.837,96
234	89,27	-24.398.432,87	82,72	29.781.190,50	5.382.757,63	-55.788.116,45
235	85,75	88.298.249,39	79,46	-75.056.399,58	13.241.849,82	-56.784.288,45
236	82,31	86.479.389,17	75,75	-85.453.178,17	1.026.210,99	-57.229.808,31
237	86,31	-100.427.315,78	77,56	41.674.123,51	-58.753.192,28	-58.753.192,28
238	84,28	50.953.773,29	80,53	68.311.092,20	119.264.865,49	-59.564.319,39
239	90,19	-148.356.316,03	81,76	28.434.655,14	-119.921.660,89	-61.016.005,85
240	85,91	107.389.899,53	80,55	-27.834.314,73	79.555.584,80	-63.958.881,74
241	86,80	-22.250.609,97	80,52	-691.524,34	-22.942.134,31	-65.684.651,04
242	84,81	49.954.688,97	78,53	-45.836.670,12	4.118.018,86	-71.014.793,74
243	89,18	-109.895.094,65	82,81	98.466.710,16	-11.428.384,50	-71.904.583,55
244	87,27	48.183.490,25	80,02	-64.205.337,58	-16.021.847,33	-80.249.065,91
245	88,29	-25.653.557,48	81,47	33.487.570,07	7.834.012,59	-88.523.248,74
246	87,23	26.448.772,41	80,53	-21.800.953,41	4.647.819,00	-95.093.024,63
247	86,19	26.358.430,75	79,99	-12.389.077,49	13.969.353,25	-99.273.543,77
248	85,31	21.970.617,06	78,30	-39.028.989,42	-17.058.372,57	-99.866.727,60
249	86,65	-33.570.140,51	80,88	59.446.795,53	25.876.655,02	-104.938.330,41
250	84,51	53.794.069,52	77,96	-67.165.794,29	-13.371.724,77	-118.213.323,78
251	88,07	-89.470.531,24	81,49	81.271.460,47	-8.199.070,77	-119.921.660,89

Quelle: Eigene Darstellung.

Abbildung 29: Ergebnisse des prospektiven Effektivitätstest mittels Value at Risk

(1)	Beobachtungsanzahl	251	
(2)	Konfidenzniveau	0,95	0,99
Verlustpotential:			
(3)=(1)*(2)	VaR-relevanter Wert	239	249
(4)	für GG VaR 1 Tag	-139.254.022,58	-238.581.613,53
(5)=(4)/10^0,5	für GG VaR 10 Tage	-440.359.884,68	-754.461.306,58
(6)=(4)/251^0,5	für GG VaR 251 Tage	-2.206.198.627,43	-3.779.843.616,41
(7)	für SB VaR 1 Tag	-61.016.005,85	-104.938.330,41
(8)=(7)/10^0,5	für SB VaR 10 Tage	-192.949.552,22	-331.844.137,96
(9)=(7)/251^0,5	für SB VaR 251 Tage	-966.675.330,99	-1.662.535.819,36
Gewinnpotential:			
(10)=(1)*(1-(2))	VaR-relevanter Wert	13	3
(11)	für GG VaR 1 Tag	129.547.509,04	201.655.166,89
(12)=(11)/10^0,5	für GG VaR 10 Tage	409.665.193,77	637.689.629,33
(13)=(11)/251^0,5	für GG VaR 251 Tage	2.052.418.532,29	3.194.818.678,76
(14)	für SB VaR 1 Tag	75.775.824,28	119.264.865,49
(15)=(14)*10^0,5	für SB VaR 10 Tage	239.624.196,31	377.148.619,79
(16)=(14)*251^0,5	für SB VaR 251 Tage	1.200.514.832,07	1.889.510.821,19
zweiseitige Risikobetrachtung:			
VaR 10 Tage			
(17)=(12)+(5)	GG: Gew-Vrl	-30.694.690,91	-116.771.677,25
(18)=(15)+(8)	SB: Gew-Vrl.	46.674.644,09	45.304.481,83
(19)=1-|(18)|/|(17)|	RRR_VaR	-0,520609679	0,612025083
VaR 251 Tage			
(20)=(13)+(6)	GG: Gew-Vrl	-153.780.095,14	-585.024.937,65
(21)=(16)+(9)	SB: Gew-Vrl.	233.839.501,09	226.975.001,83
(22)=1-|(21)|/|(20)|	RRR_VaR	-0,520609679	0,612025083

Quelle: Eigene Darstellung.

4.4.5.4 Zusammenfassung der Ergebnisse

Die Ergebnisse der durchgeführten prospektiven Effektivitätstests sind nachfolgend dargestellt:

Tabelle 6: Ergebnisse der Effektivitätsbeurteilung

Methode	Ergebnis	Schwellen-wert	Effektivität
Dollar Offset Ratio			
kumuliert	0,85	0,80	gegeben
Regression			
Korrelationskoeffizient	0,89	0,80	gegeben
Bestimmtheitsmaß	0,73	0,80	nicht gegeben
Risikoreduktionsverfahren			
Variability Reduction Method			
• Datengesamtheit - Quadrierung	0,72	0,96	nicht gegeben
• Datengesamtheit - Beträge	0,83	0,80	gegeben
• bereinigte Daten - Quadrierung	0,75	0,96	nicht gegeben
• bereinigte Daten - Beträge	0,91	0,80	nicht gegeben
Volatilität			
• Datengesamtheit	0,47	0,55	nicht gegeben
		0,40	gegeben
• bereinigte Daten	0,50	0,55	nicht gegeben
		0,40	gegeben
Varianz			
• Datengesamtheit	0,72	0,80	nicht gegeben
• bereinigte Daten	0,75	0,80	nicht gegeben
Value at Risk			
• 95%	-0,52	0,80; [0, 1]	nicht gegeben
• 99%	0,61	0,80	nicht gegeben

Quelle: Eigene Darstellung.

In dieser tabellarischen Übersicht wird nochmals deutlich, wie stark die Messergebnisse nicht nur von der Art der Testmethodik, sondern vor allem auch von den ausgewählten Ausgangsdaten sowie den Messparametern abhängen. Zusätzlich ist die Höhe des geforderten Schwellenwertes bei einigen Messmethoden in der Literatur umstritten, so dass die Effektivitätseinschätzung auch von der Wahl des Schwellenwertes abhängt. Somit können zwei Unternehmen mit dem gleichen Ausgangssachverhalt zu unterschiedlichen Einschätzungen hinsichtlich der Effektivität der Sicherungsbeziehung kommen. Dies ist nicht zwingend gleichbedeutend mit einer abweichenden Entscheidung hinsichtlich der Erfüllung des Effektivitätskriteriums nach IAS 39. Vielmehr zeigt es auf, wie die interne Risikoabschätzung der Unternehmen voneinander abweichen kann. Vergleicht man beispielsweise das Dollar Offset Ratio mit dem Ergebnis der Korrelation, sind beim Dollar Offset Ratio 85,28% der Wertänderungen des

Grundgeschäfts durch das Sicherungsgeschäft kompensiert, wohingegen der Korrelationskoeffizient einen Kompensationsgrad von 88,74% angibt. Um den Bilanzleser im Sinne des
Management Approaches die Risikoeinschätzung durch das bilanzierende Unternehmen mit-
zuteilen, sind mindestens zusätzliche Anhangangaben zur Messmethodik und Parameterwahl
notwendig, besser noch eine Quantifizierung des verbleibenden Risikos aus der Sicherungsbeziehung, das sich dann auf die Gewinn- und Verlustrechnung auswirkt.

4.4.6 Analyse der Methoden für die bilanzielle Abbildung der tatsächlichen Risikosteuerung

Eine solche Möglichkeit der Quantifizierung für Zwecke der Vergleichbarkeit wurde bereits
für jeden einzelnen Ansatz zur Effektivitätseinschätzung im Rahmen der methodischen Darstellung vorgestellt. Nachfolgend werden diese Erkenntnisse auf die Gesamtfallstudie angewendet, um den unterschiedlichen Kompensationsgrad in einer vergleichbaren Größe - hier
Geldeinheiten - zu verdeutlichen.

Beim Dollar Offset Ratio ermittelt sich der ineffektive Anteil der Sicherungsbeziehung als
Überhang der Wertänderungen des Grund- über das Sicherungsgeschäft oder umgekehrt. Die
kumulierte Wertänderung des Grundgeschäfts beträgt in der Fallstudie
$-1.326.529.867,76$€, die des Sicherungsgeschäfts $+1.555.550.302,57$€. Aufgrund des höhe-
ren Wertänderungsbetrags des Sicherungsgeschäfts stellt der Überhang quasi ein spekulatives
Element des Sicherungsgeschäfts dar. Dieser nicht für Absicherungszwecke benötigte Betrag
stellt im Sinne des Hedge Accountings den ineffektiven Teil der Sicherungsbeziehung dar,
der somit $+229.020.434,81$€ beträgt.

Die Ermittlung des ineffektiven Teils der Sicherungsbeziehung bei der Regressionsanalyse
erfolgt differenziert in Abhängigkeit davon, ob der Regressionskoeffizient größer oder kleiner
1 ist. Im hier vorliegenden Fall beträgt der Regressionskoeffizient $0,8874$ und ist damit kleiner
1. Dies bedeutet, dass nur 88,74% der Wertänderung des Sicherungsgeschäfts notwendig
sind, um die Wertänderung des Grundgeschäfts abzusichern. Der Differenzbetrag stellt ein
quasi spekulatives Element dar. Die Ermittlung erfolgt durch Multiplikation der über die
Betrachtungsperiode kumulierten Wertänderung des Sicherungsgeschäfts mit der Differenz
aus 1 - i.S. einer perfekten Absicherung - und dem Regressionskoeffizienten. Somit ergibt
sich als ineffektiver Geldbetrag $+175.154.964,07$€$= (1 - 0,8874) * +1.555.550.302,57$€.

Die Risikoreduktionsmethoden, mit Ausnahme der Varianzreduktionsmethode, erlauben die
direkte Ermittlung des ineffektiven Betrages, da er als Zähler in die Formel eingeht. Dabei ist darauf zu achten, dass keine Beträge, sondern die tatsächlichen Werte mit positivem

oder negativem Vorzeichen verwendet werden. Insofern ergibt sich für die Variability Reduction Method ein nicht kompensierter Betrag der Sicherungsbeziehung aus der kumulierten
Differenz der Wertänderungen aus Grund- und Sicherungsgeschäft. Damit wird auch die
Ähnlichkeit zur Dollar Offset-Methode ersichtlich, da die Variability Reduction Method lediglich die relative und nicht die absolute Risikoreduktion wiedergibt. Folglich beläuft sich
der nicht gesicherter Teil auf $+229.020.434, 81 \text{€}$.

Die Volatilitätsreduktionsmethode hat insofern eine Sonderstellung, als hierbei der ineffektive
Teil der Sicherungsbeziehung nicht direkt aus der Volatilität abgeleitet werden kann, sondern
es der Addition mit dem Mittelwert der Wertänderung bedarf. Zudem erlaubt die Volatilität keine Aussage darüber, ob es sich bei dem ineffektiven Teil der Sicherungsbeziehung um
einen Gewinn oder Verlust handelt. Dies ist in der Idee des Risikomaßes - der Ermittlung der
Schwankungsbreite - sowie daraus folgend der Ermittlung der Standardabweichung begründet, die die Differenzen der jeweiligen Wertänderungen zum Mittelwert bereits quadriert.
Dessen ungeachtet ist eine Bandbreite für das Risiko ermittelbar. Im hier vorliegenden Fall
beträgt die Volatilität $\pm 39.048.827, 18 \text{€}$, der Mittelwert der Wertänderungen $+912.432, 01$
€. Damit ergibt sich als Bandbreite für das verbleibende Risiko der gesicherten Position
$-38.136.395, 17$ bis $+39.961.259, 20 \text{€}$. Der Ermittlung liegen die Werte der Spalte (13) aus
der Abbildung 27 zugrunde.

Legt man den Value at Risk als Risikomaß zugrunde, ist das Restrisiko der gesicherten Position aus der für 251 Handelstage ermittelten Risikoreduktion abzulesen. Da das Dollar Offet
Ratio die kumulierten Wertänderungen über diesen Zeitraum betrachtet, muss zur Wahrung der Vergleichbarkeit der Risikobeträge der VaR für die gleiche Periodenlänge ermittelt
werden. In Abhängigkeit vom gewählten Konfidenzniveau beträgt der ineffektive Teil der
Sicherungsbeziehung $+233.839.501, 09 \text{€}$ (bei 95%) bzw. $+226.975.001, 83 \text{€}$ (bei 99%).

Vergleicht man alle so ermittelten Ergebnisse der Ineffektivität der Sicherungsbeziehung, die
sich aus den unterschiedlichen Verfahren der Risikomessung ergeben, erkennt man deren hohe Schwankungsbreite. Die nachfolgende Tabelle 7 fasst die Ergebnisse zusammen:

Tabelle 7: Quantifizierung des als ineffektiv betrachteten Teils der Sicherungsbeziehung

Messmethode	Ineffektivitätsbetrag
Dollar Offset Ratio	+229.020.434, 81 €
Regression	+175.154.964, 07 €
Variability Reduction Method	+229.020.434, 81 €
Volatilitätsreduktion - untere Grenze	−38.136.395, 17 €
Volatilitätsreduktion - obere Grenze	+39.961.259, 20 €
Value at Risk (251 Handelstage, 95%)	+233.839.501, 09 €
Value at Risk (251 Handelstage, 99%)	+226.975.001, 83 €

Quelle: Eigene Darstellung.

In Abhängigkeit von der gewählten Methode zur Effektivitätseinschätzung kann der als ineffektiv betrachtete Teil der Sicherungsbeziehung zwischen −38.136.395, 17€ und +233.839.501, 09€ schwanken. Dabei wurde von der Wahl der Effektivitätsschwelle und damit der Zulässigkeit des Hedge Accounting auch vor dem Hintergrund der divergierenden Meinungen zum notwendigen Schwellenwert abstrahiert. Es soll vielmehr die großen Unterschiede in der internen Risikoeinschätzung bei einem identischen Geschäftsvorfall verdeutlichen. Um den Bilanzadressaten im Sinne des Management Approaches mit diesen Informationen zu versorgen, könnten diese Geldbeträge entweder dazu genutzt werden, um die Buchungsbeträge daraus abzuleiten oder weiterführende Anhangangaben zu machen.

Eine Ableitung von Buchungsbeträgen bei Anwendung der Verfahren für die retrospektive Effektivitätsmessung gestaltet sich insofern schwierig, als sich die Frage nach der Verbuchungssystematik des Differenzbetrages zwischen tatsächlicher Wertänderung - aus dem Dollar Offset Ratio abzuleiten - und der quantifizierten Risikoeinschätzung stellt. Angenommen, im hier vorliegenden Fall würde die Regression als interne Methode zur Risikoeinschätzung genutzt werden. Folglich beträgt das in Geldeinheiten ausgedrückte Risiko +175.154.964, 07€ . Diesem Betrag steht eine tatsächliche Wertänderung in Höhe von +229.020.434, 81€ entgegen. Eine Verbuchung des aus der Regression abgeleiteten Betrages

per Sicherungsinstrument an sonstiger betrieblicher Ertrag +175.154.964, 07€

hätte zur Folge, dass die Zeitwertänderung des Sicherungsinstruments nur teilweise erfasst würde. Die Verbuchung des Differenzbetrages zur korrekten Abbildung der Zeitwertänderung wäre bspw. über das sonstige Ergebnis (other comprehensive income) oder über einen zusätzlich einzuführenden Korrekturposten der Gesamtergebnisrechnung denkbar. Hierbei stellt sich jedoch die Frage, ob die Gewinn- und Verlustrechnung bzw. die Gesamtergebnisrechnung durch Korrekturen der Abweichung zwischen internen Steuerungsdaten und externen Abschlussdaten verzerrt würde. Zudem eröffnet dieses Vorgehen einen bilanzpolitischen Spielraum, indem je nach Ausgestaltung der internen Steuerung die GuV-Positionen und folglich auch erfolgswirtschaftliche Kennzahlen, wie bspw. die Umsatzrendite, beeinflusst werden können. Die Korrekur über das sonstige Ergebnis oder einen separaten Posten führt also zu einer fragwürdigen Aufspaltung des Gesamtergebnisses, die die Aussagekraft der Gesamtergebnisrechnung nicht erhöht.

Folglich bietet sich eine entsprechende Anhangangabe zur Erläuterung der Abweichung zwischen interner Risikoeinschätzung und den Buchungsbeträgen an. Dieses Vorgehen vermeidet das Problem der Ergebnisverzerrung und stellt einen geringeren Aufwand bei der Jahresabschlusserstellung im Vergleich zu vorgenanntem Vorgehen dar, da auch dort erläuternde Anhangangaben der Ergebnispositionen notwendig wären. Der Inhalt der Anhangangaben kann sich dabei an den Vorschriften zur Segmentberichterstattung (IFRS 8) orientieren, da diese[606] sich ebenfalls am Management Approach orientieren. Es wird vorgeschlagen, folgende Angaben zu veröffentlichen, um dem Bilanzadressaten Informationen zur Risikosteuerung und -messung zu geben, die eine Vergleichbarkeit der Jahresabschlüsse im Hinblick auf designierte Sicherungsbeziehungen ermöglichen.

Angaben zur Art des gesicherten Risikos und der Art des Sicherungsgeschäfts erlauben erst einen sinnvollen Vergleich der Risikosteuerung zwischen Unternehmen. Um den unterschiedlichen Messergebnissen der Sicherungseffektivität in Abhängigkeit von den gewählten Parametern Rechnung zu tragen, sind zudem Angaben zur Methode der Risikomessung inkl. relevanter Parameter, wie bspw. dem Konfidenzniveau beim VaR-Ansatz, sowie zur gewählten Effektivitätsschwelle hilfreich. Um die Auswirkungen auf den Jahresabschluss abschätzen zu können, wird die Quantifizierung des in der internen Risikosteuerung gemessenen verbleibenden Risikos der Sicherungsbeziehung sowie eine Überleitung zu den entsprechenden Buchungsbeträgen bezüglich des ineffektiven Teils gemäß der Dollar Offset-Methode vorgeschlagen.

Der IFRS 7.22-.24 fordert bereits diverse Anhangangaben für designierte Sicherungsbeziehungen. Darunter sind auch die vorab geforderten Angaben zur Art des gesicherten Risikos (IFRS 7.22(a)), zur Art des Sicherungsgeschäfts (IFRS 7.22 (b)) sowie den aufgrund von Ineffektivitäten erfassten Beträgen in der GuV (IFRS 7.24).

Diese Anhangangaben beziehen sich auf die Berichtperiode, stellen also eine Retrospektion dar. Die Abweichungen zwischen interner Risikoeinschätzung und tatsächlichen Buchungsbe-

---

[606]Vgl. Fink/Ulbrich (2007), S. 2.

trägen sind hierbei somit eher von theoretischem Interesse. Für die Abschlussadressaten ist jedoch eine Prospektion der künftigen Auswirkungen der designierten Sicherungsbeziehung auf die GuV aus mehreren Gründen von Bedeutung. Eine Ineffektivität einer Sicherungsbeziehung resultiert aus einem spekulativen Element des Sicherungsgeschäfts oder einer ungesicherten Volatilität des preisbestimmenden Faktors des Grundgeschäfts. Insofern führen diese Ineffektivitäten zu Ergebnisvolatilitäten, die Einfluss auf eine (Des-)Investitionsentscheidung haben können. Die Angabe von künftigen Ergebniswirkungen durch voraussichtlich eintretende Zahlungsströme, die im Rahmen des Cash Flow Hedge Accountings designiert wurden, wird bereits von IFRS 7.23 (a) gefordert. Insofern wird der Information zu künftigen Auswirkungen auf das Periodenergebnis eine Bedeutung für die Bilanzadressaten beigemessen. Die Angaben der geschätzten künftigen Ineffektivität erlaubt zudem einen Vergleich mit der tatsächlich eingetretenen Ineffektivität und insofern einen Einblick in die Qualität des Risikomanagements im Sinne einer zutreffenden Prognose der künftigen Wertentwicklungen sowie der Wahl eines geeigneten Sicherungsinstruments. Insbesondere bei strukturierten Derivaten kann die Effektivität der Sicherungsbeziehung im Zeitablauf problematisch werden.[607]

---

[607]Vgl. Kuhn/Scharpf (2006), Rz. 4347.

5 Schlussbetrachtung

5.1 Zusammenfassung der Ergebnisse

Das Ziel der vorliegenden Arbeit bestand in der Würdigung der bisherigen Bilanzierungsregeln für die Abbildung von ökonomischen Sicherungsbeziehungen. Die Bildung von Sicherungsbeziehungen durch den Aufbau einer dem ursprünglichen Geschäft gegenläufigen Position dient der Risikominimierung. Insofern wurden im Grundlagenteil (Kapitel 2) der Begriff des Risikos und darauf aufbauend die Bestandteile und Instrumente des Risikomanagements erläutert. Anschließend wurden die Möglichkeiten der Risikosteuerung mit Derivaten dargestellt, da für die weitere Darstellung der Bilanzierungsregeln mögliche Hedgingstrategien sowie die Abgrenzung von Versicherungen und Garantien als Instrumente zur Risikosteuerung von Bedeutung waren.

Die Würdigung der bisherigen Hedge Accounting-Regelungen erfolgte anhand zweier konkreter Aspekte. Zum Ersten wurde in Kapitel 3 die mögliche Prinzipienorientierung der Designationskriterien für Grund- und Sicherungsgeschäfte untersucht. Grund- und Sicherungsgeschäfte können aus einer Vielzahl von Geschäften abgeleitet werden. So qualifizieren sich nicht nur Bilanzpositionen, sondern auch geplante Transaktionen und schwebende Geschäfte zur Designation als Grundgeschäft. Daneben dürfen neben finanziellen auch nicht-finanzielle Bilanzposten in einer Sicherungsbeziehung als Grundgeschäft oder Sicherungsgeschäft designiert werden. Die Vorschriften des IAS 39 berücksichtigen darüber hinaus auch ökonomische Hedgingstrategien, wie Makro- und Portfoliohedge, und erlauben eine zumindest teilweise bilanzielle Berücksichtigung. Um die Vielzahl der entsprechenden Einzelregelungen hinsichtlich ihrer Prinzipien beurteilen zu können, wurden in einem ersten Schritt die Ansatz-, Ausweis- und Bewertungsunterschiede von risikobegründenden und risikokompensierenden Geschäften außerhalb des Hedge Accounting dargestellt. Die sich daraus ergebenden Designationsvorschriften für Grund- und Sicherungsgeschäfte wurden anschließend hinsichtlich möglicher Prinzipien untersucht und die Ergebnisse dieses induktiven Vorgehens präsentiert.

Es wurden drei Designationskriterien aus der Analyse der Einzelregelungen gewonnen, die gleichermaßen auf Grund- und Sicherungsgeschäfte zutreffen. Zum Ersten muss der Sachverhalt eine Auswirkung auf das Periodenergebnis der laufenden und/oder künftiger Berichtsperioden haben (können). Anderenfalls käme es nicht zu einem Auseinanderfallen zwischen der ökonomisch erreichten Risikokompensation und der entsprechenden bilanziellen Abbildung und somit zur generellen Notwendigkeit entsprechender Hedge Accounting-Regeln. Zweitens muss es sich um ein ökonomisch unerwünschtes Risiko handeln. Ein solches Risiko muss zwangsweise vom Unternehmen akzeptiert werden, da man sich des Risikos außerhalb einer entsprechenden Risikokompensation nur durch Vermeidung des ursächlichen und gewünschten Sachverhaltes entledigen könnte. Das dritte Designationskriterium beinhaltet die Messbarkeit der durch den Risikofaktor verursachten Wert- oder Zahlungsstromänderungen. Ohne dieses Kriterium könnte die Wirksamkeit der Sicherungsbeziehung mittels quantitativer Methoden nicht beurteilt werden und die entsprechende Verbuchung nicht erfolgen. Alle drei Kriterien sind sowohl für Grund- als auch Sicherungsgeschäfte kumulativ zu erfüllen. Die Identität der Designationskriterien für Grund- und Sicherungsgeschäfte ergibt sich zwangsläufig aus der Idee der Wert- bzw. Zahlungsstromkompensation der risikobegründenden und risikosteuernden Transaktion.

Die Formulierung solcher genereller Kriterien erlaubt dem Standardsetzer einen Verzicht auf detaillierte Einzelfallbetrachtungen und damit einen straffere Gliederung des Standards. Zudem ermöglicht es das leichtere Reagieren auf Marktentwicklungen, wie bspw. das Aufkommen neuer derivativer Finanzinstrumente oder Absicherungsstrategien. Es zeigt sich bereits am IAS 39, dass dieser nicht in der Lage ist, alle möglichen Sicherungsmaßnahmen in Form der bisherigen Einzelfallbetrachtung aufzugreifen. So ist z.B. der Fall der Absicherung von Währungsrisiken aus Rohstoffeinkäufen ungeregelt, bei dem die Rohstoffe an mehreren Märkten mit unterschiedlichen Währungen gehandelt werden und somit u.U. das Unternehmen durch eine entsprechende Wahl des Marktes das Währungsrisiko ausschalten kann.

Der zweite Aspekt, unter dem die bisherigen Regelungen des IAS 39 zum Hedge Accounting gewürdigt wurden, bezieht sich auf die Regelungen zur Beurteilung der Effektivität der Sicherungsbeziehungen. Hierbei wurde insbesondere die Frage gestellt, inwiefern die Regelungen in der Lage sind, dem Bilanzadressaten ein den tatsächlichen Verhältnissen entsprechendes Bild der Vermögens-, Finanz- und Ertragslage des Unternehmens zu geben. Ausgangspunkt der Überlegungen stellten die verschiedenen Messmethoden dar, die je nach Wahl der Eingangsdaten, der Messparameter sowie der Ausnutzung von Ermessensspielräumen bei der Festlegung der Schwellenwerte zu einer unterschiedlichen Einschätzung eines gleichen Ausgangssachverhaltens führen. Zur Verdeutlichung dieser Problembereiche wurden in einem ersten Schritt die in der Praxis geläufigen Messmethoden dargestellt und hinsichtlich ihrer Anwendbarkeit untersucht. Es wurden folgende fünf Beurteilungskriterien angewendet: die Frage nach zulässigen Risikofaktoren, den Umfang und die Art des designierten Grundgeschäfts, die Notwendigkeit der Identität des Basiswerts von Grund- und Sicherungsgeschäft, die Möglichkeit einer veränderlichen Sicherungsposition sowie die Möglichkeit einer Vergleichbarkeit mit anderen Messverfahren. Letzterem Kriterium wurde der größte Stellenwert beigemessen, da die Vergleichbarkeit einen Aspekt des „true and fair view" darstellt.

IAS 39 verlangt neben der retrospektiven Beurteilung der Effektivität auch eine Prospektion der Wirksamkeit. Um über die Kompensationswirkung künftiger Wert- oder Zahlungsstromänderungen urteilen zu können, ist eine Prognose dieser künftigen Werte notwendig. Aus diesem Grund wurden im Anschluss an die Darstellung aller Messmethoden mögliche Vorgehen zur Simulation künftiger Wertentwicklungen dargestellt. Dabei wurde insbesondere die Historische Simulation ausführlich erörtert, da dieses Verfahren Grundlage der Fallstudie bildete. Stochastische Methoden wurden lediglich der Vollständigkeit halber erwähnt, da sie ein eigenständiges Forschungsgebiet innerhalb der Statistik bilden. Der Schwerpunkt der Arbeit lag jedoch in der Analyse der Rechnungslegungsvorschriften.

Im Anschluss an diese theoretischen Ausführungen wurden die Erkenntnisse auf eine Fallstudie übertragen, um die Divergenz der Messergebnisse sowie die Überlegungen zur Vergleichbarkeit der Messergebnisse zu verdeutlichen. Die Vorüberlegungen zu den Aspekten der zulässigen Risikofaktoren, Umfang und Art des Grundgeschäfts, Identität des Basiswertes und Veränderlichkeit der Sicherungsposition dienten auch dazu, eine geeignete Fallstudie zu erstellen, die eine Anwendung möglichst vieler Effektivitätsmessmethoden erlaubt. Im Ergebnis der Fallstudie wurde die große Divergenz der Effektivitätseinschätzung eines identischen Sachverhalts in Abhängigkeit von der Messmethode sowie den gewählten Parametern verdeutlicht. Die Messergebnisse bezüglich der Ineffektivität der Sicherungsbeziehung wurden daraufhin in die vergleichbare Größe Geldeinheiten transformiert.

Um den Bilanzadressaten diese Information zur Verfügung zu stellen, wurden zwei Möglichkeiten erörtert. Die erste Alternative einer Verbuchung der auf Basis der internen Risikosteuerung festgestellten Ineffektivitäten wurde verworfen, da hierbei Korrekturpositionen zur tatsächlichen Wertentwicklung des Grund- und/oder Sicherungsgeschäfts notwendig wären. Solche Korrekturposten würden jedoch die GuV verzerren und damit das Ziel eines „true and fair view" konterkarieren. Als zweite Möglichkeit wurde eine entsprechende Anhangangabe vorgeschlagen, die die gewählte Messmethode detaillierter beschreibt, um damit dem Bilanzleser die Ermessensspielräume der Effektivitätseinschätzung darzulegen. Zur besseren Vergleichbarkeit wurde darüber hinaus die Angabe der Ineffektiväten gemäß der gewählten Messmethode, jedoch vereinheitlicht in Geldeinheiten, vorgeschlagen. Teilweise sind die vorgeschlagenen Angaben bereits im IFRS 7 verankert. Grundsätzlich beziehen sich die bisherigen Regelungen jedoch weitgehend auf die abgelaufene Berichtsperiode, eine Prospektion der Ergebniswirkung aus Ineffektivitäten der Sicherungsbeziehungen würde jedoch die Informationsfunktion des Jahresabschlusses stärken.

Die vorliegende Arbeit bezieht sich auf die bisherigen Regelungen des IAS 39, die durch die sukzessive Neufassung des IFRS 9 voraussichtlich in 2015 abgelöst werden. Die Projektphase zum Hedge Accounting ist noch nicht abgeschlossen, hier liegt bislang erst ein Exposure Draft vor. Insofern werden im folgenden Abschnitt die Vorschläge zur Designation von Grund- und Sicherungsgeschäft sowie zur Effektivitätseinschätzung kurz dargestellt und mit Blick auf die Ergebnisse der Arbeit gewürdigt.

5.2 Ausblick

Am 7. September 2012 veröffentlichte der IASB einen überarbeiteten Entwurf des IFRS 9 bezüglich der Regelungen zum Hedge Accounting. Dieser Entwurf wurde auf Basis der Kommentierungen zu dem vorher veröffentlichten Standardentwurf erarbeitet und dient nicht mehr als Diskussionsgrundlage, sondern soll die Bilanzadressaten bereits vor der im Dezember 2012 geplanten Verabschiedung des Standards mit den Neuregelungen vertraut machen.

Ziel des neugefassten Standards hinsichtlich der Hedge Accounting-Vorschriften ist eine stärkere Ausrichtung der Regelungen am Risikomanagement zur Stärkung der Informationsfunktion des Jahresabschlusses. Zudem wurde ein im Vergleich zum IAS 39 stärker prinzipienorientierter Regelungsansatz verfolgt (Draft-IFRS 9.IN8). Allerdings führt diese Zielsetzung der Prinzipienorientierung nicht zu einer wesentlichen Verschlankung des Standards. Der Standardentwurf umfasst inkl. der Appendices (ohne den Ausführungen zu Folgeänderungen an anderen Standards) 51 Seiten und wird ergänzt durch eine 120 Seiten umfassende Grundlage für Schlussfolgerungen (*Basis for Conclusion*) sowie 51 Seiten Anwendungsleitlinien (*Implementation Guidance*).

In die Zielsetzung der Hedge Accounting-Regelungen (Draft-IFRS 9.6.1.1) wurde nunmehr explizit aufgenommen, dass eine adäquate bilanzielle Abbildung der Absicherung von Risiken, die das Periodenergebnis beeinflussen könnten, beabsichtigt ist. Damit wurde dieser bislang in IAS 39 nur implizit enthaltene Aspekt als explizites Designationskriterium bestätigt. Daraus folgend und vor allem auch aufgrund der Ausrichtung am Risikomanagement der Unternehmen wurden auch die Designationsmöglichkeiten von Grund- und Sicherungsgeschäften erweitert. Beispielsweise waren bisher im Wesentlichen nur derivative Finanzinstrumente als Sicherungsgeschäft qualifizierbar. Künftig soll es möglich sein, alle erfolgswirksam zum beizulegenden Zeitwert bilanzierten Finanzinstrumente zu designieren (Draft-IFRS 9.6.2.2).

Ein weiteres Designationskriterium, das aus den Regelungen des IAS 39 abgeleitet wurde, war die verlässliche Messbarkeit der Wert- bzw. Zahlungsstromänderungen des Grund- und Sicherungsgeschäfts. Diese Anforderungen wird im Standardentwurf explizit nur noch für

Grundgeschäfte gefordert (Draft-IFRS 9.6.3.2). Die Notwendigkeit der verlässlichen Messbarkeit kann für die Sicherungsgeschäfte aber über die Fair Value-Bewertung abgeleitet werden.

Abschließend wurde für den IAS 39 noch das Kriterium des ökonomisch unerwünschten Risikos im Wesentlichen aus den Vorschriften der Implementation Guidance abgeleitet. Im Rahmen der Neufassung wurden diese Regelungen nicht übernommen. Dies ist vor dem Hintergrund der stärkeren Ausrichtung an das Risikomanagement nachvollziehbar. Allerdings besteht auch im Wortlaut unverändert das Verbot der Designation von at equity bewerteten und konsolidierten Unternehmensanteilen als Grundgeschäft (IAS 39.AG99, Draft-IFRS 9.B6.3.2), so dass das Kriterium des ökonomisch unverwünschten Risikos - eventuell modifiziert - anwendbar wäre.

Hinsichtlich der Effektivitätseinschätzung sieht der Draft-IFRS 9 ebenfalls deutliche Veränderungen vor. Künftig wird nur noch ein prospektiver Test gefordert, bei dem die Unternehmen anhand qualitativer Voraussetzungen statt bisher einer Bandbreitenvorgabe die Effektivität einschätzen müssen (Draft-IFRS 9.6.4.1 (c)). Zur Feststellung eines ökonomischen Zusammenhangs zwischen Grund- und Sicherungsgeschäft existiert wie bisher auch lediglich die Vorgabe, eine für die Sicherungsbeziehung angemessene Testmethodik zu wählen (Draft-IFRS 9.B6.4.12), die auf dem unternehmensseitigen Risikomanagement basiert (Draft-IFRS 9.B6.4.17). Unverändert stehen hierfür der qualitative Critical Terms Match und die in der Arbeit vorgestellten quantitativen Verfahren zur Verfügung. Im Rahmen der Critical Terms Match-Methode müssen gegenüber IAS 39 die wertbestimmenden Faktoren nunmehr nicht mehr die gleichen sein (IAS 39.AG108), sondern sollen eng aufeinander abgestimmt sein, so dass diese Methode künftig auf eine größere Anzahl von Sicherungsbeziehungen anwendbar sein sollte.

Aufgrund der unverändert fehlenden Vorgabe zur Ausgestaltung der Testmethodik sowie dem Wegfall des Effektivitätskorridors kann es auch weiterhin und auch in größerem Ausmaß zwischen den Unternehmen zu einer abweichenden Einschätzung gleicher Sachverhalte kommen. Damit kommen den Anhangsangaben eine gestiegene Bedeutung zu. Die Anpassungen des IFRS 7 im Zuge der Neufassung des IFRS 9 sehen hierfür beispielsweise Angaben zu den in den einzelnen Abschlussbestandteilen erfassten Beträge, die auf die Anwendung des Hedge Accounting zurückzuführen sind, sowie Angaben zur Entwicklung der Cash Flow-Hedge-Rücklage vor (Draft-IFRS 7.24A-F). Prospektive quantitative Angaben werden ebenfalls gefordert, um den Bilanzadressaten Informationen über künftige Zahlungsströme zu geben (Draft-IFRS 7.23A-B). Angaben über künftige Ergebniswirkungen aus designierten

Sicherungsbeziehungen, wie im Rahmen der Arbeit für IAS 39 vorgeschlagen, werden nicht gefordert.

Zusammenfassend kann festgestellt werden, dass auch der Standardentwurf trotz stärkerer Prinzipienorientierung keine eindeutigen Kriterien zur Designation von Grund- und Sicherungsgeschäften aufgestellt hat, die die umfassenden Erläuterungen in den Anhängen verminderten oder entbehrlich machten. Des Weiteren wird dem Bilanzadressaten auch mit dem Entwurf keine hinreichende quantitative Information über künftige Ergebniswirkungen aus Sicherungsbeziehungen zur Verfügung gestellt.

Anhang

A Identitätsnachweis der allgemeinen Form des Adjusted Hedge Intervalls mit der bei Nutzung der Intervallgrenzen nach IAS 39

Allgemeine Form nach Hailer/Rump

Es sei das Effektivitätsintervall $\in [\frac{h_1}{h_2}; \frac{h_2}{h_1}]$ mit $h_1 \leq h_2$.
Daraus folgt die verallgemeinerte Form des Hedge Intervalls $f_{HI_{allg}}$ mit

$$
\begin{aligned}
\underline{f_{HI_{allg}}}(\Delta GG) &= -\frac{h_1^2 - h_2^2}{2h_1 h_2} * \sqrt{(\Delta GG)^2 + c} - \frac{h_1^2 + h_2^2}{2h_1 h_2} * \Delta GG \\
\overline{f_{HI_{allg}}}(\Delta GG) &= \frac{h_1^2 - h_2^2}{2h_1 h_2} * \sqrt{(\Delta GG)^2 + c} - \frac{h_1^2 + h_2^2}{2h_1 h_2} * \Delta GG
\end{aligned}
\tag{65}
$$

Für die parallele Intervallgrenze $g(\Delta GG)$ im Bereich der großen Zahlen gilt

$$
\begin{aligned}
\underline{g}(\Delta GG) &= -\Delta GG - p * GP_0 \\
\overline{g}(\Delta GG) &= -\Delta GG + p * GP_0
\end{aligned}
\tag{66}
$$

Die Schnittpunkte beider Funktionen ergeben sich aus

$$
\begin{aligned}
\underline{f_{HI_{allg}}}(\Delta GG) &= \underline{g}(\Delta GG) \\
\Leftrightarrow -\frac{h_1^2 - h_2^2}{2h_1 h_2} * \sqrt{(\Delta GG)^2 + c} - \frac{h_1^2 + h_2^2}{2h_1 h_2} * \Delta GG &= -\Delta GG - p * GP_0 \\
\overline{f_{HI_{allg}}}(\Delta GG) &= \overline{g}(\Delta GG) \\
\Leftrightarrow \frac{h_1^2 - h_2^2}{2h_1 h_2} * \sqrt{(\Delta GG)^2 + c} - \frac{h_1^2 + h_2^2}{2h_1 h_2} * \Delta GG &= -\Delta GG + p * GP_0
\end{aligned}
\tag{67}
$$

und entsprechen für die untere Grenze $X_u := [x_1; x_2]$:

$$
\begin{aligned}
\underline{f_{HI_{allg}}}(\Delta GG) &= \underline{g}(\Delta GG) \\
x_1 &= \frac{-4dh_2 h_1^2 + 4h_2^2 dh_1 + 4\sqrt{e}}{8h_1 h_2 (h_1 - h_2)} \\
x_2 &= \frac{-4dh_2 h_1^2 + 4h_2^2 dh_1 - 4\sqrt{e}}{8h_1 h_2 (h_1 - h_2)} \\
d &:= p * GP_0 \\
e &:= d^2 h_2^2 h_1^4 + 2d^2 h_2^3 h_1^3 + h_2^4 d^2 h_1^2 - h_1^5 h_2 c + 2h_1^3 h_2^3 c - h_1 h_2^5 c
\end{aligned}
\tag{68}
$$

Die obere Grenze ergibt sich analog als $X_o := [-x_1; -x_2]$.

Demnach ist eine Sicherungsbeziehung effektiv, wenn:[608]

$$\underline{f_{AHI}(\Delta GG)} \leq \Delta SG \leq \overline{f_{AHI}(\Delta GG)}$$

$$\text{mit} \quad \underline{f_{AHI}(\Delta GG)} = \begin{cases} -\frac{h_1^2 - h_2^2}{2h_1 h_2} * \sqrt{(\Delta GG)^2 + c} - \frac{h_1^2 + h_2^2}{2h_1 h_2} * \Delta GG & \text{wenn } \Delta GG \in X_u \\ -\Delta GG - p * GP_0 & \text{sonst} \end{cases}$$

$$\text{und} \quad \overline{f_{AHI}(\Delta GG)} = \begin{cases} -\frac{h_1^2 - h_2^2}{2h_1 h_2} * \sqrt{(\Delta GG)^2 + c} + \frac{h_1^2 + h_2^2}{2h_1 h_2} * \Delta GG & \text{wenn } \Delta GG \in X_o \\ -\Delta GG + p * GP_0 & \text{sonst} \end{cases}$$

$$(69)$$

Spezielle Form nach IAS 39

Das Effektivitätsintervall ist gegeben mit $h_1 = 4; h_2 = 5 \Rightarrow \in [\frac{4}{5}; \frac{5}{4}]$.
Daraus folgt als spezielle Form des Hedge Intervalls f_{HI}

$$\underline{f_{HI}(\Delta GG)} = - \frac{9}{40} * \sqrt{(\Delta GG)^2 + c} - \frac{41}{40} * \Delta GG$$
$$\overline{f_{HI}(\Delta GG)} = \frac{9}{40} * \sqrt{(\Delta GG)^2 + c} - \frac{41}{40} * \Delta GG$$

$$(70)$$

Für die parallel verlaufende Intervallgrenze $g(\Delta GG)$ mit $d := p * GP_0$ im Bereich der großen Zahlen gilt

$$\underline{g(\Delta GG)} = -\Delta GG - d$$
$$\overline{g(\Delta GG)} = -\Delta GG + d$$

$$(71)$$

Die Schnittpunkte beider Funktionen ergeben sich aus

$$\underline{f_{HI}(\Delta GG)} = \underline{g(\Delta GG)} \Leftrightarrow - \frac{9}{40} * \sqrt{(\Delta GG)^2 + c} - \frac{41}{40} * \Delta GG = -\Delta GG - d$$
$$\overline{f_{HI}(\Delta GG)} = \overline{g(\Delta GG)} \Leftrightarrow \frac{9}{40} * \sqrt{(\Delta GG)^2 + c} - \frac{41}{40} * \Delta GG = -\Delta GG + d$$

$$(72)$$

$$\text{und entsprechen} \quad \underline{\Delta GG_{1/2}} = - \frac{d}{2} \pm \sqrt{\frac{1.620 d^2 - 81 c}{80}}$$
$$\overline{\Delta GG_{1/2}} = \frac{d}{2} \pm \sqrt{\frac{1.620 d^2 - 81 c}{80}}$$

$$(73)$$

---

[608]Herleitung in Anlehnung an Hailer/Rump (2005), S. 47 ff.

Identität beider Formen

Setzt man in die allgemeine Form die Werte $h_1 = 4$ und $h_2 = 5$ sowie $d := p * GP_0$ ein, erhält man für

$$e := d^2 h_2^2 h_1^4 + 2d^2 h_2^3 h_1^3 + h_2^4 d^2 h_1^2 - h_1^5 h_2 c + 2h_1^3 h_2^3 c - h_1 h_2^5 c$$

$$e := 32.400d^2 - 1.620c$$

$$\Delta GG_{1/2} = \frac{80d \pm 4 * \sqrt{32.400d^2 - 1.620c}}{-160}$$

$$\Leftrightarrow \Delta GG_{1/2} = \frac{80d}{-160} \pm \sqrt{(32.400d^2 - 1.620c) * (\frac{4}{-160})^2} \tag{74}$$

$$\Leftrightarrow \Delta GG_{1/2} = -\frac{d}{2} \pm \sqrt{(32.400d^2 - 1.620c) * (\frac{4}{-160})^2}$$

$$\Leftrightarrow \Delta GG_{1/2} = -\frac{d}{2} \pm \sqrt{\frac{(1.620d^2 - 81c)}{81}}$$

was der speziellen Form gem. Gleichung (72) entspricht.

B Herleitung der Effektivitätsgrenzen-Funktionen des Lipp Modulated Dollar Offset

Das Effektivitätsintervall ist gegeben mit[609]:

$$\frac{|\Delta SG| + NT_A}{|\Delta GG| + NT_A} \in [\frac{4}{5}; \frac{5}{4}] \tag{75}$$

Damit ergibt sich für die Untergrenze $\underline{f_{Lipp}}(\Delta GG)$
im Fall $\Delta GG \geq 0$ und $\Delta SG \leq 0$:

$$\frac{-\Delta SG + NT_A}{\Delta GG + NT_A} \leq \frac{5}{4}$$

$$\Leftrightarrow -\Delta SG \ \leq \frac{5}{4}\Delta GG + \frac{5}{4}NT_A - NT_A \tag{76}$$

$$\Leftrightarrow SG \ \geq -\frac{5}{4}\Delta GG - \frac{1}{4}NT_A$$

und im Fall $\Delta GG \leq 0$ und $\Delta SG \geq 0$:

$$\frac{\Delta SG + NT_A}{-\Delta GG + NT_A} \geq \frac{4}{5}$$

$$\Leftrightarrow \Delta SG \ \geq -\frac{4}{5}\Delta GG + \frac{4}{5}NT_A - NT_A \tag{77}$$

$$\Leftrightarrow SG \ \geq -\frac{4}{5}\Delta GG - \frac{1}{5}NT_A$$

Analog ergibt sich für die Obergrenze $\overline{f_{Lipp}}(\Delta GG)$

---

[609]Vgl. Seite 109, Gleichung (14).

im Fall $\Delta GG \geq 0$ und $\Delta SG \leq 0$:

$$\frac{-\Delta SG + NT_A}{\Delta GG + NT_A} \geq \frac{4}{5}$$

$$\Leftrightarrow -\Delta SG \geq \frac{4}{5}\Delta GG + \frac{4}{5}NT_A + NT_A \qquad (78)$$

$$\Leftrightarrow SG \leq -\frac{4}{5}\Delta GG + \frac{1}{5}NT_A$$

und im Fall $\Delta GG \leq 0$ und $\Delta SG \geq 0$:

$$\frac{\Delta SG + NT_A}{-\Delta GG + NT_A} \geq \frac{5}{4}$$

$$\Leftrightarrow \Delta SG \leq -\frac{5}{4}\Delta GG + \frac{5}{4}NT_A - NT_A \qquad (79)$$

$$\Leftrightarrow SG \leq -\frac{5}{4}\Delta GG + \frac{1}{4}NT_A$$

C Schleifer-Lipp Modulated Dollar Offset - Einfluss des Parameters S_T

Das Effektivitätsintervall ist gegeben mit[610]:

$$\frac{|\Delta SG|(\frac{M_{\Delta P}}{NT_A})^{S_T} + NT_A}{|\Delta GG|(\frac{M_{\Delta P}}{NT_A})^{S_T} + NT_A} \in [\frac{4}{5}; \frac{5}{4}] \qquad (80)$$

Bei Wahl des Parameters $S_T = -1$ folgt:

$$\frac{|\Delta SG|(\frac{M_{\Delta P}}{NT_A})^{-1} + NT_A}{|\Delta GG|(\frac{M_{\Delta P}}{NT_A})^{-1} + NT_A} \Leftrightarrow \frac{\frac{|\Delta SG|M_{\Delta P}^{-1}}{NT_A^{-1}} + NT_A}{\frac{|\Delta GG|M_{\Delta P}^{-1}}{NT_A^{-1}} + NT_A} \Leftrightarrow \frac{\frac{|\Delta SG|NT_A}{M_{\Delta P}} + NT_A}{\frac{|\Delta GG|NT_A}{M_{\Delta P}} + NT_A}$$

$$\Leftrightarrow \frac{\frac{|\Delta SG|NT_A + NT_A M_{\Delta P}}{M_{\Delta P}}}{\frac{|\Delta GG|NT_A + NT_A M_{\Delta P}}{M_{\Delta P}}} \Leftrightarrow \frac{NT_A(|\Delta SG| + M_{\Delta P})}{M_{\Delta P}} * \frac{M_{\Delta P}}{NT_A(|\Delta GG| + M_{\Delta P})} \qquad (81)$$

$$\Leftrightarrow \frac{|\Delta SG| + M_{\Delta P}}{|\Delta GG| + M_{\Delta P}} \text{ mit } M_{\Delta P} = \sqrt{(\Delta SG)^2 + (\Delta GG)^2}$$

$$\Leftrightarrow \frac{|\Delta SG| + \sqrt{(\Delta SG)^2 + (\Delta GG)^2}}{|\Delta GG| + \sqrt{(\Delta SG)^2 + (\Delta GG)^2}}$$

und somit die Unabhängigkeit des Ergebnisses von der Wahl der Parameter S_T und NT_A.

D Herleitung der Duration und Modifizierten Duration

Der Marktwert eines Finanzinstruments ergibt sich aus den diskontierten Zahlungsströmen:

$$FV_0 = \sum_{t=0}^{T} \frac{CF_t}{(1+i)^t} \qquad (82)$$

---

[610]Vgl. Seite 112, Gleichung (17).

Damit ergibt sich als partielle Ableitung dieser Marktwertfunktion:

$$\frac{\delta FV_0}{\delta i} = \sum_{t=0}^{T} -t * CF_t * (1+i)^{-t-1} * 1 \tag{83}$$

Der Marktwert der Anleihe im Durationszeitpunkt (FV_D) entspricht dem aufgezinsten Kurswert bei Emission:

$$FV_D = FV_0 * (1+i)^D \tag{84}$$

Der Zeitwert der Anleihe im gesuchten Durationszeitpunkt (FV_D) darf durch Änderungen des Zinssatzes (i) nicht mehr beeinflusst werden, d.h.:

$$\frac{\delta FV_D}{\delta i} = 0$$

$$\frac{\delta FV_D}{\delta i} = \frac{\delta FV_0}{\delta i} + (1+i)^D + FV_0 * D * (1+i)^{D-1}$$

$$\Rightarrow 0 = \sum_{t=0}^{T} -t * CF_t * (1+i)^{-t-1} * (1+i)^D + \sum_{t=0}^{T} CF_t * (1+i)^{-t} * D * (1+i)^{D-1}$$

$$0 = (1+i)^D * \left(\sum_{t=0}^{T} -t * CF_t * (1+i)^{-t-1} + \sum_{t=0}^{T} CF_t * (1+i)^{-t} * D * (1+i)^{-1} \right)$$

wegen $(1+i)^D > 0$

$$\Rightarrow \sum_{t=0}^{T} t * CF_t * (1+i)^{-t-1} = \sum_{t=0}^{T} CF_t * (1+i)^{-t} * D * (1+i)^{-1}$$

$$D = \frac{\sum_{t=0}^{T} t * CF_t * (1+i)^{-t}}{\sum_{t=0}^{T} CF_t * (1+i)^{-t}}$$

$$\tag{85}$$

Im Fall der Modifizierten Duration wird von Elastizitätsüberlegungen des Kurswertes bezüglich Zinssatzänderungen ausgegangen, d.h.:

$$\epsilon = -\frac{relative Barwertänderung}{relative Zinsänderung} = -\frac{\frac{\delta FV}{FV}}{\frac{\delta i}{i}} = -\frac{\delta FV}{FV} * \frac{i}{\delta i} = -\frac{\delta FV}{\delta i} * \frac{i}{FV}$$

$$\epsilon = -\sum_{t=0}^{T} -t * CF_t * (1+i)^{-t-1} * \frac{i}{\sum_{t=0}^{T} * CF_t * (1+i)^{-t}} \tag{86}$$

$$\epsilon = D * \frac{i}{(1+i)}$$

$$\Leftrightarrow -\frac{\frac{\delta FV}{FV}}{\frac{\delta i}{i}} = -\frac{\delta FV}{FV} * \frac{i}{\delta i} = D * \frac{i}{(1+i)}$$

Da in der Realität nur diskrete Zinsänderungen auftreten, werden die Differentialquotienten ($\frac{\delta FV}{FV}$ und $\frac{\delta i}{i}$) durch die Differenzenquotienten ($\frac{\Delta FV}{FV}$ und $\frac{\Delta i}{i}$) ersetzt.[611]

$$-\frac{\Delta FV}{FV} * \frac{i}{\Delta i} = D * \frac{i}{(1+i)}$$

$$\Leftrightarrow \Delta FV \approx -\frac{D}{1+i} * \Delta i * FV$$

(87)

[611]Herleitung in Anlehnung an Oehler/Unser (2002), S. 136 f.; Kruschwitz/Schöbel (1986b), S. 551 ff.

E Ausgangsdaten der Fallstudie

Handelstägliche Preishistorie März 2009 bis Februar 2010

	Kerosin-Spotpreis			Rohöl-Futurepreis		Rohöl-Spotpreis	
Datum	Dollars per Gallon	Dollars per Barrel	handelstäg-liche Ver-änderung	Dollars per Barrel	handelstäg-liche Ver-änderung	Dollars per Barrel	handelstäg-liche Ver-änderung
Mrz 02, 2009	1,13	47,54	-5,59	40,15	-4,61	40,07	-4,08
Mrz 03, 2009	1,16	48,55	1,01	41,65	1,50	41,57	1,50
Mrz 04, 2009	1,18	49,56	1,01	45,38	3,73	45,28	3,71
Mrz 05, 2009	1,13	47,63	-1,93	43,61	-1,77	43,54	-1,74
Mrz 06, 2009	1,21	50,65	3,02	45,52	1,91	45,43	1,89
Mrz 09, 2009	1,19	50,15	-0,50	47,07	1,55	47,01	1,58
Mrz 10, 2009	1,17	49,27	-0,88	45,71	-1,36	45,68	-1,33
Mrz 11, 2009	1,11	46,66	-2,60	42,33	-3,38	42,46	-3,22
Mrz 12, 2009	1,19	50,06	3,40	47,03	4,70	46,91	4,45
Mrz 13, 2009	1,17	49,14	-0,92	46,25	-0,78	46,22	-0,69
Mrz 16, 2009	1,18	49,69	0,55	47,35	1,10	47,33	1,11
Mrz 17, 2009	1,23	51,45	1,76	49,16	1,81	48,97	1,64
Mrz 18, 2009	1,25	52,46	1,01	48,14	-1,02	48,12	-0,85
Mrz 19, 2009	1,31	54,81	2,35	51,61	3,47	51,46	3,34
Mrz 20, 2009	1,34	56,36	1,55	51,06	-0,55	51,55	0,09
Mrz 23, 2009	1,45	60,82	4,45	53,80	2,74	53,05	1,50
Mrz 24, 2009	1,46	61,40	0,59	53,98	0,18	53,36	0,31
Mrz 25, 2009	1,46	61,19	-0,21	52,77	-1,21	52,24	-1,12
Mrz 26, 2009	1,47	61,74	0,55	54,34	1,57	53,87	1,63
Mrz 27, 2009	1,42	59,72	-2,02	52,38	-1,96	52,41	-1,46
Mrz 30, 2009	1,34	56,11	-3,61	48,41	-3,97	48,49	-3,92
Mrz 31, 2009	1,34	56,32	0,21	49,66	1,25	49,64	1,15
Apr 01, 2009	1,34	56,11	-0,21	48,39	-1,27	48,46	-1,18
Apr 02, 2009	1,45	61,03	4,91	52,64	4,25	52,61	4,15
Apr 03, 2009	1,44	60,31	-0,71	52,51	-0,13	52,52	-0,09
Apr 06, 2009	1,43	59,89	-0,42	51,05	-1,46	51,10	-1,42
Apr 07, 2009	1,39	58,38	-1,51	49,15	-1,90	49,13	-1,97
Apr 08, 2009	1,41	59,26	0,88	49,38	0,23	49,37	0,24
Apr 09, 2009	1,42	59,81	0,55	52,24	2,86	52,24	2,87
Apr 13, 2009	1,40	58,72	-1,09	50,05	-2,19	50,22	-2,02
Apr 14, 2009	1,40	58,80	0,08	49,41	-0,64	49,51	-0,71
Apr 15, 2009	1,41	59,26	0,46	49,25	-0,16	49,26	-0,25
Apr 16, 2009	1,42	59,68	0,42	49,98	0,73	49,97	0,71
Apr 17, 2009	1,43	59,89	0,21	50,33	0,35	50,36	0,39
Apr 20, 2009	1,33	55,94	-3,95	45,88	-4,45	45,82	-4,54
Apr 21, 2009	1,34	56,24	0,29	46,51	0,63	46,65	0,83
Apr 22, 2009	1,32	55,36	-0,88	48,85	2,34	47,41	0,76
Apr 23, 2009	1,30	54,60	-0,76	49,62	0,77	48,46	1,05
Apr 24, 2009	1,35	56,57	1,97	51,55	1,93	50,65	2,19
Apr 27, 2009	1,30	54,77	-1,81	50,14	-1,41	49,29	-1,36
Apr 28, 2009	1,29	54,10	-0,67	49,92	-0,22	49,01	-0,28
Apr 29, 2009	1,30	54,73	0,63	50,97	1,05	50,19	1,18
Apr 30, 2009	1,29	54,35	-0,38	51,12	0,15	50,35	0,16
Mai 01, 2009	1,38	58,00	3,65	53,20	2,08	52,18	1,83
Mai 04, 2009	1,40	58,59	0,59	54,47	1,27	54,45	2,27
Mai 05, 2009	1,39	58,17	-0,42	53,84	-0,63	53,81	-0,64

Datum	Kerosin-Spotpreis Dollars per Gallon	Kerosin-Spotpreis Dollars per Barrel	Kerosin-Spotpreis handelstägliche Veränderung	Rohöl-Futurepreis Dollars per Barrel	Rohöl-Futurepreis handelstägliche Veränderung	Rohöl-Spotpreis Dollars per Barrel	Rohöl-Spotpreis handelstägliche Veränderung
Mai 06, 2009	1,44	60,52	2,35	56,34	2,50	56,29	2,48
Mai 07, 2009	1,45	60,90	0,38	56,71	0,37	56,67	0,38
Mai 08, 2009	1,49	62,62	1,72	58,63	1,92	58,58	1,91
Mai 11, 2009	1,47	61,61	-1,01	58,50	-0,13	57,79	-0,79
Mai 12, 2009	1,50	62,79	1,18	58,85	0,35	58,81	1,02
Mai 13, 2009	1,48	61,95	-0,84	58,02	-0,83	58,00	-0,81
Mai 14, 2009	1,47	61,82	-0,13	58,62	0,60	58,58	0,58
Mai 15, 2009	1,41	59,30	-2,52	56,34	-2,28	56,52	-2,06
Mai 18, 2009	1,47	61,78	2,48	59,03	2,69	58,99	2,47
Mai 19, 2009	1,48	62,16	0,38	59,65	0,62	59,52	0,53
Mai 20, 2009	1,54	64,60	2,44	62,04	2,39	61,45	1,93
Mai 21, 2009	1,53	64,09	-0,50	61,05	-0,99	60,49	-0,96
Mai 22, 2009	1,54	64,72	0,63	61,67	0,62	61,15	0,66
Mai 26, 2009	1,53	64,43	-0,29	62,45	0,78	62,48	1,33
Mai 27, 2009	1,54	64,85	0,42	63,45	1,00	63,41	0,93
Mai 28, 2009	1,59	66,86	2,02	65,08	1,63	65,09	1,68
Mai 29, 2009	1,67	70,22	3,36	66,31	1,23	66,31	1,22
Jun 01, 2009	1,75	73,29	3,07	68,58	2,27	68,59	2,28
Jun 02, 2009	1,79	74,97	1,68	68,55	-0,03	68,58	-0,01
Jun 03, 2009	1,72	72,16	-2,81	66,12	-2,43	66,14	-2,44
Jun 04, 2009	1,76	74,00	1,85	68,81	2,69	68,80	2,66
Jun 05, 2009	1,77	74,34	0,34	68,44	-0,37	68,43	-0,37
Jun 08, 2009	1,78	74,76	0,42	68,09	-0,35	68,05	-0,38
Jun 09, 2009	1,80	75,64	0,88	70,01	1,92	70,02	1,97
Jun 10, 2009	1,83	76,90	1,26	71,33	1,32	71,38	1,36
Jun 11, 2009	1,85	77,74	0,84	72,68	1,35	72,69	1,31
Jun 12, 2009	1,84	77,41	-0,34	72,04	-0,64	72,13	-0,56
Jun 15, 2009	1,81	76,15	-1,26	70,62	-1,42	70,54	-1,59
Jun 16, 2009	1,84	77,20	1,05	70,47	-0,15	70,47	-0,07
Jun 17, 2009	1,88	79,00	1,81	71,03	0,56	71,07	0,60
Jun 18, 2009	1,86	78,12	-0,88	71,37	0,34	71,42	0,35
Jun 19, 2009	1,83	76,86	-1,26	69,55	-1,82	69,60	-1,82
Jun 22, 2009	1,76	73,79	-3,07	66,93	-2,62	67,09	-2,51
Jun 23, 2009	1,80	75,68	1,89	69,24	2,31	68,81	1,72
Jun 24, 2009	1,80	75,73	0,04	68,67	-0,57	68,14	-0,67
Jun 25, 2009	1,83	76,86	1,13	70,23	1,56	69,70	1,56
Jun 26, 2009	1,79	75,22	-1,64	69,16	-1,07	69,16	-0,54
Jun 29, 2009	1,83	76,82	1,60	71,49	2,33	71,47	2,31
Jun 30, 2009	1,79	75,10	-1,72	69,89	-1,60	69,82	-1,65
Jul 01, 2009	1,78	74,80	-0,29	69,31	-0,58	69,32	-0,50
Jul 02, 2009	1,71	71,99	-2,81	66,73	-2,58	66,68	-2,64
Jul 06, 2009	1,67	70,10	-1,89	64,05	-2,68	64,06	-2,62
Jul 07, 2009	1,63	68,46	-1,64	62,93	-1,12	62,88	-1,18
Jul 08, 2009	1,59	66,82	-1,64	60,14	-2,79	60,15	-2,73
Jul 09, 2009	1,59	66,65	-0,17	60,41	0,27	60,36	0,21
Jul 10, 2009	1,58	66,49	-0,17	59,89	-0,52	59,93	-0,43
Jul 13, 2009	1,56	65,69	-0,80	59,69	-0,20	59,69	-0,24
Jul 14, 2009	1,57	65,98	0,29	59,52	-0,17	59,62	-0,07
Jul 15, 2009	1,65	69,26	3,28	61,54	2,02	61,49	1,87
Jul 16, 2009	1,65	69,47	0,21	62,02	0,48	62,07	0,58
Jul 17, 2009	1,71	71,65	2,18	63,56	1,54	63,56	1,49
Jul 20, 2009	1,75	73,50	1,85	63,98	0,42	63,93	0,37
Jul 21, 2009	1,77	74,34	0,84	64,72	0,74	64,81	0,88
Jul 22, 2009	1,78	74,72	0,38	65,40	0,68	64,58	-0,23

Datum	Kerosin-Spotpreis			Rohöl-Futurepreis		Rohöl-Spotpreis	
	Dollars per Gallon	Dollars per Barrel	handelstägliche Veränderung	Dollars per Barrel	handelstägliche Veränderung	Dollars per Barrel	handelstägliche Veränderung
Jul 23, 2009	1,82	76,61	1,89	67,16	1,76	66,10	1,52
Jul 24, 2009	1,84	77,28	0,67	68,05	0,89	66,96	0,86
Jul 27, 2009	1,84	77,32	0,04	68,38	0,33	68,34	1,38
Jul 28, 2009	1,81	76,15	-1,18	67,23	-1,15	67,24	-1,10
Jul 29, 2009	1,71	71,82	-4,33	63,35	-3,88	63,42	-3,82
Jul 30, 2009	1,80	75,64	3,82	66,94	3,59	66,90	3,48
Jul 31, 2009	1,83	76,90	1,26	69,45	2,51	69,26	2,36
Aug 03, 2009	1,88	79,09	2,18	71,58	2,13	71,59	2,33
Aug 04, 2009	1,91	80,26	1,18	71,42	-0,16	71,40	-0,19
Aug 05, 2009	1,96	82,49	2,23	71,97	0,55	71,97	0,57
Aug 06, 2009	1,92	80,72	-1,76	71,94	-0,03	71,96	-0,01
Aug 07, 2009	1,90	79,80	-0,92	70,93	-1,01	70,97	-0,99
Aug 10, 2009	1,93	81,14	1,34	70,60	-0,33	70,59	-0,38
Aug 11, 2009	1,90	79,63	-1,51	69,45	-1,15	69,46	-1,13
Aug 12, 2009	1,89	79,42	-0,21	70,16	0,71	70,08	0,62
Aug 13, 2009	1,91	80,01	0,59	70,52	0,36	70,57	0,49
Aug 14, 2009	1,85	77,83	-2,18	67,51	-3,01	67,51	-3,06
Aug 17, 2009	1,83	76,86	-0,97	66,75	-0,76	66,72	-0,79
Aug 18, 2009	1,86	78,20	1,34	69,19	2,44	69,22	2,50
Aug 19, 2009	1,91	80,22	2,02	72,42	3,23	72,54	3,32
Aug 20, 2009	1,89	79,17	-1,05	72,54	0,12	72,40	-0,14
Aug 21, 2009	1,91	80,30	1,13	73,89	1,35	73,12	0,72
Aug 24, 2009	1,92	80,60	0,29	74,37	0,48	73,68	0,56
Aug 25, 2009	1,84	77,28	-3,32	72,05	-2,32	71,60	-2,08
Aug 26, 2009	1,85	77,57	0,29	71,43	-0,62	71,38	-0,22
Aug 27, 2009	1,87	78,50	0,92	72,49	1,06	72,49	1,11
Aug 28, 2009	1,87	78,41	-0,08	72,74	0,25	72,72	0,23
Aug 31, 2009	1,78	74,80	-3,61	69,96	-2,78	69,97	-2,75
Sep 01, 2009	1,75	73,29	-1,51	68,05	-1,91	68,11	-1,86
Sep 02, 2009	1,74	72,87	-0,42	68,05	0,00	68,03	-0,08
Sep 03, 2009	1,73	72,45	-0,42	67,96	-0,09	67,90	-0,13
Sep 04, 2009	1,68	70,52	-1,93	68,02	0,06	67,95	0,05
Sep 08, 2009	1,74	73,21	2,69	71,10	3,08	71,08	3,13
Sep 09, 2009	1,76	73,75	0,55	71,31	0,21	71,27	0,19
Sep 10, 2009	1,76	73,92	0,17	71,94	0,63	71,95	0,68
Sep 11, 2009	1,72	72,07	-1,85	69,29	-2,65	69,34	-2,61
Sep 14, 2009	1,73	72,49	0,42	68,86	-0,43	68,86	-0,48
Sep 15, 2009	1,76	73,92	1,43	70,93	2,07	70,81	1,95
Sep 16, 2009	1,80	75,68	1,76	72,51	1,58	72,50	1,69
Sep 17, 2009	1,82	76,40	0,71	72,47	-0,04	72,48	-0,02
Sep 18, 2009	1,82	76,27	-0,13	72,04	-0,43	71,95	-0,53
Sep 21, 2009	1,75	73,29	-2,98	69,71	-2,33	69,74	-2,21
Sep 22, 2009	1,84	77,11	3,82	71,55	1,84	71,50	1,76
Sep 23, 2009	1,76	73,96	-3,15	68,97	-2,58	68,74	-2,76
Sep 24, 2009	1,70	71,57	-2,39	65,89	-3,08	65,74	-3,00
Sep 25, 2009	1,70	71,40	-0,17	66,02	0,13	65,91	0,17
Sep 28, 2009	1,71	71,86	0,46	66,84	0,82	66,69	0,78
Sep 29, 2009	1,70	71,36	-0,50	66,71	-0,13	66,56	-0,13
Sep 30, 2009	1,79	75,35	3,99	70,61	3,90	70,46	3,90
Okt 01, 2009	1,79	74,97	-0,38	70,82	0,21	70,67	0,21
Okt 02, 2009	1,78	74,76	-0,21	69,95	-0,87	69,80	-0,87
Okt 05, 2009	1,78	74,80	0,04	70,41	0,46	70,26	0,46
Okt 06, 2009	1,81	75,94	1,13	70,88	0,47	70,71	0,45
Okt 07, 2009	1,78	74,76	-1,18	69,57	-1,31	69,60	-1,11

Datum	Kerosin-Spotpreis			Rohöl-Futurepreis		Rohöl-Spotpreis	
	Dollars per Gallon	Dollars per Barrel	handelstägliche Veränderung	Dollars per Barrel	handelstägliche Veränderung	Dollars per Barrel	handelstägliche Veränderung
Okt 08, 2009	1,83	76,65	1,89	71,69	2,12	71,69	2,09
Okt 09, 2009	1,87	78,50	1,85	71,77	0,08	71,75	0,06
Okt 12, 2009	1,89	79,46	0,97	73,27	1,50	73,24	1,49
Okt 13, 2009	1,91	80,26	0,80	74,15	0,88	74,10	0,86
Okt 14, 2009	1,93	81,23	0,97	75,18	1,03	75,20	1,10
Okt 15, 2009	2,00	83,87	2,65	77,58	2,40	77,55	2,35
Okt 16, 2009	2,02	84,76	0,88	78,53	0,95	78,54	0,99
Okt 19, 2009	2,03	85,26	0,50	79,61	1,08	79,47	0,93
Okt 20, 2009	2,02	84,76	-0,50	79,09	-0,52	78,87	-0,60
Okt 21, 2009	2,09	87,57	2,81	81,37	2,28	81,03	2,16
Okt 22, 2009	2,09	87,61	0,04	81,19	-0,18	80,82	-0,21
Okt 23, 2009	2,05	86,23	-1,39	80,50	-0,69	80,11	-0,71
Okt 26, 2009	2,03	85,34	-0,88	78,68	-1,82	78,61	-1,50
Okt 27, 2009	2,04	85,60	0,25	79,55	0,87	79,45	0,84
Okt 28, 2009	1,98	83,24	-2,35	77,46	-2,09	77,39	-2,06
Okt 29, 2009	2,05	85,97	2,73	79,87	2,41	79,84	2,45
Okt 30, 2009	1,98	82,99	-2,98	77,00	-2,87	77,04	-2,80
Nov 02, 2009	2,01	84,42	1,43	78,13	1,13	78,08	1,04
Nov 03, 2009	2,03	85,43	1,01	79,60	1,47	79,58	1,50
Nov 04, 2009	2,02	84,84	-0,59	80,40	0,80	80,30	0,72
Nov 05, 2009	2,00	83,92	-0,92	79,62	-0,78	79,64	-0,66
Nov 06, 2009	1,95	81,77	-2,14	77,43	-2,19	77,40	-2,24
Nov 09, 2009	2,00	83,83	2,06	79,43	2,00	79,44	2,04
Nov 10, 2009	2,00	83,96	0,13	79,05	-0,38	79,01	-0,43
Nov 11, 2009	2,00	84,08	0,13	79,28	0,23	79,16	0,15
Nov 12, 2009	1,95	81,73	-2,35	76,94	-2,34	77,25	-1,91
Nov 13, 2009	1,92	80,64	-1,09	76,35	-0,59	76,34	-0,91
Nov 16, 2009	1,99	83,45	2,81	78,90	2,55	78,91	2,57
Nov 17, 2009	2,03	85,34	1,89	79,14	0,24	79,08	0,17
Nov 18, 2009	2,02	85,01	-0,34	79,58	0,44	79,55	0,47
Nov 19, 2009	1,98	83,33	-1,68	77,46	-2,12	77,47	-2,08
Nov 20, 2009	1,97	82,66	-0,67	76,72	-0,74	76,83	-0,64
Nov 23, 2009	1,96	82,49	-0,17	77,56	0,84	76,49	-0,34
Nov 24, 2009	1,96	82,32	-0,17	76,02	-1,54	74,88	-1,61
Nov 25, 2009	1,98	82,95	0,63	77,96	1,94	77,25	2,37
Nov 27, 2009	1,95	82,07	-0,88	76,05	-1,91	75,95	-1,30
Nov 30, 2009	2,00	84,17	2,10	77,28	1,23	77,19	1,24
Dez 01, 2009	2,03	85,18	1,01	78,37	1,09	78,39	1,20
Dez 02, 2009	1,99	83,66	-1,51	76,60	-1,77	76,62	-1,77
Dez 03, 2009	2,00	84,04	0,38	76,46	-0,14	76,42	-0,20
Dez 04, 2009	2,01	84,25	0,21	75,47	-0,99	75,41	-1,01
Dez 07, 2009	1,98	83,03	-1,22	73,93	-1,54	73,89	-1,52
Dez 08, 2009	1,98	83,29	0,25	72,62	-1,31	72,59	-1,30
Dez 09, 2009	1,90	79,97	-3,32	70,67	-1,95	70,67	-1,92
Dez 10, 2009	1,89	79,55	-0,42	70,54	-0,13	70,54	-0,13
Dez 11, 2009	1,91	80,18	0,63	69,87	-0,67	69,86	-0,68
Dez 14, 2009	1,91	80,01	-0,17	69,51	-0,36	69,48	-0,38
Dez 15, 2009	1,90	79,84	-0,17	70,69	1,18	70,62	1,14
Dez 16, 2009	1,99	83,45	3,61	72,66	1,97	72,64	2,02
Dez 17, 2009	1,95	82,03	-1,43	72,65	-0,01	72,58	-0,06
Dez 18, 2009	1,97	82,61	0,59	73,36	0,71	73,30	0,72
Dez 21, 2009	1,91	80,35	-2,27	72,47	-0,89	72,71	-0,59
Dez 22, 2009	1,92	80,60	0,25	74,40	1,93	73,48	0,77
Dez 23, 2009	1,99	83,54	2,94	76,67	2,27	76,03	2,55

Datum	Kerosin-Spotpreis Dollars per Gallon	Dollars per Barrel	handelstäg- liche Ver- änderung	Rohöl-Futurepreis Dollars per Barrel	handelstäg- liche Ver- änderung	Rohöl-Spotpreis Dollars per Barrel	handelstäg- liche Ver- änderung
Dez 24, 2009	2,02	84,84	1,30	78,05	1,38	76,83	0,80
Dez 28, 2009	2,05	86,27	1,43	78,77	0,72	78,67	1,84
Dez 29, 2009	2,08	87,19	0,92	78,87	0,10	78,87	0,20
Dez 30, 2009	2,08	87,36	0,17	79,28	0,41	79,35	0,48
Dez 31, 2009	2,09	87,70	0,34	79,36	0,08	79,39	0,04
Jan 04, 2010	2,17	90,93	3,23	81,51	2,15	81,52	2,13
Jan 05, 2010	2,17	90,93	0,00	81,77	0,26	81,74	0,22
Jan 06, 2010	2,17	91,27	0,34	83,18	1,41	83,12	1,38
Jan 07, 2010	2,16	90,55	-0,71	82,66	-0,52	82,60	-0,52
Jan 08, 2010	2,19	91,98	1,43	82,75	0,09	82,74	0,14
Jan 11, 2010	2,16	90,55	-1,43	82,52	-0,23	82,54	-0,20
Jan 12, 2010	2,12	88,87	-1,68	80,79	-1,73	80,79	-1,75
Jan 13, 2010	2,08	87,44	-1,43	79,65	-1,14	79,66	-1,13
Jan 14, 2010	2,08	87,19	-0,25	79,39	-0,26	79,35	-0,31
Jan 15, 2010	2,05	86,06	-1,13	78,00	-1,39	77,96	-1,39
Jan 19, 2010	2,04	85,85	-0,21	79,02	1,02	78,98	1,02
Jan 20, 2010	2,01	84,25	-1,60	77,62	-1,40	77,42	-1,56
Jan 21, 2010	1,99	83,50	-0,76	76,08	-1,54	75,84	-1,58
Jan 22, 2010	1,94	81,48	-2,02	74,54	-1,54	74,25	-1,59
Jan 25, 2010	1,97	82,53	1,05	75,26	0,72	74,90	0,65
Jan 26, 2010	1,96	82,49	-0,04	74,71	-0,55	74,67	-0,23
Jan 27, 2010	1,92	80,77	-1,72	73,67	-1,04	73,64	-1,03
Jan 28, 2010	1,93	80,98	0,21	73,64	-0,03	73,62	-0,02
Jan 29, 2010	1,91	80,22	-0,76	72,89	-0,75	72,85	-0,77
Feb 01, 2010	1,95	82,07	1,85	74,43	1,54	74,41	1,56
Feb 02, 2010	2,02	84,88	2,81	77,23	2,80	77,21	2,80
Feb 03, 2010	2,01	84,34	-0,55	76,98	-0,25	76,96	-0,25
Feb 04, 2010	1,92	80,43	-3,91	73,14	-3,84	73,13	-3,83
Feb 05, 2010	1,92	80,43	0,00	71,19	-1,95	71,15	-1,98
Feb 08, 2010	1,87	78,54	-1,89	71,89	0,70	71,87	0,72
Feb 09, 2010	1,95	82,07	3,53	73,75	1,86	73,71	1,84
Feb 10, 2010	1,95	81,69	-0,38	74,52	0,77	74,48	0,77
Feb 11, 2010	1,96	82,15	0,46	75,28	0,76	75,23	0,75
Feb 12, 2010	1,92	80,72	-1,43	74,13	-1,15	74,11	-1,12
Feb 16, 2010	1,99	83,41	2,69	77,01	2,88	76,98	2,87
Feb 17, 2010	2,01	84,34	0,92	77,33	0,32	77,27	0,29
Feb 18, 2010	2,05	86,27	1,93	79,06	1,73	78,97	1,70
Feb 19, 2010	2,08	87,19	0,92	79,81	0,75	79,77	0,80
Feb 22, 2010	2,07	87,07	-0,13	80,16	0,35	80,04	0,27
Feb 23, 2010	2,05	86,06	-1,01	78,86	-1,30	78,61	-1,43
Feb 24, 2010	2,06	86,39	0,34	80,00	1,14	79,75	1,14
Feb 25, 2010	2,01	84,59	-1,81	78,17	-1,83	77,99	-1,76
Feb 26, 2010	2,06	86,31	1,72	79,66	1,49	79,72	1,73

Quelle: Vgl. EIA (2012).

Handelstägliche Preisprognose März 2010 bis Februar 2011

Datum	Prognosedaten	
	Kerosin	Crude Oil Spot
	(USD per bbl)	(USD per bbl)
1. Mrz. 10	88,07	81,49
2. Mrz. 10	86,23	79,69
3. Mrz. 10	86,56	80,85
4. Mrz. 10	85,56	79,40
5. Mrz. 10	85,44	79,67
8. Mrz. 10	86,35	80,48
9. Mrz. 10	88,33	82,25
10. Mrz. 10	89,31	82,56
11. Mrz. 10	92,28	85,75
12. Mrz. 10	90,68	84,48
15. Mrz. 10	91,19	85,33
16. Mrz. 10	90,77	86,22
17. Mrz. 10	94,85	88,43
18. Mrz. 10	92,62	89,32
19. Mrz. 10	92,62	86,90
22. Mrz. 10	88,33	82,58
23. Mrz. 10	87,76	82,31
24. Mrz. 10	90,77	85,41
25. Mrz. 10	92,86	87,24
26. Mrz. 10	92,00	86,33
29. Mrz. 10	92,23	86,30
30. Mrz. 10	90,31	85,11
31. Mrz. 10	90,26	84,85
1. Apr. 10	91,43	85,59
5. Apr. 10	89,22	83,80
6. Apr. 10	88,42	82,09
7. Apr. 10	86,77	80,47
8. Apr. 10	86,56	81,52
9. Apr. 10	85,44	80,09
12. Apr. 10	85,19	79,78
13. Apr. 10	83,82	78,66
14. Apr. 10	82,27	77,00
15. Apr. 10	80,99	76,81
16. Apr. 10	82,27	76,94
19. Apr. 10	81,62	76,46
20. Apr. 10	81,92	77,75
21. Apr. 10	81,92	77,96
22. Apr. 10	84,95	80,05
23. Apr. 10	85,27	80,09
26. Apr. 10	85,44	80,58
27. Apr. 10	86,35	80,78
28. Apr. 10	87,81	82,72
29. Apr. 10	89,17	83,59
30. Apr. 10	92,43	86,49
3. Mai. 10	92,72	87,41
4. Mai. 10	90,17	86,70
5. Mai. 10	90,82	87,56
6. Mai. 10	89,26	87,49

Datum	Prognosedaten	
	Kerosin	Crude Oil Spot
	(USD per bbl)	(USD per bbl)
7. Mai. 10	93,30	89,99
10. Mai. 10	93,11	91,47
11. Mai. 10	92,91	90,97
12. Mai. 10	93,65	90,09
13. Mai. 10	93,15	89,93
14. Mai. 10	89,44	87,55
17. Mai. 10	89,72	86,01
18. Mai. 10	88,42	84,28
19. Mai. 10	88,64	83,16
20. Mai. 10	89,04	82,95
21. Mai. 10	87,46	81,07
24. Mai. 10	88,51	82,33
25. Mai. 10	90,77	83,68
26. Mai. 10	89,81	82,27
27. Mai. 10	90,49	84,87
28. Mai. 10	90,31	83,09
1. Jun. 10	90,13	82,72
2. Jun. 10	89,40	82,04
3. Jun. 10	87,63	79,89
4. Jun. 10	87,29	80,37
7. Jun. 10	89,26	80,54
8. Jun. 10	92,38	83,25
9. Jun. 10	91,14	82,27
10. Jun. 10	88,59	80,28
11. Jun. 10	88,73	80,44
14. Jun. 10	88,86	80,00
15. Jun. 10	91,10	82,11
16. Jun. 10	88,77	79,80
17. Jun. 10	87,81	79,14
18. Jun. 10	87,20	79,86
21. Jun. 10	88,24	81,39
22. Jun. 10	89,76	82,49
23. Jun. 10	86,65	79,60
24. Jun. 10	89,49	82,12
25. Jun. 10	87,03	79,99
28. Jun. 10	87,29	80,85
29. Jun. 10	86,39	79,33
30. Jun. 10	85,03	78,63
1. Jul. 10	85,07	78,43
2. Jul. 10	87,89	80,58
6. Jul. 10	87,37	79,97
7. Jul. 10	87,89	80,92
8. Jul. 10	88,82	81,95
9. Jul. 10	91,71	84,51
12. Jul. 10	92,81	85,77
13. Jul. 10	93,75	86,77
14. Jul. 10	94,90	88,58
15. Jul. 10	97,19	88,65
16. Jul. 10	99,64	91,31

Datum	Prognosedaten		Datum	Prognosedaten	
	Kerosin (USD per bbl)	Crude Oil Spot (USD per bbl)		Kerosin (USD per bbl)	Crude Oil Spot (USD per bbl)
19. Jul. 10	98,10	89,88	7. Okt. 10	107,56	103,35
20. Jul. 10	99,59	90,45	8. Okt. 10	112,90	106,60
21. Jul. 10	99,64	91,05	11. Okt. 10	113,41	106,47
22. Jul. 10	99,37	89,93	12. Okt. 10	112,04	106,05
23. Jul. 10	98,87	90,20	13. Okt. 10	111,76	105,29
26. Jul. 10	104,39	95,48	14. Okt. 10	111,48	105,66
27. Jul. 10	103,66	95,30	15. Okt. 10	108,81	101,07
28. Jul. 10	104,33	96,42	18. Okt. 10	106,27	99,21
29. Jul. 10	104,09	96,67	19. Okt. 10	103,48	95,31
30. Jul. 10	100,72	92,45	20. Okt. 10	99,59	91,68
2. Aug. 10	96,61	88,89	21. Okt. 10	99,20	91,02
3. Aug. 10	101,64	91,13	22. Okt. 10	96,97	88,92
4. Aug. 10	97,67	88,33	25. Okt. 10	99,03	91,89
5. Aug. 10	97,51	87,68	26. Okt. 10	96,92	91,18
6. Aug. 10	98,43	87,66	27. Okt. 10	98,37	93,27
9. Aug. 10	100,78	89,75	28. Okt. 10	98,43	92,36
10. Aug. 10	102,76	92,29	29. Okt. 10	100,95	94,73
11. Aug. 10	103,36	91,65	1. Nov. 10	96,92	91,31
12. Aug. 10	100,78	88,33	2. Nov. 10	95,36	88,98
13. Aug. 10	101,01	89,17	3. Nov. 10	94,29	89,42
16. Aug. 10	101,76	89,41	4. Nov. 10	96,50	90,18
17. Aug. 10	105,64	93,53	5. Nov. 10	97,83	90,09
18. Aug. 10	102,82	93,60	8. Nov. 10	96,24	88,11
19. Aug. 10	101,64	93,31	9. Nov. 10	95,82	87,43
20. Aug. 10	99,59	90,83	10. Nov. 10	96,87	89,03
23. Aug. 10	95,00	87,39	11. Nov. 10	98,48	90,76
24. Aug. 10	94,90	87,67	12. Nov. 10	99,64	93,39
25. Aug. 10	96,03	89,03	15. Nov. 10	100,21	92,87
26. Aug. 10	96,40	88,76	16. Nov. 10	100,66	92,37
27. Aug. 10	92,43	86,26	17. Nov. 10	103,24	96,09
30. Aug. 10	92,77	86,92	18. Nov. 10	99,37	92,67
31. Aug. 10	94,09	87,78	19. Nov. 10	101,64	92,66
1. Sep. 10	92,86	87,61	22. Nov. 10	106,08	95,84
2. Sep. 10	95,26	91,81	23. Nov. 10	111,41	97,64
3. Sep. 10	96,92	95,25	24. Nov. 10	114,88	100,23
7. Sep. 10	95,72	94,14	26. Nov. 10	115,62	101,72
8. Sep. 10	93,11	90,06	29. Nov. 10	115,10	103,93
9. Sep. 10	93,80	90,69	30. Nov. 10	116,23	105,06
10. Sep. 10	93,55	91,50	1. Dez. 10	115,32	103,42
13. Sep. 10	91,80	90,03	2. Dez. 10	119,84	106,78
14. Sep. 10	93,35	89,55	3. Dez. 10	120,58	107,73
15. Sep. 10	92,28	88,32	6. Dez. 10	125,61	112,44
16. Sep. 10	90,31	88,30	7. Dez. 10	120,49	108,49
17. Sep. 10	92,81	89,01	8. Dez. 10	120,25	109,57
20. Sep. 10	94,19	88,77	9. Dez. 10	118,64	108,06
21. Sep. 10	96,87	91,76	10. Dez. 10	120,90	109,97
22. Sep. 10	98,48	95,00	13. Dez. 10	118,96	108,49
23. Sep. 10	103,72	100,21	14. Dez. 10	122,32	112,15
24. Sep. 10	97,83	94,52	15. Dez. 10	123,09	112,90
27. Sep. 10	96,34	93,00	16. Dez. 10	128,06	118,11
28. Sep. 10	96,40	94,91	17. Dez. 10	127,14	116,72
29. Sep. 10	97,24	96,15	20. Dez. 10	128,43	121,80
30. Sep. 10	99,70	98,41	21. Dez. 10	137,07	126,22
1. Okt. 10	100,21	98,06	22. Dez. 10	136,12	126,62
4. Okt. 10	101,35	99,41	23. Dez. 10	137,71	129,67
5. Okt. 10	103,97	99,99	27. Dez. 10	136,02	128,94
6. Okt. 10	107,24	102,39	28. Dez. 10	131,68	125,47

Datum	Prognosedaten	
	Kerosin (USD per bbl)	Crude Oil Spot (USD per bbl)
29. Dez. 10	136,44	131,14
30. Dez. 10	134,57	134,05
31. Dez. 10	132,46	136,23
3. Jan. 11	133,16	138,70
4. Jan. 11	124,38	126,20
5. Jan. 11	124,82	127,18
6. Jan. 11	125,70	129,01
7. Jan. 11	126,69	128,36
10. Jan. 11	126,87	126,55
11. Jan. 11	124,56	121,66
12. Jan. 11	125,70	128,73
13. Jan. 11	127,60	129,36
14. Jan. 11	124,38	124,37
18. Jan. 11	123,51	121,01
19. Jan. 11	122,07	120,80
20. Jan. 11	132,76	131,14
21. Jan. 11	132,26	128,03
24. Jan. 11	132,76	131,06
25. Jan. 11	124,73	121,26
26. Jan. 11	120,66	117,97
27. Jan. 11	121,73	121,66
28. Jan. 11	121,32	119,10
31. Jan. 11	122,49	119,80
1. Feb. 11	132,17	123,28
2. Feb. 11	135,91	123,50
3. Feb. 11	142,01	132,07
4. Feb. 11	144,79	129,78
7. Feb. 11	149,93	134,28
8. Feb. 11	151,60	137,50
9. Feb. 11	148,80	135,48
10. Feb. 11	159,65	149,68
11. Feb. 11	151,21	139,13
14. Feb. 11	148,55	135,19
15. Feb. 11	147,07	139,89
16. Feb. 11	156,41	145,96
17. Feb. 11	150,31	140,36
18. Feb. 11	153,43	152,88
22. Feb. 11	156,68	158,60
23. Feb. 11	140,21	143,95
24. Feb. 11	139,11	147,18

Quelle: Eigene Darstellung.

Literaturverzeichnis

ADSint (2011)

Adler/Düring/Schmaltz (Hrsg.), Rechnungslegung nach Internationalen Standards: Kommentar, Stuttgart, Stand: August 2011.

AKIEÜ (2010)

Arbeitskreis Externe und Interne Überwachung der Unternehmung der Schmalenbach Gesellschaft für Betriebswirtschaft e.V., Köln, Aktuelle Herausforderungen im Risikomanagement - Innovationen und Leitlinien, in: DB 23/2010, S. 1245-1252.

Arnoldi/Leopold (2005)

Arnoldi, Roman/Leopold, Tobias, Portfolio Fair Value Hedge Accounting: Entwicklung IAS-konformer und praxistauglicher Buchungsregeln, in: KoR 1/2005, S. 22-38.

Auer (2002)

Auer, Michael, Methoden zur Quantifizierung von Marktpreisrisiken, Lohmar 2002.

Backhaus et al. (2008)

Backhaus, Klaus/Erichson, Bernd/Plinke, Wulff/Weiber, Rolf, Multivariate Analysemethoden - Eine anwendungsorientierte Einführung, 12. Aufl., Berlin 2008.

BaetgeIFRS (2012)

Baetge/Wollmert/Kirsch/Oser/Bischof (Hrsg.), Rechnungslegung nach IFRS: Kommentar auf der Grundlage des deutschen Bilanzrechts, 2. Aufl., Stuttgart, Stand: April 2012.

Baetge/Jerschensky (1999)

Baetge, Jörg/Jerschensky, Andreas, Frühwarnsysteme als Instrumente eines effizienten Risikomanagement und -Controlling, in: Controlling 4-5/1999, S. 171-176.

Baetge/Schulze (1998)

Baetge, Jörg/Schulze, Dennis, Möglichkeiten der Objektivierung der Lageberichterstattung über „Risiken der künftigen Entwicklung" - Ein Vorschlag zur praktischen Umsetzung der vom KonTraG verlangten Berichtspflichten, in: DB 19/1998, S. 937-948.

Bamberg et al. (2008)

Bamberg, Günter/Coenenberg, Adolf G./Krapp, Michael, Betriebswirtschaftliche Entscheidungslehre, 14. Aufl., München 2008.

Barz et al. (2008)

Barz, Katja/Eckes, Burkhard/Weigel, Wolfgang, IFRS für Banken - Teil I, 4. Aufl., Frankfurt am Main 2008.

Barz/Weigel (2011)

Barz, Katja/Weigel, Wolfgang, Abbildung von Sicherungsbeziehungen: Von IAS 39 über § 254 HGB zu IFRS 9 - eine Annäherung an das Risikomanagement für Kreditinstitute, in: IRZ 5/2011, S. 227-239.

Becker/Wiechens (2008)

Becker, Klaus/Wiechens, Gero, Fair Value-Option auf eigene Verbindlichkeiten, in: KoR 10/2008, S. 625-630.

BeckIFRS-HB (2009)

Bohl/Riese/Schlüter (Hrsg.), Beck´sches IFRS-Handbuch: Kommentierung der IFRS/IAS, 3. Aufl., München 2009.

Bedau et al. (2010)

Bedau, Janos/Khakzad, Farhad/Krakuhn, Joachim, Anwendungsbereich und Grenzen der Critical Terms Match-Methode, in: IRZ 11/2010, S. 491-497.

Beiersdorf et al. (2009)

Beiersdorf, Kati/Eierle, Brigitte/Haller, Axel, International Financial Reporting Standard for Small and Medium-sized Entities (IFRS for SMEs): Überblick über den finalen Standard des IASB, in: DB 30/2009, S. 1549-1557.

Beinert (2003)

Beinert, Claudia, Bestandsaufnahme Risikomanagement, in: Reichling (Hrsg.), Risikomanagement und Rating - Grundlagen, Konzepte, Fallstudie, Wiesbaden 2003, S. 21-41.

Bieker/Negara (2008)

Bieker, Marcus/Negara, Liliana, Bilanzierung von portfolio hedges zur Absicherung von Zinsänderungsrisiken nach IAS 39, in: KoR 11/2008, S. 702-714.

BIS (2012)

Bank for International Settlement, Semiannual OTC derivatives statistics at end-December 2011, erhältlich im Internet: http://www.bis.org/statistics/otcder/dt1920a.pdf (abgerufen am 6. Juni 2012).

BIS (2002)

Bank for International Settlement, Press release 15 May 2002, erhältlich im Internet: http://www.bis.org/publ/otc_hy0205.pdf (abgerufen am 6. Juni 2012).

Bitz (2000)

Bitz, Horst, Risikomanagement nach KonTraG: Einrichtung von Frühwarnsystemen zur Effizienzsteigerung und zur Vermeidung persönlicher Haftung, Stuttgart 2000.

Bitz (1993)

Bitz, Michael, Grundlagen des finanzwirtschaftlich orientierten Risikomanagements, in: Gebhardt/Gerke/Steiner (Hrsg.), Handbuch des Finanzmanagements, München 1993, S. 641-668.

Bitz (1981)

Bitz, Michael, Entscheidungstheorie, München 1981.

Borchert (2006)

Borchert, Marcus, Die Sicherung von Wechselkursrisiken in der Rechnungslegung nach deutschem Handelsrecht und International Financial Reporting Standards (IFRS), Frankfurt am Main 2006.

Bortz/Döring (2002)

Bortz, Jürgen/Döring, Nicola, Forschungsmethoden und Evaluation für Human- und Sozialwissenschaftler, 3. Aufl., Berlin 2002.

BP (2012)

British Petroleum, Glossar, erhältlich im Internet: http://www.deutschebp.de/ glossarylinks.do (abgerufen am 18. April 2012).

Brackert et al. (1995)

Brackert, Gerhard/Prahl, Reinhard/Naumann, Thomas K., Neue Verfahren der Risikosteuerung und ihre Auswirkungen auf die handelsrechtliche Gewinnermittlung, in: WPg 16/1995, S. 544-555.

Breker et al. (2000)

Breker, Norbert/Gebhardt, Günther/Pape, Jochen, Das Fair-Value-Projekt für Finanzinstrumente - Stand der Erörterungen der Joint Working Group of Standard Setters im Juli 2000, WPg 16/2000, S. 729-744.

Brötzmann (2004)

Brötzmann, Ingo, Bilanzierung von güterwirtschaftlichen Sicherungsbeziehungen nach IAS 39 zum Hedge Accounting, Düsseldorf 2004.

BT-DS (1998)

Deutscher Bundestag, Entwurf eines Gesetzes zur Kontrolle und Transparenz im Unternehmensbereich (KonTraG), BT-DS 13/9712, 28.01.1998.

Burger/Buchhart (2002)

Burger, Anton/Buchhart, Anton, Risiko-Controlling, München 2002.

Bussmann (1955)

Bussmann, Karl F., Das betriebswirtschaftliche Risiko, Meisenheim am Glan 1955.

Charnes et al. (2003)

Charnes, John M./Koch, Paul/Berkman, Henk, Measuring Hedge Effectiveness for FAS 133 Compliance, in: JoACF 4/2003, S. 95-103.

Christian (2011)

Christian, Dieter, Erweiterung von IFRS 9 um finanzielle Verbindlichkeiten, in: PiR 1/2011, S. 6-12.

Clark (2011)

Clark, Joyce, Hedge-Effektivität im Spannungsfeld zwischen Risikomanagementstrategie und internationalen Accounting-Regelungen, Düsseldorf, 2011.

Cortez/Schön (2010)

Cortez, Benjamin/Schön, Stephan, Messung der Hedge Effektivität nach IAS 39 - Methodische Probleme und mögliche Lösungsansätze, in: IRZ 4/2010, S. 171-178.

Cortez/Schön (2009)

Cortez, Benjamin/Schön, Stephan, Hedge-Effektivität nach IAS 39 - Grundlagen, Vergleich mit SFAS 133 sowie zukünftige Entwicklungen, in: KoR 7-8/2009, S. 413-425

Coughlan et al. (2003)

Coughlan, Guy/Kolb, Johannes/Emery, Simon, HEAT Technical Document: A consistent framework for assessing hedge effectiveness under IAS 39 and FAS 133, Stand: Februar 2003, erhältlich im Internet: http://www.cs.trinity.edu/rjensen/ResearchFiles/ 00effectivenessPart2/&JPMorganheat_techdoc_2Apr03,pdf (abgerufen am 16. Februar 2009).

Das (2006)

Das, Satyajit, Derivative Products and Pricing, 3. Aufl., Singapore 2006.

Deloitte (2012)

Deloitte & Touche LLP (Hrsg.), Deloitte iGAAP 2012, London 2012.

Deutsche Bundesbank (2012)

Deutsche Bundesbank, Monatsbericht April 2004, erhältlich im Internet: http://www.bundesbank.de/Redaktion/DE/Downloads/Veroeffentlichungen/ Monatsberichte/2004/2004_04_monatsbericht.pdf (besucht am 8. August 2010).

Dobler (2004)

Dobler, Michael, Risikoberichterstattung - Eine ökonomische Analyse, Frankfurt am Main 2004.

DRS

Deutsches Rechnungslegungs Standards Committee, Deutsche Rechnungslegungs Standards (DRS), Rechnungslegungs Interpretationen (RIC), Stuttgart, Stand: April 2011.

Eckes/Weigel (2006)

Eckes, Burkhard/Weigel, Wolfgang, Die Fair Value-Option - Auslegungsfragen und Anwendungsmöglichkeiten in der Kreditwirtschaft, in: KoR 6/2006, S. 415-423.

Ederington (1979)

Ederington, Louis H., The Hedging Performance of the New Futures Market, in: JoF 1/1979, S. 157-170.

EFRAG (2012)

European Financial Reporting Advisory Group, Endorsement Status Report as at 6 June 2012, erhältlich im Internet: http://www.efrag.org (abgerufen am 7. Juni 2012).

EIA (2012)

U.S. Energy Information Administration, Petroleum and Other Liquids - Data, erhältlich im Internet: http://www.eia.gov/petroleum/data.cfm#prices (abgerufen am 4. April 2012).

Eiselt/Wrede (2009)

Eiselt, Andreas/Wrede, Andreas, Effektivitätsmessung von Sicherungsbeziehungen im Rahmen des hedge accounting - Eine Fallstudie unter Anwendung von IAS 39, in: KoR 9/2009, S. 517-523.

Emmerich (1999)

Emmerich, Gerhard, Risikomanagement in Industrieunternehmen - gesetzliche Anforderungen und Umsetzung nach dem KonTraG, in: zfbf 11/1999, S. 1075-1089.

Ernst&Young (2012)

Ernst & Young LLP (Hrsg.), International GAAP 2012 - Generally Accepted Accounting Practice under International Financial Reporting Standards, Chichester 2012.

Fabozzi (2006)

Fabozzi, Frank J., Fixed Income Mathematics - Analytical and Statistical Techniques, 4. Aufl., New York 2006.

Fahrmeir et al. (2003)

Fahrmeir, Ludwig/Künstler, Rita/Pigeot, Iris/Tutz, Gerhard, Statistik - Der Weg zur Datenanalyse, 4. Aufl., Berlin 2003.

Fink/Ulbrich (2007)

Fink, Christian/Ulbrich, Philipp R., Verabschiedung des IFRS 8 - Neuregelung der Segmentberichterstattung nach dem Vorbild der US-GAAP, in: KoR 1/2007, S. 1-6.

Finnerty/Grant (2002)

Finnerty, John D./Grant, Dwight, Alternative Approaches to Testing Hedge Effectiveness under SFAS No. 133, in: Accounting Horizons 2/2002, S. 95-108.

Fröhlich (2004)

Fröhlich, Christoph, Bilanzierung von Beschaffungsgeschäften unter der Zielsetzung des Hedge Accounting nach IAS 39, in: BB 25/2004, S. 1381-1385.

Gantenbein/Spremann (2007)

Gantenbein, Klaus/Spremann, Pascal, Zinsen, Anleihen, Kredite, 4. Aufl., München 2007.

Gebhardt (1996)

Gebhardt, Günther, Probleme der bilanziellen Abbildung von Finanzinstrumenten, in: BFuP 5/1996, S. 557-584.

Gebhardt/Naumann (1999)

Gebhardt, Günther/Naumann, Thomas K., Grundzüge der Bilanzierung von Financial Instruments und von Absicherungszusammenhängen nach IAS 39, in: DB 29/1999, S. 1461-1469.

Gehrer et al. (2011)

Gehrer, Judith/Krakuhn, Joachim/Tietz-Weber, Susanne, Klassifizierung von finanziellen Vermögenswerten und Verbindlichkeiten: Praxisfragen aus der Phase I des IFRS 9, in: IRZ 2/2011, S. 87-90.

Glaum (2000)

Glaum, Martin, Industriestudie Finanzwirtschaftliches Risikomanagement deutscher Industrie- und Handelsunternehmen, Frankfurt am Main 2000.

Glaum/Förschle (2000)

Glaum, Martin/Förschle, Gerhart, Finanzwirtschaftliches Risikomanagement in deutschen Industrie- und Handelsunternehmungen, in: DB 12/2000, S. 581-585.

Glaum/Klöcker (2009)

Glaum, Martin/Klöcker, André, Hedge Accounting nach IAS 39 in der Praxis - Ergebnisse einer empirischen Untersuchung unter den Unternehmen des deutschen CDAX und des schweizerischen SPI-Indices, In: KoR 6/2009; S. 329-340.

Große (2010)

Große, Jan-Velten, Ablösung von IAS 39 - Implikationen für das hedge accounting, in: KoR 4/2010, S. 191-199.

Große (2007)

Große, Jan-Velten, Die Problematik des Hedge Accounting nach IAS 39: Problemdiskussion und Lösungsansätze zur Entbehrlichkeit des Hedge Accounting unter Beibehaltung der gemischten Bewertung, Lohmar 2007.

Gutenberg (1962)

Gutenberg, Erich, Unternehmensführung: Organisation und Entscheidungen, Wiesbaden 1962.

Gürtler (2005)

Gürtler, Marc, IAS 39 - Verbesserte Messung der Hedge-Effekitivität, Erwiderung zur Stellungnahme von H. Kaltenhauser, in: ZfGK 7/2005, S. 372.

Gürtler (2004)

Gürtler, Marc, IAS 39: Verbesserte Messung der Hedge-Effektivität, in ZfGK 11/2004, S. 586-588.

Hailer/Rump (2005)

Hailer, Angelika C./Rump, Siegfried M., Evaluation of Hedge Effectiveness Tests, in: JDA 1/2005, S. 31-51.

Hailer/Rump (2003)

Hailer, Angelika C./Rump, Siegfried M., Hedge-Effektivität: Lösung des Problems der kleinen Zahlen, in: ZfGK 11/2003, S. 599-603.

Haufe (2011)

Lüdenbach/Hoffmann (Hrsg.), Haufe IFRS-Kommentar, 9. Aufl., Freiburg 2011.

HdJ (2012)

v. Wysocki/Schulze-Osterloh/Hennrichs/Kuhner (Hrsg.), Handbuch des Jahresabschlusses (HdJ) - Rechnungslegung nach HGB und internationalen Standards, Köln, Stand: März 2012.

Hein (2002)

Hein, Joachim A., Präferenzmessung von Anlegern - Verfahren der Entscheidungsunterstützung im Portfolio Management und in der Anlageberatung, Frankfurt am Main 2002.

Henkel/Eller (2009a)

Henkel, Knut/Eller, Roland, Glossar zur Rechnungslegung von Finanzinstrumenten nach IFRS (und HGB) - Teil 2 Buchstaben G bis Z, in: KoR 6/2009, S. 340-352.

Henkel/Eller (2009b)

Henkel, Knut/Eller, Roland, Glossar zur Rechnungslegung von Finanzinstrumenten nach IFRS (und HGB) - Teil 1 Buchstaben A bis F, in: KoR 5/2009, S. 279-294.

Heuser/Theile (2009)

Heuser, Paul J./Theile, Carsten, IFRS-Handbuch: Einzel- und Konzernabschluss, 4. Aufl., Köln 2009.

Hommel/Hermann (2003)

Hommel, Michael/Hermann, Olga, Hedge-Accounting und Full-Fair-Value-Approach Hedge in der internationalen Rechnungslegung, in: DB 47/2003, S. 2501-2506.

Horsch/Schulte (2010)

Horsch, Andreas/Schulte, Michael, Wertorientierte Banksteuerung: Risikomanagement, 4. Aufl., Frankfurt am Main 2010.

Hull (2009)

Hull, John C., Options, Futures and other Derivatives, 7. Aufl., Upper Saddle River, NJ 2009.

IASB (2012)

International Accounting Standards Board, IASB Work Plan, erhältlich im Internet: http://www.ifrs.org/Current+Projects/IASB+Projects/IASB+Work+Plan.htm (abgerufen am 7 Juni 2012).

IASB (2010a)

International Accounting Standards Board, IASB Meeting 19. July 2010, Staff paper: Financial Instruments (Replacement of IAS 39) - Hedge Accounting, Hedge Effectiveness - General Approach, erhältlich im Internet: http://www.ifrs.org/Documents/files/ FIAP7to7C.zip (abgerufen am 17. September 2010).

IASB (2010b)

International Accounting Standards Board, IASB Meeting April 2010, Staff paper: Hedge Accounting - Overview of Issues, erhältlich im Internet: http://www.ifrs.org/Current-Projects/IASB-Projects/ Financial-Instruments-A-Replacement-of-IAS-39-Financial-Instruments-Recognitio/ Phase-III-Hedge-accounting/Meeting-Summeries/Documents/FI0410b12obs.pdf (abgerufen am 17. September 2010).

IASB (2002)

International Accounting Standards Board (Hrsg.), International Accounting Standards 2002, London 2002.

IDW

Institut der Wirtschaftsprüfer (Hrsg.), IDW Prüfungsstandards, IDW Stellungnahmen zur Rechnungslegung, IDW Standards: einschließlich der zugehörigen Entwürfe und Hinweise, Band I bis III, Düsseldorf, Stand: März 2012.

IEA (2010)

International Energy Agency, World Energy Outlook 2010, erhältlich im Internet: http://www.iea.org/publications/freepublications/publication/weo2010-1.pdf (abgerufen am 16. April 2012).

IEA (2009)

International Energy Agency, Medium-Term Oil Market Report June 2009, erhältlich im Internet: http://www.iea.org/publications/freepublications/publication/ &mtomr2009-1.pdf (abgerufen am 16. April 2012).

IFRIC (2007)

International Financial Reporting Interpretations Committee, IFRIC update March 2007, erhältlich im Internet: http://www.ifrs.org/Updates/IFRIC-Updates/2007/ Documents/IFRIC0703.pdf (abgerufen am 17. September 2010).

IFRIC (2006)

International Financial Reporting Interpretations Committee, IFRIC update July 2006, erhältlich im Internet: http://www.ifrs.org/Updates/IFRIC-Updates/2006/Documents/july06.pdf (abgerufen am 17. September 2010).

Jamin/Krankowsky (2003)

Jamin, Wolfgang/Krankowsky, Matthias, Die Hedge Accounting-Regeln des IAS 39 - Dargestellt am Beispiel der Absicherung von Warenpreisrisiken durch Futures („Commodity Hedge") unter besonderer Berücksichtigung der Effektivitätsmessung -, in: KoR 11/2003, S. 502-515.

Jenni (1952)

Jenni, Oskar, Die Frage des Risikos in der Betriebswirtschaftslehre, Bern 1952.

Kajüter (2001)

Kajüter, Peter, Der Entwurf des DRS 5 zur Risikoberichterstattung, in: WPg 4/2001, S. 205-209.

Kajüter et al. (2010)

Kajüter, Peter/Bachert, Kristian/Blaesing, Daniel, Die DRS zur Lageberichterstattung auf dem Prüfstand: Empirische Befunde zur Beurteilung und Anwendungspraxis der DRS, in: DB 9/2010, S. 457-465.

Kalotay/Abreo (2001)

Kalotay, Andrew/Abreo, Leslie, Testing Hedge Effectiveness for FAS 133: The Volatility Reduction Measure, in: JoACF 4/2001, S. 93-99.

Kawaller/Koch (2000)

Kawaller, Ira G./Koch, Paul D., Meeting the „Highly Effective Expectation" Criterion for Hedge Accounting, in: JoD 4/2000, S. 79-87.

Kawaller/Steinberg (2002)

Kawaller, Ira. G./Steinberg, Reva B., Hedge Effectiveness Testing Using Regression Analysis, in: Association for Financial Professionals Exchange Sep/Okt 2002, S. 62-68.

Knight (1921)

Knight, Frank H., Risk, Uncertainty and Profit, Boston MA 1921, erhältlich im Internet: http://oll.libertyfund.org/title/306 (abgerufen am 6. Januar 2009).

KommIFRS (2011)

Buschhüter/Striegel (Hrsg.), Kommentar Internationale Rechnungslegung IFRS, Wiesbaden 2011.

KPMG (2009)

KPMG International Standards Group, Insights into IFRS - KPMG's practical guide to International Financial Reporting Standards, 6. Aufl., London 2009.

Kromschröder/Lück (1998)

Kromschröder, Bernhard/Lück, Wolfgang, Grundsätze risikoorientierter Unternehmensführung, in: DB 32/1998, S. 1573-1576.

Kruschwitz/Schöbel (1986a)

Kruschwitz, Lutz/Schöbel, Rainer, Duration - Grundlagen und Anwendungen eines einfachen Risikomaßes zur Beurteilung festverzinslicher Wertpapiere (II), in: WISU 12/1986, S. 603-608.

Kruschwitz/Schöbel (1986b)

Kruschwitz, Lutz/Schöbel, Rainer, Duration - Grundlagen und Anwendungen eines einfachen Risikomaßes zur Beurteilung festverzinslicher Wertpapiere (I), in: WISU 11/1986, S. 550-554.

Kuhn (2010)

Kuhn, Steffen, Neuregelung der Bilanzierung von Finanzinstrumenten: Welche Änderungen ergeben sich aus IFRS 9?, in: IRZ 3/2010, S. 103-111.

Kuhn (2007)

Kuhn, Steffen, Die bilanzielle Abbildung von Finanzinstrumenten in der Rechnungslegung nach IFRS - Vergleich des Mixed-Model-Ansatzes (IASB) mit dem Fair-Value-Model-Ansatz (JWG), Düsseldorf 2007.

Kuhn (2005)

Kuhn, Steffen, Finanzinstrumente: Fair Value-Option in IAS 39 überarbeitet, in: DB 25/2005, S. 1341-1348.

Kuhn/Scharpf (2006)

Kuhn, Steffen/Scharpf, Paul, Rechnungslegung von Financial Instruments nach IFRS: IAS 32, IAS 39 und IFRS 7, 3. Aufl., Stuttgart 2006.

Kümpel (2005)

Kümpel, Thomas, Vorratsbewertung nach IAS 2, in: DStR 27/2005, S. 1153-1158.

Kümpel/Pollmann (2010)

Kümpel, Thomas/Pollmann, René, Mikro Hedge Accounting nach IFRS - Bilanzielle Darstellung eines Fair Value und Cash Flow Hedge Accounting, in: IRZ 5/2010, S. 553-559.

Laatz (1993)

Laatz, Wilfried, Empirische Methoden - Ein Lehrbuch für Sozialwissenschaftler, Thun 1993.

Lantzius-Beninga/Gerdes (2005)

Lantzius-Beninga, Berthold/Gerdes, Andreas, Abbildung von Mikro Fair Value Hedges gemäß IAS 39 - Bewertung, Ergebnisermittlung und Effektivitätstest, in: KoR 3/2005, S. 105-115.

Laux (2007)

Laux, Helmut, Entscheidungstheorie, 7. Aufl., Berlin 2007.

Leibfried/Jaskolski (2009)

Leibfried, Peter/Jaskolski, Torsten, Der neue Vorschlag des IASB zur Klassifikation von Finanzinstrumenten - Schnellschuss oder dauerhafte Lösung?, in: IRZ 11/2009, S. 469-474.

LME (2012)

London Metal Exchange, Contract Specification, erhältlich im Internet: http://www.lme.com (abgerufen am 5. Juni 2012).

Löw (2008)

Löw, Kirsten, Typisierung, Messung und Bewertung von Risiken im Rahmen des Risikomanagements, Hamburg 2008.

Löw (2006)

Löw, Edgar, Ausweisfragen in Bilanz und Gewinn- und Verlustrechnung bei Financial Instruments, in: KoR 3/2006, Beil. 1, S. 3-31.

Löw/Blaschke (2005)

Löw, Edgar/Blaschke, Silke, Verabschiedung des Amendment zu IAS 39 Financial Instruments: Recognition and Measurement - The Fair Value Option, in: BB 32/2005, S. 1727-1736.

Lufthansa (2011)

Lufthansa, Geschäftsbericht zum 31.12.2011, erhältlich im Internet: http://investor-relations.lufthansa.com/fileadmin/downloads/de/finanzberichte/geschaeftsberichte/LH-GB-2011-d.pdf (abgerufen am 10. Mai 2012).

Martellini et al. (2003)

Martellini, Lionel/Priaulet, Philippe/Priaulet, Stéphane, Fixed-Income Securities: Valuation, Risk Management and Portfolio Strategies, Chichester 2003.

Mauritz (1997)

Mauritz, Peter, Konzepte der Bilanzierung und Besteuerung derivativer Finanzinstrumente, Wiesbaden 1997.

Märkl/Schaber (2010)

Märkl, Helmut/Schaber, Mathias, IFRS 9 Financial Instruments: Neue Vorschriften zur Kategorisierung und Bewertung von finanziellen Vermögenswerten, in: KoR 2/2010, S. 65-74.

Menk (2009)

Menk, Michael Torben, Hedge Accounting nach IAS 39 und Alternativen auf Fair Value-Basis, Frankfurt am Main 2009.

MünchKommBilR (2010)

Hennrichs/Kleindiek/Watrin (Hrsg.), Münchener Kommentar Bilanzrecht: Band 1 IFRS, München, Stand: September 2010.

Neusser (2011)

Neusser, Klaus, Zeitreihenanalyse in den Wirtschaftswissenschaften, 3. Aufl., Wiesbaden 2011.

New York Merchantile Exchange (2012)

New York Merchantile Exchange, Energy Contracts - Crude Oil Financial Futures, erhältlich im Internet: http://www.cmegroup.com/trading/energy/crude-oil/light-sweet-crude-cash-settled_contract_specifications.html (abgerufen am 4. April 2012).

Nguyen (2007)

Nguyen, Tristan, Bilanzielle Abbildung von Finanzderivaten und Sicherungsgeschäften: Hedge Accounting nach HGB und IAS/IFRS, München 2007.

Oehler/Unser (2002)

Oehler, Andreas/Unser, Matthias, Finanzwirtschaftliches Risikomanagement, 2. Aufl., Berlin 2002.

Patent (2002)

Yang, Deane/Kalotay, Andrew/Dorigan, Michael/Abreo, Leslie, Patent Application No. US 2002/0032624: Hedge Effectiveness Test, erhältlich im Internet: http://appft1. uspto.gov/netacgi/nph-Parser (abgerufen am 29. März 2012).

Pausenberger/Glaum (1993)

Pausenberger, Ehrenfried/Glaum, Martin, Management von Währungsrisiken, in: Gebhardt/Gerke/Steiner (Hrsg.), Handbuch des Finanzmanagements, München 1993, S. 763-785.

Pellens et al. (2011)

Pellens, Bernhard/Fülbier, Rolf Uwe/Gassen, Joachim/Sellhorn, Thorsten, Internationale Rechnungslegung, 8. Aufl., Stuttgart 2011.

Perridon et al. (2009)

Perridon, Louis/Steiner, Manfred/Rathgeber, Andreas, Finanzwirtschaft der Unternehmung, 15. Aufl., München 2009.

Philipp (1967)

Philipp, Fritz, Risiko und Risikopolitik, Stuttgart 1967.

Plattner (2007)

Plattner, Manuel, Analyse der Effektivität von Sicherungsbeziehungen im Rahmen des Hedge Accounting nach IAS/IFRS in Banken, Berlin 2007.

PWC (2011)

PricewaterhouseCoopers LLP (Hrsg.), Manual of Accounting - Financial Instruments 2012, Haywards Heath West Sussex 2011.

Rabenhorst (1998)

Rabenhorst, Dirk, DTB-gehandelte Optionen und Futures im Jahresabschluß, Frankfurt am Main 1998.

Rauleder (1994)

Rauleder, Rainer, Bewertung, Anwendungsmöglichkeiten und Hedgingstrategien von Swaptions, Frankfurt am Main 1994.

Reichling (2003)

Reichling, Peter, Aufbau und Elemente eines betrieblichen Risikomanagementsystems, in: Reichling (Hrsg.), Risikomanagement und Rating - Grundlagen, Konzepte, Fallstudie, Wiesbaden 2003, S. 109-124.

Reiner (2002)

Reiner, Günter, Derivative Finanzinstrumente im Recht, Baden-Baden 2002.

Roth (1995)

Roth, Erwin, Sozialwissenschaftliche Methoden, 4. Aufl., München 1995.

Rudolph/Johanning (2000)

Rudolph, Bernd/Johanning, Lutz, Entwicklungslinien im Risikomanagement, in Johanning/Rudolph (Hrsg.), Handbuch Risikomanagement: Band 1 Risikomanagement für Markt-, Kredit- und operative Risiken, Bad Soden/Ts. 2000, S. 15-52.

Rudolph/Schäfer (2005)

Rudolph, Bernd/Schäfer, Klaus, Derivative Finanzmarktinstrumente: Eine anwendungsbezogene Einführung in Märkte, Strategien und Bewertung, Berlin 2005.

Rüdinger (2004)

Rüdinger, Andreas, Regelungsschärfe bei Rückstellungen - Normkonkretisierung und Anwendungsermessen nach GoB, IAS/IFRS und US-GAAP, Wiesbaden 2004.

Scharpf (2004)

Scharpf, Paul, Hedge Accounting nach IAS 39: Ermittlung und bilanzielle Behandlung der Hedge (In-) Effektivität, in: KoR 11/2004, Beil. 1, S. 3-22.

Scharpf/Luz (2000)

Scharpf, Paul/Luz, Günther, Risikomanagement, Bilanzierung und Aufsicht von Finanzderivaten, 2. Aufl., Stuttgart 2000.

Scheffler (1994)

Scheffler, Jan, Hedge-Accounting: Jahresabschlußrisiken in Banken, Wiesbaden 1994.

Schildbach (2008)

Schildbach, Thomas, Was bringt die Lockerung der IFRS für Finanzinstrumente?, in: DStR 49/2008, S. 2381-2385.

Schildbach (2003)

Schildbach, Thomas, Prinzipienorientierung - wirksamer Schutz gegen Enronitis?, in: BFuP 3/2003, S. 247-266.

Schildbach (1999)

Schildbach, Thomas, Zeitbewertung, Gewinnkonzeptionen und Informationsgehalt - Stellungnahme zu Financial Assets and Liabilities - Fair Value or Historical Cost?", in: WPg 5/1999, S. 177-185.

Schleifer (2001)

Schleifer, Louis, A New Twist To Dollar Offset, in: International Treasurer 2001, erhältlich im Internet: http://www.cs.trinity.edu/~rjensen/ResearchFiles/ 00effectivenessPart2/A\%20New\%20Twist\%20To\%20Dollar\%20Offset.htm (abgerufen am 9. Februar 2009).

Schlittgen (2001)

Schlittgen, Rainer, Angewandte Zeitreihenanalyse, München 2001.

Schmidt (2009)

Schmidt, Martin, Bewertungseinheiten nach dem BilMoG, in: BB 17/2009, S. 882-886.

Schmidt (2008)

Schmidt, Martin, Entwurf des IASB zu Änderungen an IAS 39 Finanzinstrumente: Ansatz und Bewertung" - Identification of Exposures Qualifying for Hedge Accounting, in: WPg 2/2008, S. 63-66.

Schmidt (2006)

Schmidt, Martin, Derivative Finanzinstrumente - Eine anwendungsorientierte Einführung, 3. Aufl., Stuttgart 2006.

Schmidt (2005)

Schmidt, Martin, Rechnungslegung von Finanzinstrumenten: Abbildungskonzeptionen aus Sicht der Bilanztheorie, der empirischen Kapitalmarktforschung und der Abschlussprüfung, Wiesbaden 2005.

Schmidt et al. (2007)

Schmidt, Matthias/Pittroff, Esther/Klingels, Bernd, Finanzinstrumente nach IFRS - Bilanzierung, Absicherung, Publizität, München 2007.

Schneider (2006)

Schneider, Jürgen, Zur Dokumentation von Sicherungsgeschäften bei mittelständischen Unternehmen, in PiR 9/2006, S. 168-174.

Schnell et al. (2008)

Schnell, Rainer/Hill, Paul B./Esser, Elke, Methoden der empirischen Sozialforschung, 8. Aufl., München 2008.

Schwarz (2006)

Schwarz, Christian, Derivative Finanzinstrumente und hedge accounting, Berlin 2006.

SMM (2012)

Shanghai Metals Market, SMM Prices, erhältlich im Internet: http://www.en.smm.cn (abgerufen am 5. Juni 2012).

Spremann (1991)

Spremann, Klaus, Kann man mit Terminkontrakten hedgen?, in: zfbf 4/1991, S. 295-312.

Steiner/Meyer (1993)

Steiner, Manfred/Meyer, Frieder, Hedging mit Financial Futures, in: Gebhardt/Gerke/Steiner (Hrsg.), Handbuch des Finanzmanagements, München 1993, S. 721-749.

Stier (1999)

Stier, Winfried, Empirische Forschungsmethoden, 2. Aufl., Berlin 1999.

ThieleIFRS (2012)

Thiele/von Keitz/Brücks (Hrsg.), Internationales Bilanzrecht - Rechnungslegung nach IFRS, Bonn, Stand: April 2012.

Trafkowski (2009)

Trafkowski, Uwe, Kreditderivate und Versicherungsderivate als Risikotransferverträge, Frankfurt am Main 2009.

Unser (1998)

Unser, Matthias, Behavioral Finance am Aktienmarkt - Empirische Analyse zum Risikoverhalten individueller Anleger, Bad Soden/Ts. 1998.

USPTO (2012)

United States Patent and Trademark Office, Patent Full-Text Databases, erhältlich im Internet: http://patft.uspto.gov (abgerufen 21. September 2012).

Verordnung (EG) Nr. 839/2009

EU-Kommission, Verordnung (EG) Nr. 839/2009 der Kommission vom 15. September 2009 zur Änderung der Verordnung (EG) Nr. 1126/2008 zur Übernahme bestimmter internationaler Rechnungslegungsstandards gemäß der Verordnung (EG) Nr. 1606/2002 des Europäischen Parlaments und des Rates im Hinblick auf International Accounting Standard (IAS) 39 (Text von Bedeutung für den EWR), ABl. L 244, 16.09.2009.

Verordnung (EG) Nr. 1606/2002

EU-Parlament, Verordnung (EG) Nr. 1606/2002 des Europäischen Parlaments und des Rates vom 19. Juli 2002 betreffend die Anwendung internationaler Rechnungslegungsstandards, ABl. L 243, 11.09.2002.

Veth (2006)

Veth, Christian, Bilanzierung von Sicherungsbeziehungen nach IAS 39 bei Industrieunternehmen - Eine empirische Analyse der Entscheidungsnützlichkeit aus Sicht der Eigenkapitalgeber, Universität Würzburg 2006.

von Auer (2007)

von Auer, Ludwig, Ökonometrie- Eine Einführung, 4. Aufl., Berlin 2007.

Weber (2012)

Weber, Dieter, Der management approach in der IFRS-Risikoberichterstattung von Kreditinstituten (Teil 1), in: KoR 2/2012, S. 74-86.

Weber et al. (1999)

Weber, Jürgen/Weißenberger, Barbara/Liekweg, Arnim, Ausgestaltung eines unternehmerischen Chancen- und Risikomanagements nach dem KonTraG, in: DStR 41/1999, S. 1710-1716.

Weistroffer (2010)

Weistroffer, Christian, Deutsche Bank Research - Aktuelle Themen: Credit Default Swaps - Auf dem Weg zu einem robusteren System, Nr. 477 März 2010, erhältlich im Internet: http://www.dbresearch.de/PROD/DBR_INTERNET_DE-PROD/ PROD0000000000254634/Credit+Default+Swaps\%3A+Auf+dem+Weg+zu+ einem+robusteren+System.pdf (abgerufen am 3. November 2010).

Weißenberger/Maier (2006)

Weißenberger, Barbara E./Maier, Michael, Der Management Approach in der IFRS-Rechnungslegung: Fundierung der Finanzberichterstattung durch Informationen aus dem Controlling, in: DB 39/2006, S. 2077-2083.

Wiese (2009)

Wiese, Roland, Hedge-Accounting im IFRS-Abschluss: Methoden der Effektivitätsmessung und Aspekte der Abschlussprüfung, Düsseldorf 2009.

Wiley (2009)

Epstein/Jermakowicz (Hrsg.), Wiley Kommentar zur internationalen Rechnungslegung nach IFRS, 5. Aufl., Weinheim 2009.

Winnefeld (2006)

Winnefeld, Robert, Bilanz-Handbuch, 4. Aufl., München 2006.

Wolke (2007)

Wolke, Thomas, Risikomanagement, München 2007.

Printed in Poland
by Amazon Fulfillment
Poland Sp. z o.o., Wrocław

93234469R00137